# Fundamentos em ciências sociais

SÉRIE ESTUDOS DE FILOSOFIA

inter
saberes

# Fundamentos em ciências sociais

2ª edição

Felipe Bueno Amaral
Camila Mühl

Rua Clara Vendramin, 58 . Mossunguê
CEP 81200-170 . Curitiba . PR . Brasil
Fone: (41) 2106-4170
www.intersaberes.com
editora@intersaberes.com

*Conselho editorial*
Dr. Alexandre Coutinho Pagliarini
Drª Elena Godoy
Dr. Neri dos Santos
Mª Maria Lúcia Prado Sabatella

*Editora-chefe*
Lindsay Azambuja

*Gerente editorial*
Ariadne Nunes Wenger

*Assistente editorial*
Daniela Viroli Pereira Pinto

*Edição de texto*
Monique Francis Fagundes Gonçalves

*Capa*
Denis Kaio Tanaami (*design*)
Sílvio Gabriel Spannenberg (adaptação)
Everett Collection/Shutterstock (imagem)

*Projeto gráfico*
Bruno Palma e Silva

*Diagramação*
Carolina Perazzoli

*Equipe de* design
Sílvio Gabriel Spannenberg

*Iconografia*
Regina Claudia Cruz Prestes

**Dados Internacionais de Catalogação na Publicação (CIP)**
**(Câmara Brasileira do Livro, SP, Brasil)**

Amaral, Felipe Bueno
    Fundamentos em ciências sociais / Felipe Bueno Amaral, Camila Mühl. -- 2. ed. -- Curitiba : Editora Intersaberes, 2023. -- (Série estudos de filosofia)

    Bibliografia.
    ISBN 978-85-227-0447-7

    1. Ciências sociais I. Mühl, Camila. II. Título. III. Série.

23-142676                                                    CDD-300

**Índices para catálogo sistemático:**
1. Ciências sociais    300

Cibele Maria Dias – Bibliotecária – CRB-8/9427

1ª edição, 2017.
2ª edição, 2023.

Foi feito o depósito legal.

Informamos que é de inteira responsabilidade dos autores a emissão de conceitos.

Nenhuma parte desta publicação poderá ser reproduzida por qualquer meio ou forma sem a prévia autorização da Editora InterSaberes.

A violação dos direitos autorais é crime estabelecido na Lei n. 9.610/1998 e punido pelo art. 184 do Código Penal.

*dedicatória, ix*
*epígrafe, xi*
*apresentação, xiii*
*organização didático-pedagógica, xvii*
*introdução, xxi*

# 1

*A produção de conhecimento nas ciências sociais,* 28
    1.1 Senso comum e conhecimento científico, 30
    1.2 Considerações epistemológicas sobre as ciências sociais, 39
    1.3 Métodos de investigação em ciências sociais, 45
    1.4 Praticando a imaginação sociológica, 55

## 2 Sociologia: a ciência da modernidade, 64
2.1 O surgimento da sociologia, 66
2.2 A especificidade da sociologia, 70
2.3 O funcionalismo de Durkheim, 73
2.4 Marx e a dialética histórico-materialista, 83
2.5 A sociologia compreensiva de Weber, 93

## 3 Novas perspectivas sociológicas, 108
3.1 Teoria crítica e Escola de Frankfurt: Habermas e a razão comunicativa, 110
3.2 Construtivismo sociológico e algumas perspectivas de análise, 117
3.3 Reflexões sociológicas sobre a pós-modernidade, 124
3.4 Abordagens pós-coloniais e estudos culturais latino-americanos, 132

## 4 A sociologia brasileira: interpretações do Brasil, 152
4.1 O pensamento social brasileiro a partir do século XIX, 154
4.2 A construção histórica da identidade nacional, 158
4.3 A questão racial no Brasil, 162
4.4 O processo de modernização da sociedade brasileira, 166
4.5 A institucionalização da sociologia no Brasil, 169

*Antropologia e as diferentes perspectivas da cultura,* 180

    5.1 A especificidade da antropologia nas ciências sociais, 182

    5.2 Etnocentrismo e relativismo cultural, 186

    5.3 Dimensões teórico-metodológicas da pesquisa antropológica, 188

    5.4 Principais perspectivas teóricas da antropologia, 192

    5.5 Relações dialéticas entre natureza e cultura, 201

*Ciência política: análise das dinâmicas de poder,* 216

    6.1 A especificidade da ciência política, 218

    6.2 O que é o poder?, 223

    6.3 Estado, governo e sociedade, 227

    6.4 Considerações sobre a pesquisa em ciência política, 231

    6.5 Perspectivas teóricas da ciência política, 238

*considerações finais,* 251
*referências,* 255
*bibliografia comentada,* 273
*respostas,* 279
*sobre os autores,* 283

*dedicatória*

 *todas e todos* que nos estenderam a mão e nos acompanharam no caminho trilhado, pois nosso mérito é estarmos cercados de bons amigos, professores e família.

*epígrafe*

*Deve-se escrever da mesma maneira como as lavadeiras lá de Alagoas fazem seu ofício [...]. Elas começam com uma primeira lavada, molham a roupa suja na beira da lagoa ou do riacho, torcem o pano, molham-no novamente, voltam a torcer. Colocam o anil, ensaboam e torcem uma, duas vezes. Depois enxáguam, dão mais uma molhada, agora jogando a água com a mão. Batem o pano na laje ou na pedra limpa, e dão mais uma torcida e mais outra, torcem até não pingar do pano uma só gota. Somente depois de feito tudo isso é que elas dependuram a roupa lavada na corda ou no varal, para secar. Pois quem se mete a escrever devia fazer a mesma coisa. A palavra não foi feita para enfeitar, brilhar como ouro falso; a palavra foi feita para dizer.*

Graciliano Ramos

## *apresentação*

**Q**uando *alguém se* propõe a missão de escrever acerca dos fundamentos de uma ciência, como fizemos, existe sempre alguma pretensão que pulsa em conjunto com a hesitação. Essa hesitação, entretanto, já dá pistas de como é o trabalho científico, o fazer a ciência, no qual estão presentes muita reflexão, muitos erros e uma metodologia que foi, por vezes, alterada durante o processo, porque o objeto de análise respira, é vivo, é fluido e se transforma historicamente.

O ato de fazer ciência, portanto, segue sempre um caminho, um **método**, em cada fase de sua construção. Esse caminho não é apenas o modo como escolhemos caminhar, senão o modo como optamos por olhar para aquilo que estamos investigando. Ao analista que se coloque na direção de descobrir algo cientificamente cabe o dever de selecionar, primeiro, **o que** pretende analisar nesse objeto. Em seguida, deve identificar **por que** tal objeto merece análise. Por fim, deve escolher **como** fazer sua análise para chegar ao conhecimento pormenorizado sobre o objeto escolhido, até o ponto que lhe for possível. É preciso observar também que essa ordem é arbitrária e depende da relação do pesquisador com o objeto pesquisado.

No decorrer da leitura, será possível perceber que a busca pelo conhecimento pormenorizado não significa dar conta da verdade, total e inquestionável, sobre alguma coisa, o **conhecimento único**. A verdade das coisas não nos é alcançável (Nietzsche, 2007). Assim, se mencionamos com brevidade uma espécie de metodologia científica, nós o fazemos a fim de chamar a atenção de quem lê para a complexidade de se definir *ciência*.

Além de cumprir as etapas relativas às definições sobre o que se investiga e sobre como e por que se realiza tal investigação em relação a seu objeto de pesquisa, o analista ainda deve considerar a si mesmo como parte daquilo que investiga. Deve considerar seus conhecimentos anteriores, o momento histórico do qual faz parte, o país em que habita, a língua que fala, a posição social que ocupa, seu lugar de fala, sua cor, seu gênero, enfim, seu lugar no espaço social. Precisa levar em conta também a multiplicidade de coisas que se conectam ao seu objeto de interesse e o local de conexão entre essas coisas em seu espaço físico (território). A base **daquilo que se é** e **do lugar onde se está** como ser humano são pontos de partida para a elaboração de ideias sobre qualquer coisa.

Assim, os caminhos para tratar dos fundamentos das ciências sociais são múltiplos, mas temos sempre de fazer escolhas. O que será apresentado nestas páginas reflete as escolhas dos autores deste livro. O percurso começa no primeiro capítulo, intitulado "A produção de conhecimento nas ciências sociais", em que buscaremos aproximar você, leitor, desse campo do saber. Nele, destacaremos as diferenças entre senso comum e conhecimento científico, para então demonstrarmos como é possível produzir conhecimento em ciências sociais e quais são os métodos adequados para tal fim. Ainda nesse capítulo, explicaremos a noção de imaginação sociológica e sua importância para o pesquisador que pretende compreender a realidade por meio dessa óptica.

No segundo capítulo, "Sociologia: a ciência da modernidade", vamos nos centrar na apresentação da primeira das três disciplinas que compõem as ciências sociais e que serão abordadas na obra. O capítulo começa com o surgimento e a especificidade da sociologia e segue com uma abordagem sobre os três autores considerados clássicos para essa área do conhecimento: Émile Durkheim, Karl Marx e Max Weber.

A discussão sobre a sociologia continua nos capítulos seguintes. No terceiro, denominado "Novas perspectivas sociológicas", apresentaremos os autores contemporâneos que são referência nas vertentes crítica, construtivista, pós-colonial, pós-moderna e dos estudos culturais latino-americanos. No quarto capítulo, "A sociologia brasileira: interpretações do Brasil", voltaremos nossa atenção para a produção nacional em ciências sociais. Assim, versaremos sobre o surgimento do pensamento social brasileiro, bem como sobre as discussões acerca de identidade nacional, modernização do país e questão racial. Ainda nesse capítulo, trataremos da institucionalização da sociologia no Brasil.

Nos dois últimos capítulos, abordaremos as outras disciplinas que compõem as ciências sociais: a antropologia e a ciência política.

No quinto capítulo, intitulado "Antropologia e as diferentes perspectivas da cultura", examinaremos a especificidade desse campo, assim como seus principais métodos e teorias. No último capítulo, "Ciência política: análise das dinâmicas de poder", apresentaremos as discussões acerca da política, do poder, do Estado e dos governos. Esse capítulo traz também breves considerações sobre os métodos e as abordagens teóricas no campo da ciência política.

Entendemos que, quando você chegar ao fim desta obra, terá subsídios suficientes para adentrar o campo das ciências sociais. Esperamos, com mais afinco ainda, que se sinta motivado e curioso para ir além, procurar outras obras, outros autores e outras perspectivas, porque a leitura deste livro, para atingir o objetivo que orientou sua produção, deve ser apenas um passo de uma longa jornada de conhecimento sobre as ciências sociais.

# organização
# didático-pedagógica

**E**sta seção tem a finalidade de apresentar os recursos de aprendizagem utilizados no decorrer da obra, de modo a evidenciar os aspectos didático-pedagógicos que nortearam o planejamento do material e como o aluno/leitor pode tirar o melhor proveito dos conteúdos para seu aprendizado.

## Introdução do capítulo

Logo na abertura do capítulo, você é informado a respeito dos conteúdos que nele serão abordados, bem como dos objetivos que os autores pretendem alcançar.

## Síntese

Você conta, nesta seção, com um recurso que o instigará a fazer uma reflexão sobre os conteúdos estudados, de modo a contribuir para que as conclusões a que você chegou sejam reafirmadas ou redefinidas.

## Indicações culturais

Ao final do capítulo, os autores oferecem algumas indicações de livros, filmes ou sites que podem ajudá-lo a refletir sobre os conteúdos estudados e permitir o aprofundamento em seu processo de aprendizagem.

## Atividades de autoavaliação

Com estas questões objetivas, você tem a oportunidade de verificar o grau de assimilação dos conceitos examinados, motivando-se a progredir em seus estudos e a se preparar para outras atividades avaliativas.

## Atividades de aprendizagem

Aqui você dispõe de questões cujo objetivo é levá-lo a analisar criticamente determinado assunto e aproximar conhecimentos teóricos e práticos.

## Bibliografia comentada

Nesta seção, você encontra comentários acerca de algumas obras de referência para o estudo dos temas examinados.

*introdução*

**T**emos de iniciar esta obra afirmando que este livro foi escrito a quatro mãos, em referência à obra *Mil platôs*, de Gilles Deleuze e Félix Guattari (1995). Cada um de nós teve o mesmo carinho, cuidado e respeito pelo que buscávamos construir aqui. Trabalhamos, os dois, de diferentes maneiras, mas de forma igual e com a mesma intensidade. Quem ler estas páginas vai encontrar um texto que passou previamente por diálogos incessantes e que conta também a trajetória individual de ambos os autores. O que consta aqui, capítulo por capítulo, é resultado, em última medida, do companheirismo entre a autora e o autor.

Entendemos que as ciências sociais têm algo de mágico. Basta verificar a variedade de áreas, dentro da academia, que dialogam com elas. Nos dias de hoje, com a impulsão cada vez maior da interdisciplinaridade, essa realidade é evidente. Vários são os cientistas sociais que buscam outras formações complementares a suas reflexões, assim como são muitos os formados em outras áreas que fazem o movimento de aproximação com as ciências sociais.

Talvez isso se deva ao fato de as ciências sociais desestabilizarem os pesquisadores, justamente pela falta de estabilidade que lhes é própria. Ao realizarmos a conexão com suas teorias e seus métodos e, sobretudo, seus objetos de investigação, constatamos que as dinâmicas da vida social são por demais vivas e inconstantes, e isso nos impele a enfrentar a difícil e prazerosa tarefa de analisar esses processos fluidos da vida.

O real multifacetado e inconstante que anima a pesquisa científica das ciências sociais, entretanto, não corresponde ao rigor metodológico e conceitual que é marca distintiva das ciências sociais. Se não pretendemos o controle da vida social, precisamos controlar e delimitar nossa análise, delinear com máxima precisão o objeto e compreender as teorias que mobilizamos para explicá-lo.

Quanto mais nos aproximamos das ciências sociais, mais abandonamos a impressão de que constituem uma área de conhecimento que dispensa o rigor. A velha oposição entre ciência dura e ciência branda deixa de existir, e faz-se necessária a vigilância constante sobre **como** dizemos as coisas, até que uma certa sociologia de nós mesmos passa a existir. Descobrimos os preconceitos que herdamos e as marcas que nos distinguem, com as quais temos de lidar a todo momento.

Os meios-termos não são uma possibilidade e, quando o são, a habilidade de compreensão da realidade social em que estamos inseridos nos põe em descoberto. Somos o lugar onde estamos.

As ciências sociais passam a exigir cada vez mais compromisso do analista em qualquer nível de conhecimento, pois começam a despertar aquilo que Wright Mills (1965, p. 12) chamou de *imaginação sociológica* e levam à observação da vida, atitude que demanda cada vez mais complexidade, cada vez mais critério. Essa exigência abre caminho para uma compreensão da vida social cada vez mais bela, desvelando suas possibilidades e riquezas. Conduz também à desencoberta de um sem-fim de desigualdades e impulsiona à busca pela apreensão das condições de mudança.

Quando pensamos nas condições de transformação de qualquer realidade, somos obrigados a fazer o caminho de volta e questionar qual o lugar da ciência que estamos produzindo, ou seja, qual seu **propósito** e quais seus **fundamentos**. É certo que fazer ciências sociais não implica transformar a realidade social. No entanto, parece-nos pouco utilizar as vicissitudes da vida para uma análise que já sugere seu desfecho desde o ponto de partida, isso porque não somos analistas isentos. Talvez, então, pudéssemos nos questionar sobre a **validade** da ciência que estamos produzindo e mais, questionar sua **utilidade**.

Esse problema, quase sociológico, sobre a pertinência daquilo que se estuda e da ciência que se produz acomete toda pessoa que produz conhecimento na área de ciências sociais. É nesse sentido que esta obra pretende produzir mais questões que respostas, mas questões que movimentem os cientistas sociais. Esta é uma obra entre várias que abordam os fundamentos das ciências sociais: existe uma produção variada sobre esse tema e mesmo uma busca rápida revela esse fato. Sabendo da importância de tratar dos temas básicos que os leitores precisam conhecer, aplicamos-nos em traduzir, com o máximo de rigor e cuidado, as teorias, os conceitos e os métodos das três áreas aqui contempladas: sociologia, antropologia e ciência política.

Apresentar e traduzir os fundamentos das ciências sociais é uma tarefa difícil, mesmo porque grandes especialistas já a realizaram anteriormente, muitas vezes com o objetivo de compreender um dos autores aqui abordados ou ainda uma categoria conceitual de suas teorias. Essa é uma tarefa que exige mais acuidade e profundidade; em nosso caso, realizamos escolhas, porém tentamos trazer um panorama geral das teorias que nos dispusemos a analisar.

Além dessa tarefa, assumimos a missão de adentrar o extraterritório das ciências sociais, realizando um debate epistemológico no âmbito da filosofia, da sociologia e da antropologia das ciências. Tratamos de seus caminhos de produção de conhecimento, das fases principais preconizadas em seus métodos, do momento de seu estabelecimento e de suas nuances de abertura, revelando a principal virtude do conhecimento científico, que é a possibilidade de ser contestado a qualquer tempo. O saber, nesse sentido, é sempre provisório.

O extraterritório não excedeu somente as **teorias** e as **formas**. Também nos debruçamos sobre os **modelos** que a modernidade nos impôs para a produção do conhecimento. A categoria *sociedade* saiu de seu centro quando analisamos os enlaces entre natureza e cultura, e o **não lugar** da saúde e da natureza dentro das ciências sociais apareceu, em conformidade com a identidade e o pertencimento dos autores desta obra.

Se desestabilizamos a categoria *sociedade*, não foi possível fazer o mesmo com a categoria *indivíduo*. O motivo disso é que seguimos a perspectiva epistemológica de cada autor apresentado neste livro: se cada teoria se relaciona com seu método, os conceitos são fundamentais para traduzir o que quem escreve pretende ensinar. É por isso que, em autores da teoria da ação, vamos encontrar a pessoa humana representada como **agente**; em autores que discutem estrutura social, vamos identificar a palavra **indivíduo**; e, em autores que reivindicam uma simetria entre natureza e cultura, vamos perceber a representação do agente da ação como **actante**. Estar sempre atento a isso é essencial para realizar uma boa análise social – o conhecimento epistemológico salva!

Assim, com essas pistas iniciais, esperamos que você possa adentrar esta obra e fazer o percurso que nós fizemos há alguns anos: conhecer as ciências sociais e verificar como as ciências sociais conhecem seu objeto; esse percurso nem sempre é retilíneo e sem sobressaltos, mas com certeza nos leva a um lugar novo.

# 1

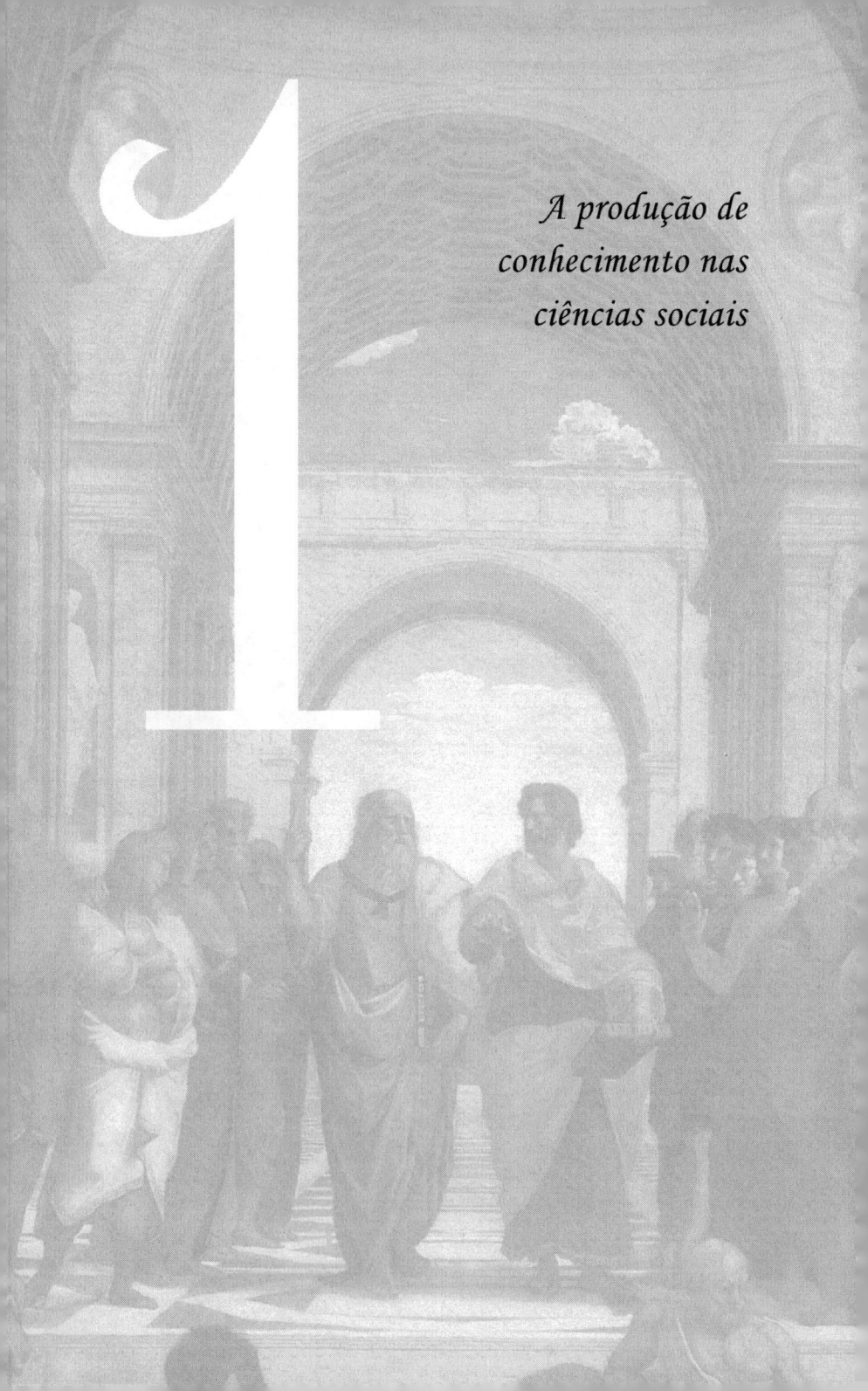

*A produção de conhecimento nas ciências sociais*

Neste capítulo, discutiremos as relações entre a ciência e o senso comum, passando pelas fases de produção da ciência e, dentro delas, a penetração do senso comum conectando os fios que entretecem o conhecimento científico. Para tanto, vamos nos debruçamos sobre a produção do conhecimento nas ciências sociais e suas transformações. Mais adiante, trataremos da investigação prática com foco na discussão acerca dos métodos científicos, que revelam como ocorre a aproximação entre o pesquisador e seu objeto de pesquisa, e, por fim, faremos uma incursão no pensamento de Charles Wrigth Mills sobre a imaginação sociológica e como esse fazer científico pode levar ao conhecimento crítico da realidade.

## 1.1
### Senso comum e conhecimento científico

Antes de apresentarmos as formulações teóricas das ciências sociais, julgamos essencial demonstrar as implicações do avanço do pensamento científico na sociedade e como ele se aproxima e se distancia do pensamento não científico, que denominaremos aqui *senso comum*. Essa tensão não é passiva, o que significa que não é fácil, hoje em dia, estabelecer com clareza o que outrora foi chamado de *iluminação da razão* ante as trevas rasas do pensamento vulgar, como afirma Gaston Bachelard (1971). Ao declararmos isso, pode parecer que estamos sugerindo não existirem diferenças entre ciência e senso comum, o que não é verdade. O argumento apenas sugere que as duas formas de pensamento não são tão puras e impenetráveis – entre elas existe um jogo de relação, níveis de conexão.

É nessa perspectiva relacional, em que se evidenciam pontos de penetração entre ciência e senso comum, que estabelecemos o ponto de partida deste texto. Dizer isso, reiteramos, não significa defender que o conhecimento científico e o conhecimento do senso comum tenham o mesmo lugar; significa defender que a noção de *validade* se aplica a todas as formas de conhecimento de maneira horizontal, de modo que eles se encontram e se complementam. Afirmar que um deles é mais importante que outro é reproduzir um padrão racionalista que já não acompanha a trilha das sociedades contemporâneas e seu desenvolvimento científico.

Vamos nos aproximar das vertentes que defendem a polarização e a separação entre um conhecimento que se pretende superior e um conhecimento tomado como irrefletido, notadamente, a separação entre a ciência e o senso comum. Mais adiante, entretanto, vamos demonstrar que não existe pureza em nenhum deles, que a todo instante um pensamento circunda o outro, de maneira recursiva, construindo nessa complementaridade as **epistemes**, ou seja, os pontos de partida de cada processo social e as teorias do conhecimento que daí emergem.

Para seguirmos nessa direção, é preciso que nos coloquemos no trilho da história e localizemos as transformações ocorridas em meados do século XVIII, momento embrionário da ciência como a conhecemos hoje, decorrente da revolução científica de dois séculos antes, no Renascimento. Desde então, com a proposição de grandes questionamentos acerca do conhecimento sobre o conhecimento (*teoria do conhecimento*), descentrou-se o planeta Terra, matematizaram-se todas as coisas; e descobriu-se a gravidade – com as contribuições de Copérnico, Galileu e Newton (Santos, 2010).

Nesse enredo, julgamos pertinente demonstrar a importância de René Descartes para o modo como hoje compreendemos o que constitui a ciência e o que é o senso comum, por ser um autor central na tensão entre o que é a realidade de fato e como podemos compreendê-la. Talvez as questões que esse autor tenha enfrentado possam ser vulgarmente representadas assim: O que é a natureza? Como podemos nos aproximar dela? O que difere a mim (ser humano) dos outros seres e coisas do mundo? Partindo desses questionamentos, Descartes inaugurou uma importante reflexão – o *cogito* cartesiano – pensamento que circula até os dias de hoje traduzido na expressão "Penso, logo existo" (Descartes, 1996). Podemos ver aí o quanto é importante entender que os pensadores daquele momento estavam em busca do conhecimento pleno, em busca da essência do real, ou seja, da **verdade**.

A fim de melhor nos aproximarmos dessa tensão, devemos aqui fazer um esforço e nos deslocar para o século XVII, dominado essencialmente pela orientação religiosa do pensamento. Era o momento da descoberta do humano e do mundo; buscava-se abandonar o pensar dominado pela vontade divina e começava-se a buscar explicações mais **racionais** para os eventos do mundo (natureza). O mundo precisava ser "des-coberto", para ser compreendido em seus detalhes. O planeta Terra foi deslocado do centro do Universo para um lugar secundário no sistema e o Sol assumiu o lugar central. O movimento da Lua e a aparição das estrelas à noite foram entendidos como parte do movimento planetário; as chuvas, os raios e os trovões passaram a receber explicações diferentes das relacionadas à vontade divina e foram reduzidos a eventos das estações do ano e das alterações na atmosfera. O mundo tornou-se desencantado, a magia cedeu lugar à razão (Weber, 2004; Nietzsche, 2012).

Desde então, um novo conjunto de reflexões emerge, descolado das crenças e da magia antes predominantes, e conquista um espaço soberano no corpo social. O racionalismo fortemente marcado daquele período reconfigurou o sistema de pensamento de tal forma que ainda hoje podemos percebê-lo. O modo como defendemos certas posições é revelador: sempre que um argumento é formulado com base em uma impressão subjetiva, ele perde a validade ante uma sentença contrária elaborada cientificamente, ou mesmo por alguém que diga ter estudado sobre o assunto (Fourez,1995).

Se seguirmos o pensamento de Bachelard (1971), por exemplo, o momento de reflexão científica acontece em oposição ao movimento do pensamento do senso comum. Nesse sentido, a construção de tal reflexão somente é possível nessa ruptura, ou seja, o início da reflexão científica, o pensamento organizado pela razão, deve ser o instante de rompimento com a forma de pensamento vulgar, comum. Para esse autor, assim como para toda a escola que deriva de um sistema de pensamento dito *positivo*, a racionalidade científica é a única a reger de modo válido nossas interpretações de mundo. A esse movimento o pensador francês denomina *ruptura epistemológica* (Bachelard, 1971).

Gaston Bachelard é um autor francês do início do século XX, quando as questões relacionadas à ciência estavam em um momento de estabelecimento de bases e de disputa entre correntes. Em verdade, essas tensões são permanentes, podendo ter maior ou menor força a depender do estágio de discussão. Naquele momento, a disputa envolvia, de um lado, a defesa da posição e do método das ciências naturais, ou positivas, tributárias do modelo cartesiano; e, de outro, a emergência de ciências mais voltadas às questões da cultura, das paixões, das relações entre os seres humanos, as quais surgiam – ainda que não somente – das transformações de um modelo de sociedade que assistiu ao nascimento das ciências sociais, da história e da psicologia, por exemplo. Essas novas ciências foram inicialmente denominadas *ciências do espírito*\* (Dilthey, 2010). Como voltaremos especificamente ao debate entre esses dois tipos de ciência mais adiante, retornemos às questões gerais sobre a ciência, o senso comum e seus enlaces.

Podemos notar que está aí delineado um modelo que prevalece, que vence a disputa e é incorporado na fase inicial das ciências do espírito, sobretudo em seu método investigativo. Essa maneira de ver o mundo é o que os autores contemporâneos chamam de *modernidade*: uma nova forma de pensar que tem seu espaço de desenvolvimento e transformação no lado ocidental do planeta. Por isso, ouvimos dizer constantemente que nosso modelo científico é **ocidental moderno**, ou **eurocêntrico**.

Lembremos que tal modelo é responsável, em um primeiro momento, pela separação e até oposição entre os humanos e o mundo (homem e natureza), que resulta em separações posteriores: científico e não

---

\* *Espírito*, dentro da tradição de pensamento de Wilhelm Dilthey (2010) e de seus contemporâneos, diz respeito ao espírito do homem na condição de sua cultura, sua moral e suas produções não mantendo relação, pois, com os significados atribuídos a esse termo pela religião ou pela espiritualidade.

científico, branco e negro, macho e fêmea, normal e anormal, bonito e feio, saudável e doente, bom e mau, entre tantas outras. Essas separações são mobilizadas a todo momento em nosso agir cotidiano, e nós as reproduzimos sem nos darmos conta.

A ocidentalidade do pensamento a que aludimos acima é basicamente geográfica. É quase como se uma régua dividisse o mapa do planeta em dois, bem no meio: do lado esquerdo, o Ocidente; do lado direito, o Oriente. É claro que essa imagem nos serve apenas de recurso didático, pois, efetivamente, se a análise fosse levada a cabo, perceberíamos que existem conexões entre Ocidente e Oriente, sobretudo em um mundo globalizado como o nosso.

Por que, então, dizemos que o modo ocidental de pensar é moderno? De início, alertamos que não se trata de um pensamento necessariamente inovador. A modernidade, aqui, significa um período específico que sucede o modelo de pensamento baseado na crença, inaugura um método de pensamento logocêntrico e racional que estabelece, desde o *cogito* cartesiano, uma separação entre os seres humanos e as coisas, ou, para utilizar um termo de Arturo Escobar (2010), uma separação entre humanos e não humanos.

É válido, aqui, recorrer literalmente a Bachelard para traduzir o que estamos querendo sinalizar:

> *O real nunca é "o que se poderia achar", mas é sempre o que se deveria ter pensado. O pensamento empírico torna-se claro* DEPOIS, *quando o conjunto de argumentos fica estabelecido. Ao retomar um passado cheio de erros, encontra-se a verdade num autêntico arrependimento intelectual. No fundo, o ato de conhecer dá-se* CONTRA *um conhecimento anterior, destruindo conhecimentos mal estabelecidos, superando o que, no próprio espírito, é obstáculo à espiritualização.* (Bachelard, 1996, p. 17, grifo do original)

Notamos aqui essa percepção de que algo que alguém poderia apenas supor nunca vai ao encontro do real. Somente quando se organiza um determinado conjunto de conhecimentos, acumulativos, cada vez mais afastados do que inicialmente se pensava, destruindo-se conhecimentos anteriores, é que se está procedendo de modo científico, formando o que Bachelard chamaria de *conglomerado ordenado de conhecimentos*.

É possível perceber que, para esse importante autor, existe uma delimitação que separa radicalmente ciência e senso comum. O que está implícito nesse pensamento é justamente que o conhecimento científico é forjado com base nos temas cotidianos, do pensamento vulgar, e, quando se estabelece essa ruptura objetiva, os elementos que fizeram parte dessa construção desaparecem (Latour, 1994).

Se adotarmos a linha de pensamento bachelardiana, podemos partir do seguinte exemplo: uma pessoa, ao caminhar pela rua, depara-se com um objeto no chão a sua frente, de aspecto liso, sem forma definida, pesado e aparentemente maciço. Essa pessoa já viu diversas vezes objetos como aquele e sabe nomeá-lo. Ela então se agacha, toma-o em suas mãos e confirma: é uma pedra. Depois, lança essa pedra tão distante quanto pode e segue seu caminho. O mesmo objeto, porém, quando encontrado por um geólogo, que rapidamente toma a pedra em suas mãos e a leva para o laboratório, é percebido como um fragmento de rocha, derivado de uma erupção vulcânica, sendo possível estimar com muita precisão sua idade e até sua classificação entre os vários tipos de seixos. O objeto recebe outra nomenclatura, *científica*.

Com base em Boaventura de Souza Santos (1989), poderíamos afirmar que o conhecimento do senso comum admite o que existe tal como existe, já que é um conhecimento evidente. Notemos que, por outro lado, em nenhum momento em suas reflexões o geólogo considera que a pedra é somente uma pedra, ou seja, o que antes fora denominado *pedra* pelo conhecimento comum é completamente ressignificado pelo conhecimento científico, pelo conhecimento organizado, acumulado; essa é a ruptura epistemológica; essa é a marca distintiva que reproduz o dualismo. Tal noção de ciência, tomada como abissalmente oposta ao senso comum, advém de uma matriz de conhecimento fundada desde aquela distinção proposta pelo pensamento de René Descartes: "*Cogito, ergo sum*" ("Penso, logo existo").

Partindo dessas reflexões, no entanto, podemos nos perguntar, voltando ao que anteriormente foi proposto: Se o pensamento científico carece dos elementos do senso comum para ser constituído, como pode se pretender uma outra coisa? Dito de outro modo, o pensamento científico tem como base primeira, na qual se sustenta, justamente uma forma de conhecimento tradicional, bom senso ou pensamento vulgar. Nesse sentido, não pode pretender ser outra coisa, mas, nesse debate, parece-nos que se revela uma pretensão de superioridade daquilo que se chama *científico* ante o que se convencionou chamar *saber popular*. No Capítulo 3, mostraremos como as ideias da teoria crítica da Escola de Frankfurt rompem com tal modelo de ciência – positivista ou neopositivista.

A discussão, assim, direciona-se para formas distintas de saber ou conhecimento que são mobilizadas no fazer cotidiano. Não se trata, como diz a sabedoria popular, de "jogar a criança com a água do banho", nem de um lado nem de outro. Com isso queremos dizer que parece que não podemos permitir que a interpretação se encaminhe para a reprodução da distinção entre as formas de saber, em que, ao acessar uma, descarta-se por completo a outra. Insistimos: esses conhecimentos são diferentes, caminham em direções e objetivos diferentes, mas são complementares.

Convém acionarmos, aqui uma imagem que nos serve de tradução para a relação de interdependência entre os saberes comum e científico. A agricultura existe no planeta há mais de 11 mil anos (Franco et al., 2012); os avanços alcançados desde a primeira produção vegetal planejada até os dias de hoje, com plantio em escala e com emprego de tecnologias de última geração, são evidentes. Sob a perspectiva da reflexão científica que realizamos até agora, partimos da premissa de que são inegáveis os avanços tecnológicos que puderam dinamizar a produção e o consumo em ampla escala. Seguindo, todavia, a discussão até aqui proposta, não podemos discordar de dois pontos que parecem essenciais. O primeiro é que a construção do conhecimento científico só foi possível partindo-se do saber tradicional do senso comum, não se podendo supor, portanto, que um e outro estejam, desse modo, separados. O segundo ponto possibilita questionarmos se, de fato, o conhecimento científico aplicado pura e estritamente, de modo racionalista, com uma concepção de produção e consumo em grande escala, reflete algo necessariamente positivo, ou benéfico, para as sociedades em geral, para seus territórios e para toda a sua ecologia.

Explicamos: com Descartes (1996) estabeleceu-se uma noção de que o conhecimento científico tinha de se afastar das primeiras impressões do mundo, das primeiras sensações sobre as coisas. Esse modo de pensar o mundo instaurou uma separação entre as coisas, ou, dito de outro modo, alicerçou um pensamento fundante para o dualismo. A principal consequência do dualismo, nesse caso, foi a concepção de que o ser humano é separado da natureza (Santos, 2010). Uma vez que o ser humano não compartilha sua essência com as coisas do mundo, podemos então supor que ele não atenta ao desequilíbrio presente na produção em grande escala, cujo proveito está atrelado ao modo de produção mundial (nesse caso, o capitalismo).

Chegamos a um momento em que o conhecimento científico nos escapa pelas mãos – subjugando as formas de conhecimento das comunidades e dos povos tradicionais e os mecanismos de fé e renovação daqueles que buscam outros métodos de produção em sua vida, o que nos faz erguer muros em vez de pontes a cada vez que sustentamos posições contra as crenças e conhecimentos que não são os nossos. Esse é o mesmo momento em que não sabemos responder com segurança se estamos certos, já que somos também vítimas daquilo que não podemos controlar nem conhecer. Há muito alimento graças ao avanço científico, porém não podemos saber quais povos ou formas de vida perderam seus territórios para atingirmos essa produção nem o que estamos ingerindo a cada vez que nos alimentamos. Assim, separado do mundo pela ciência, o ser humano ignora os efeitos perversos dos avanços desse conhecimento aplicado a todas as esferas da vida. Nas palavras de Santos (2010, p. 17-18) sobre essa crise de reflexão sobre o mundo:

> perdemos a confiança epistemológica; instalou-se em nós uma sensação de perda irreparável tanto mais estranha quanto não sabemos ao certo o que estamos em vias de perder; admitimos mesmo, noutros momentos, que essa sensação de perda seja apenas a cortina de medo atrás da qual se escondem as novas abundâncias da nossa vida individual e coletiva. Mas mesmo aí volta a perplexidade de não sabermos o que abundará em nós nessa abundância.

Essa segurança epistemológica está abalada porque a salvação de um mundo racional – desencantado, conforme Maz Weber (2004) – não se cumpriu, ou cumpriu-se apenas parte do trabalho, mas com efeitos perversos de inescapabilidade dos riscos que essa forma de conhecimento propiciou. A fé e o senso comum deram lugar a uma multiplicidade de riscos e perigos produzidos pelo modelo de desenvolvimento estritamente científico, de curas e salvações inelutáveis, ou, seria melhor dizer, onipresentes e onipotentes. Matamos um deus e colocamos outro em seu lugar, mas qual? Será que estivemos enganados ante a visão de nossos óculos sociais por todo esse tempo?

"Estamos no fim de um ciclo de hegemonia de uma certa ordem científica", como afirma Santos (2010, p. 19). Talvez este seja o momento de conciliação entre as formas de pensar e de conhecer o mundo, entre as múltiplas epistemologias que nos orientam e nos constituem. Esse debate é extenso, longo e escorregadio, e esperamos ter, nesse rápido movimento de diálogo e apresentação, demonstrado as diferenças, mas principalmente a necessidade de conjunção entre um saber especializado e um saber que se inscreve no ato de vivenciar o mundo.

## 1.2
*Considerações epistemológicas sobre as ciências sociais*

*Nesta seção, vamos* abordar as diferentes formas de conhecimento, ou as diferentes epistemologias, e a produção de conhecimento nas ciências sociais, já adentrando o tema fundamental deste livro. Importa, nesse sentido, conectar as epistemologias com a produção de conhecimento nas ciências sociais, constituindo um tecido que se estenda para várias direções. É assim que este texto deve ser lido, como um grande tecido conectado por vários lados, devendo-se lembrar que as linhas que seguimos são de uma área específica das ciências, a das ciências sociais, e que a elas se conecta um mundo de outros fios, outras perspectivas, outras disciplinas. Ao dizermos isso, reafirmamos o pensamento de Theodor Adorno (2008), segundo o qual a reflexão sociológica não pode esquecer-se das outras disciplinas.

Nesse sentido, Bernard Lahire (2004) lança uma questão simples: "Pra que serve a sociologia?". Essa questão normalmente desestabiliza qualquer pensador que se dedique a produzir conhecimento sociológico sobre a sociedade. A verdade é que a própria definição de *sociedade*, que é, por assim dizer, conceito-base da sociologia, é sempre controversa entre os vários autores, desde os iniciantes até os mais conhecidos.

Sabemos para que servem a medicina, as engenharias e a matemática, sem duvidarmos de sua utilidade e aplicação. Certamente, sob a tutela do saber perito ou especializado, como diria Anthony Giddens (1991), não se questionaria a opinião de um engenheiro agrônomo sobre a melhor forma de fazer um plantio ou a melhor época para realizar uma colheita. Tampouco se questionaria a opinião de um advogado quanto à melhor forma de proceder em uma negociação específica. As razões para essa crença, que por vezes beira à credulidade, foram apresentadas anteriormente, ao abordarmos as formas de conhecimento existentes e como elas constituem nossa organização em sociedade e aquilo que valorizamos.

Crer, portanto, na opinião daqueles que possuem um conhecimento perito, que, na maior parte das vezes, é comprovado por um diploma ou pela simples alegação de dedicação durante alguns anos da vida ao estudo de determinado tema, demonstra a forma como a epistemologia moderna assume um papel decisivo no modo como compreendemos as sociedades. É claro, atribuir à ciência um papel superior ao senso comum é apenas um dos efeitos deletérios da modernidade. No entanto, as noções científicas vêm enredando um sistema de conhecimentos, pensamentos, códigos e linguagens que se estendem como redes para outros aspectos da vida social, nas mais variadas culturas.

Podemos utilizar como exemplo do que estamos analisando aqui a forma como os conhecimentos produzidos na América Latina são menosprezados no Brasil, quando comparados à valorização da cultura da Europa ou mesmo da América do Norte. O saber produzido nesses locais mais distantes é tratado com muito mais reverência que o originário do território latino. Desconhecemos a geografia da América Latina, mas sabemos a divisão dos estados norte-americanos; nas escolas, aprendemos inglês em vez de aimará, guarani ou quéchua. Nossa economia está voltada para fora e nosso modelo de consumo é também estabelecido desde fora. Para exemplificar de outro modo, as religiões estritamente cristãs são socialmente privilegiadas quando em comparação com a umbanda – ainda que se leve em conta o sincretismo –, em uma clara relação com a classe social e a cor predominantes das pessoas de uma e outra crença. A própria ideia de *raça*, como explica Aníbal Quijano (2000), é uma categoria mental criada na modernidade.

A modernidade, como já vimos, é fundamentada em um redirecionamento de valores no qual as orientações religiosas saem de cena e vão emergindo, desde meados do século XVI, formas de conhecimento cada vez mais racionalizadas, nas quais as explicações recorrem ao que se pode seguir cientificamente, não sendo mais atribuídas às divindades, ao sobrenatural, às consequências da natureza. Por que retomamos essa discussão? Porque as ciências sociais, de modo geral, são forjadas com base nesse espírito racionalista (Paixão, 2012).

Considerando os limites desta obra, não vamos remontar o percurso da ciência e de suas disputas nessa época, pois o interesse é mapear e assinalar aquilo que as pessoas que se interessam por ciências sociais já localizaram em suas buscas sobre o início da produção nessa área de estudo.

Isidore Auguste Marie François Xavier Comte, mais conhecido como Auguste Comte, foi um pensador originário desse modelo de pensar que renuncia a toda metafísica, designando sistemas de conhecimentos da sociedade que fossem científicos e universais, o que chamou de *filosofia positiva* (Castro, 2000). Comte viveu de 1798 a 1857 e é tributário de um **modelo matemático** de pensar a sociedade e suas estruturas, tanto que chegou a nomear a sociologia como *física social*. Esse pensador francês foi o marco inicial do que queremos demonstrar neste capítulo, ou seja, a ideia de que a produção de conhecimento nas ciências sociais depende do momento histórico e de suas matrizes científicas. Entendida como física social, a sociologia seria para Comte uma espécie de síntese unificadora das ciências, a qual, tendo como objeto a observação dos fatos morais e intelectuais, pressupunha a constituição e o progresso de todas as sociedades humanas.

É possível então perceber que o modelo de pensamento analisado, ou seja, a epistemologia, é de essencial importância para a compreensão do momento de formação do pensamento científico. Nesse sentido, a física social de Comte estava mais interessada na organização da sociedade, num sentido evolutivo no qual as sociedades passariam por três estágios de conhecimento, a fim de atingir um progresso pacífico:

1. **Estágio teológico**: As causas de todos os acontecimentos são atribuídas aos deuses.
2. **Estágio metafísico**: Os conceitos abstratos ajudam a explicar o mundo e as coisas da vida.
3. **Estágio positivo**: A organização e a explicação racional são mobilizadas para entender os fenômenos.

Com a organização racionalizada da produção fabril, houve uma mudança na relação entre o ser humano e os objetos que o rodeiam e o constituem (ou não somos constituídos e constituintes de tudo o que nos rodeia?), passando-se de uma relação plena em todas as fases de produção da mercadoria (como mostraremos mais adiante) para uma mais distante dos processos de criação, produção e comercialização daquilo que se produz. Surgia, assim, a classe trabalhadora.

Esse foi o momento em que filósofos e outros pensadores voltaram os olhos para a sociedade e se perguntaram sobre aquele momento, sobre como os seres humanos, que antes tinham certa relação de continuidade com as coisas do mundo, com as coisas que produziam, com seu espaço de trabalho e habitação, com as transformações e, sobretudo, com as ações incompreensíveis da natureza, passaram a uma relação de trabalho racionalmente organizada, dentro de um novo padrão de produção alheio aos costumes de quem produzia, que exigia a superação dos limites de horário e de resistência física do trabalhador, que o afastou da criação e impôs um processo produtivo sem identidade, que privilegiava a quantidade em lugar da qualidade.

Esse foi um momento significativo na história da humanidade, em que ocorreram as duas grandes revoluções do século XVIII: a Revolução Industrial e Revolução Francesa. Essas importantes revoluções são causa e efeito de várias transformações políticas, sociais, econômicas e históricas que consolidaram o capitalismo como sistema e, mais importante aqui, definiram o surgimento das correntes da sociologia no século XIX. Logo, desde aqui se poderá afirmar: a sociologia como ciência – produção de conhecimento – só pode ser pensada com base no contexto social do século XVIII.

É justo privilegiarmos Comte nesta discussão inicial sobre a produção de conhecimento nas ciências sociais, já que ele é reconhecido como o pai da sociologia. Porém, é importante demarcar que, assim como a ciência não pode ser entronada ante a desterritorialização do senso comum, as ciências sociais também acompanharam esse desenrolar das tensões e armadilhas do desenvolvimento do saber científico. Nesse sentido, é válido assinalar que as ciências sociais também não ficaram cristalizadas nessa redoma matemática dos planos comtianos, já que as subjetividades e indeterminações de seus projetos começaram a chamar a atenção dos pensadores posteriores. É um momento em que começa a haver uma junção das ciências para tentar apreender os fenômenos da vida social.

Para demonstrar essa variação de perspectiva na concepção de ciência, recorremos à discussão de Wilhelm Dilthey no fim do século XIX. Dilthey nasceu em 1833 e acompanhou até sua morte, em 1911, parte dessas transformações no sistema de produção da vida material. O pensador alemão, ao proclamar a autonomia das ciências do espírito e emancipá-las do domínio das ciências naturais, rejeitou a ideia de uma divisão das ciências apenas mediante uma separação metodológica. Para ele, a função de um método, nessa perspectiva, é fazer avançar o conhecimento, longe de fidelidades idealistas ou totalizantes, não sendo um processo definitivo. Por esse pensamento, possa-se a reconhecer que toda ciência é circunstancial e pode utilizar qualquer caminho para se desenvolver – o das ciências naturais ou o das ciências humanas –, conforme a necessidade inerente à pesquisa (Dilthey, 2008).

Dilthey reconheceu também a possibilidade de associação entre os métodos das ciências naturais e do espírito (ou ciências humanas), de modo a permitir uma análise do objeto com o máximo rigor para aproximar-se de sua compreensão. Apesar de a obra de Dilthey ser mais voltada à história e à psicologia, a referência a ele torna-se importante pela presença de seus conceitos na obra do importante sociólogo alemão Max Weber (de que trataremos mais adiante).

O caminho que Dilthey postula para atingir o máximo rigor na compreensão do objeto é, primeiramente, fundamentar as ciências do espírito, circundando seu objeto como forma de libertá-lo dos métodos das ciências naturais e, posteriormente, validar os métodos qualitativos – validade ainda hoje discutida na academia. Com a delimitação das ciências do espírito, tornou-se possível sua articulação com as ciências naturais, como também foi possível desmembrá-las em áreas de conhecimento específicas, como psicologia, sociologia, história, filosofia, política, artes e direito, constituindo-se, assim, as disciplinas dos departamentos de ciências humanas ou sociais nas universidades.

Devemos atentar para o fato de que ocorreu apenas uma separação das ciências da natureza, e não um afastamento da natureza como objeto de estudo, uma vez que tanto a natureza como o espírito podem ser igualmente objeto das ciências humanas, não havendo um objeto privilegiado. O que aconteceu foi uma mudança em relação à forma de compreender a natureza – o foco não é a natureza em si, mas a representação da natureza tal qual ela aparece aos indivíduos, como uma **validação subjetiva** (Husserl, 2008).

Assim, a produção de conhecimento nas ciências sociais segue uma trilha que acompanha as revoluções científicas. Além disso, o olhar dos cientistas sociais é direcionado aos jogos e dinâmicas sociais, independentemente do caminho analítico que optem por seguir. Na próxima seção, trataremos dos métodos e técnicas de investigação em ciências sociais e da multiplicidade de modelos disponíveis àqueles que pesquisam as conexões e desconexões das alterações e permanências nas sociedades.

## 1.3
### *Métodos de investigação em ciências sociais*

*Inicialmente, devemos observar* que aqui não vamos nos ater às normas exigidas por instituições ou países para a redação de um trabalho científico nem vamos descrever cada fase que envolve o projeto científico. Salientamos, no entanto, que essas são informações importantes para a definição da **forma** do trabalho e devem ser consultadas antes de qualquer redação, uma vez que garantem a validade dos resultados daquilo que se investiga. Portanto, não devem ser desmerecidas ou descartadas por quem realiza ciência social.

Nossa intenção é apresentar alguns dos métodos de investigação e análise em ciências sociais; para isso, procuraremos responder basicamente às seguintes questões: Quais são as relações entre o método investigativo e a epistemologia de trabalho? Pode-se utilizar somente um método de investigação em uma pesquisa? Quais são as opções disponíveis nessa área de trabalho? Método de investigação é a mesma coisa que método de análise? Dessa maneira, estamos preocupados com os processos mais complexos que se observam no caminho para uma investigação, entre os quais está a escolha do método de pesquisa.

Em geral, os cientistas estão sempre procurando algo especial para pesquisar, que os encante e incomode. O pesquisador iniciante e o experiente sofrem com a mesma dúvida desde a primeira escolha, que é o objeto a pesquisar. Às vezes, encontra-se um objeto de pesquisa que parece convidar ao trabalho. No entanto, na maioria das vezes, isso não acontece, e é preciso refinar o olhar como cientista social para encontrar um objeto de estudo apropriado para investigação.

É importante sublinhar que a metodologia é uma direção para o caminho do pensamento, que se soma à prática necessária quando se estuda o real. Nesse sentido, a metodologia implica, necessariamente, estabelecer a relação entre a teoria escolhida para observar a realidade e as técnicas ou estratégias a utilizar para realizar a pesquisa inicial. Nessa linha é que se exige a criatividade de quem pesquisa como fundamento primordial das etapas de investigação (Feyerabend, 2011). Dessa forma, entendemos o método como uma relação entre técnica, epistemologia, teoria e estrutura do trabalho de pesquisa.

Aproximando-nos mais da metodologia das ciências sociais, devemos destacar que é necessário antes distingui-la epistemologicamente do ponto de partida em que divergem as escolhas específicas em cada ciência. O que queremos dizer com isso? Que o lugar privilegiado e distinto de onde o pesquisador olha a realidade em que está inserido apresenta algumas características peculiares e essenciais. Como mencionamos anteriormente, existe um lugar do qual se projeta a grande ciência objetiva, a ciência dura (a chamada *hard science*). Nesse lugar das ciências formais, os objetos são entes formais, seu método prescinde de demonstração lógica, seus enunciados são analíticos e definitivos, e a verdade é necessária e formal. Esse é o espaço das matemáticas, por exemplo (Díaz, 2010).

Por outro lado, existe a ciência em que a verdade é transitória, as ditas *ciências fáticas*. Esse é o caso das ciências sociais, porque o objeto é composto por entes empíricos, como já afirmamos, de modo que o método utilizado envolve observação e experimentação. Nesse tipo de ciência, os enunciados são denotativos e muitas vezes sintéticos, ou seja, a síntese analítica a torna mais próxima da realidade contextual. Esse é o lugar em que se localizam as ciências sociais e também as ciências naturais (Díaz, 2010). Aqui é importante lembrar: a ciência é um tipo de conhecimento disposto a ser contestado sempre!

Agora podemos adentrar os métodos utilizados na grande área das ciências sociais. Na sequência, apresentaremos os métodos relacionados com a epistemologia de que parte cada tipo de pesquisa. Guiando-nos pelo conhecimento e pela orientação explicativa de Lakatos e Marconi (2003), descreveremos os métodos histórico, monográfico, estatístico, tipológico, funcionalista e estruturalista.

## 1.3.1 *Método histórico*

Mais adiante, no Capítulo 5 desta obra, o qual versa sobre os fundamentos da antropologia, vamos discutir um pouco mais sobre o método histórico na perspectiva de Franz Boas. Sem perdermos de vista que a utilização do método histórico não contempla as diferenças culturais entre povos distintos, devemos considerar que, nesse método, procura-se compreender os efeitos dos comportamentos do presente buscando-se referências nas causas do passado, suas interpretações e definições.

Assim, como afirma Boas (2006, p. 65), se pudéssemos compreender todas as redes de conexão com as culturas humanas, a saber, "a totalidade do cenário biológico, geográfico e cultural de uma sociedade" e como essas sociedades reagem a essas conexões, talvez não precisássemos de um método histórico de compreensão. Nesse método, para acessar o que ocorreu nos períodos anteriores da estrutura social observada e dar validade científica a esse conteúdo, ele pode se valer de documentos legais ou de registros familiares, de cartas, de fotografias, de gravações e de outros documentos que auxiliem a compor, com maior precisão, o momento no passado que ajuda a iluminar os acontecimentos do presente.

Assim como em outros métodos de pesquisa, a metodologia histórica requer, para se chegar às conclusões mais aproximadas, a precisão e a garantia da veracidade dos dados e a atenta verificação de quem foram os atores envolvidos, de quem tem lugar de fala, de quem é a voz principal e de quais foram seus motivos e suas razões no documento que se analisa. É de extrema importância para compreender uma estrutura social atual esse olhar retrospectivo, porém sempre com a ciência de que, por maior que sejam o controle e a certificação no tratamento dos dados e documentos do passado, não é possível compreender o passado totalmente, uma vez que o analista tem sua visão estruturada pelos eventos do presente e pode deixar escapar a essência e o espírito do momento pregresso.

Também na sociologia existe uma corrente analítica que se volta para o método histórico. Apesar ter sido constantemente uma empreitada fundada e orientada historicamente, essa corrente busca fugir das macroteorias e das generalizações, fazendo uma sociologia enraizada no tempo e no espaço (Skocpol, 2004).

A seguir, listamos algumas características dos estudos da sociologia histórica, segundo Skocpol (2004):

- Interessam-se por processos situados concretamente no tempo e no espaço.
- Acompanham uma sequência temporal em busca de suas consequências.
- Seguem a inter-relação entre ações significativas e contextos estruturais, de forma a revelar as consequências pretendidas e as inesperadas na vida das pessoas e nas transformações sociais.
- Buscam evidenciar as particularidades e variáveis de formas específicas das estruturas sociais e dos processos de mudança.

Com base nessa perspectiva, torna-se possível perceber as diferenças sociais e culturais e os processos temporais, que são o foco do interesse dos sociólogos orientados historicamente.

## 1.3.2 Método comparativo

Existe quem defenda que esse é o método mais universal da ciência. Isso porque o pesquisador está sempre se remetendo a um modelo preestabelecido, ainda que inconsciente, para tratar de um problema de pesquisa, o que quer dizer que sempre se está comparando. Para o objeto que o desestabiliza ou o provoca – porque, em geral, as questões de pesquisa surgem de um desconforto –, sempre existe um modelo do que deveria ser um padrão aceitável de desenvolvimento.

Vamos tomar um exemplo: por meio desse método, poderiam ser comparadas as diferentes colonizações na América Latina, ou as diferentes técnicas de agricultura de acordo com o clima, as diferenças na atenção à saúde mental entre uma capital e as regiões litorâneas do mesmo estado etc. A presença da comparação em outros métodos, ainda que as técnicas possam ser evidentemente distintas, é de fácil identificação.

Seguindo a linha de Bertrand Badie e Guy Hermet (1993), podemos afirmar que o método comparativo tem como finalidade a interpretação e a explicação das variações de um objeto social específico em relação às diferenças comprovadas em igualdade de circunstâncias. Podem-se, por exemplo, comparar as diferentes concepções de família em um grupo com pessoas das chamadas *geração X* e *geração Y*. A diferença metodológica em relação ao método histórico está no fato de que neste se faz acompanhamento do caminho em que o grupo social se estruturou da geração X até chegar à forma como se revela no presente a geração Y, enquanto no método comparativo esse meio geracional se perde, ganhando mais atenção do pesquisador as mudanças e semelhanças entre as gerações, sem a perspectiva evolutiva.

### *1.3.3 Método monográfico*

No método monográfico, pretende-se que o estudo de casos particulares possa ser generalizado para casos similares mais amplos. A proposta dessa metodologia de estudo é que se realize uma investigação profunda, verificando-se temporalmente as mudanças em detalhes precisos que permitam compor um amplo conhecimento da trajetória traçada. Nesse sentido, a investigação pode ser sobre um indivíduo, uma instituição, uma manifestação relacionada à cultura ou mesmo um evento.

Um exemplo de aplicação do método monográfico pode ser o estudo de um jovem de periferia que tenta ingressar no mercado de trabalho. Observam-se as formas de ingresso, o salário, as relações que se estabelecem, a função que desempenha ou quer desempenhar, o modo como desenvolve seu trabalho, suas carências em relação aos outros funcionários ou suas virtudes etc. A obtenção dessas informações pode resultar na composição de um quadro útil para compreender a situação de outros jovens de periferia que queiram ingressar no mundo do trabalho formal.

## 1.3.4 Método estatístico

O método estatístico é oriundo das ciências matemáticas e tem como escopo a avaliação sistemática dos dados obtidos na pesquisa. Vale assinalar que esse método – assim como outros – pode ser associado a outras metodologias, de forma complementar, dependendo do objeto de análise ou do quanto a transcrição numérica da análise de dados possa ser relevante para demonstrar os resultados de pesquisa.

Por meio desse método, é possível analisar padrões de comportamento com base em quantificações e repetições de eventos, pretendendo-se garantir aquilo que não se mostra visível na realidade. Entretanto, como as bases e os fundamentos desse método advêm da teoria estatística da probabilidade, os resultados e as análises produzidos por meio dele devem ser aí enquadrados, ou seja, deve-se considerar que quantificar não significa chegar à verdade, e sim ter uma segurança razoável de que houve uma aproximação da verdade por intermédio de números e probabilidades.

## 1.3.5 Método tipológico

Os tipos ideais foram forjados por Max Weber em sua sociologia compreensiva. A construção dos tipos serve de recurso para a interpretação das ações dos agentes humanos, uma vez que apresentam um "elevado valor heurístico para a investigação, e um enorme valor sistemático para o enunciado, se apenas forem utilizadas como meios conceituais para comparar e medir relativamente a eles a realidade. Com esta função, tornam-se quase indispensáveis" (Weber, 2003, p. 58).

As construções ideais-típicas buscam captar como a ação humana seria realizada em uma situação específica, se ela estivesse orientada para um fim, ou seja, se essa ação estivesse perseguindo o objetivo proposto para sua realização (Weber, 1991). A análise por meio dos tipos ideais busca uma compreensão estritamente racional, sem se deixar influenciar por tradições, emoções ou afetos, focando o caminho desenvolvido pelo indivíduo para atingir um fim.

Ressaltamos que os tipos ideias são formulados, primeiramente, por meio de um exagero consciente e intencional das características essenciais da ação que o pesquisador deseja investigar e, posteriormente, da orientação sintética dessas características em um conceito unificado e rigoroso, documentando as regularidades das ações humanas significativas de modo preciso. Conforme observa Stephen Kalberg (2010), para se atingir uma interpretação compreensiva válida, os tipos devem ser construídos com base no contato empírico, com o intuito de formar um constructo preciso e homogêneo. Dito de outro modo, os tipos ideais são construídos pelo pesquisador para servir de comparação; após essa utilização, o analista pode chegar a conclusões aproximadas a respeito de qual era, de fato, o sentido da ação dos agentes observados.

### 1.3.6 Método funcionalista

Esse método foi desenvolvido por Bronislaw Malinowski, e sua premissa básica é que a sociedade deve ser entendida como parte de um todo inter-relacional ou interdependente, compreendendo-se, assim, cada parte como uma função no jogo social. Como explica François Laplantine (2007), com o funcionalismo, a interação social assoma como instituição autônoma, não somente em termos empíricos, mas também teóricos. Laplantine (2007) afirma que a metodologia funcionalista ajuda a pensar a integração dessas diferentes funções no todo social.

Notemos que aqui se abrem duas perspectivas que devem ser sublinhadas:

1. A perspectiva epistemológica aqui muda radicalmente, pois, dependendo dos conceitos e da própria noção de sociedade da qual parte a teoria, esse método é indispensável. Assim, demonstra-se a relação entre epistemologia, teoria e método.
2. A comparação não serve de recurso, já que a compreensão de *sociedade* é alterada para a noção de um todo interligado funcionalmente. Assim, é preciso entender as conexões entre as partes. Além disso, o método funcionalista não pretende ser um método histórico, porque almeja a conexão dos elementos sociais tal como esses se apresentam ao observador.

Anteriormente já afirmamos que o método tem relação com a epistemologia da qual partem os pesquisadores e também com o pano de fundo das escolhas metodológicas realizadas. Assim, ao desenvolvermos um estudo de cunho funcionalista, pouco importam as ações individuais dos agentes e o sentido dessas ações – como na metodologia weberiana ideal-típica –, para fazer uma comparação. A investigação na perspectiva funcionalista parte de uma concepção de sociedade que é um todo complementar que se relaciona de acordo com sua função social.

## 1.3.7 *Método estruturalista*

A corrente estruturalista, como o próprio nome sugere, percebe a sociedade como uma estrutura, e um dos principais nomes dessa corrente é o do etnólogo francês Claude Lévi-Strauss. No método estruturalista, procura-se compreender as relações das diferentes instituições dentro da estrutura e seus mecanismos de funcionamento.

Enquanto no funcionalismo se pretende identificar uma relação funcional-sistêmica, ou seja, observam-se as relações e os processos que constituem as partes, como quem busca uma direção de fluxo de movimento de entrada e saída no organismo, no estruturalismo se entende que a estrutura é um elemento abstrato que vai fornecer observações e análises sobre as propriedades dos elementos em relação, ou seja, sua posição no sistema estruturado. Hermano Thiry-Cherques (2006, p. 142) resume: "Um sistema funciona. Uma estrutura é".

É claro que essas diferenças, essas distâncias, têm serventia quando se busca a diferença. Como esclarece Laplantine (2007), essas posições não devem ser colocadas em opostos abissais. Corre-se o risco de, ao separá-los, cair no fosso do reducionismo, que não cabe na ciência. Não existe preto e branco, e sim uma camada de cinza que forma uma conexão que se pode explicar pelos caminhos de uma análise teórica ou de um resultado empírico.

Apresentamos aqui algumas das diferenças entre os métodos que existem na teoria como uma forma de introdução ao tema, especificamente nas ciências sociais. Alguns podem seguir a vida como pesquisadores sob os moldes dessas metodologias; já outros vão buscar outros caminhos teóricos, que talvez exijam uma junção de pensamentos e caminhos para se atingir o objetivo no âmbito da epistemologia utilizada. Nas trilhas de Wright Mills (1965), não deixemos que a burocracia metodológica impeça o avanço da reflexão e da criatividade.

Vale a pena reforçar que, se nos estendêssemos na discussão, haveria muito mais a dizer sobre cada uma das metodologias abordadas, de maneira a demonstrar suas origens, suas aplicabilidades e suas falhas em uma ou outra perspectiva. Porém, nossa intenção é apenas informar a existência desses caminhos, dessas janelas pelas quais se escolhe olhar o mundo lá fora. Se a ciência é apenas um modo de entender entre tantos outros, devemos entender que a metodologia é uma maneira de enquadrar esse pensamento e extrair dele o mais próximo do real.

## 1.4
### Praticando a imaginação sociológica

Quando lemos ou ouvimos a expressão *imaginação sociológica*, não podemos deixar de lembrar a obra escrita em meados do século passado (1959) por Charles Wright Mills – *A imaginação sociológica* (Mills, 1965). Esse sociólogo foi o precursor do uso dessa expressão, proposta como forma de traduzir o que para ele seria a qualidade essencial de quem reflete sobre a sociedade. O autor consegue, nesse movimento epistemológico de "pensar o pensamento e o fazer" do cientista social, compreender a relação entre indivíduo e sociedade e faz a síntese: "A imaginação sociológica nos permite compreender a história e a biografia e as relações entre ambas, dentro da sociedade" (Mills, 1965, p. 11).

Devemos perceber que essa relação entre biografia e sociedade e suas transformações na história são aquilo que propicia que o pensador das conexões do mundo se desloque ética e moralmente, transgrida seus "pré-conceitos" e desconstrua imagens que até então lhe pareciam fixas. Ressaltamos que, para Mills, isso propicia a passagem de uma perspectiva a outra e a conexão da estrutura social e suas dinâmicas no âmbito do pensamento verdadeiramente científico, nos pontos microscópicos em que se entrelaçam a biografia e a história dentro da sociedade.

Vejamos agora um exemplo para esclarecer melhor o conceito de Mills. Imagine uma ocasião em que você sai cedo de sua casa para chegar a algum outro lugar (trabalho, escola, igreja etc.) e, com surpresa, descobre uma greve de ônibus. Filas de pessoas nos pontos de ônibus, o movimento maior de carros, todos apressados e com telefone celular na mão tentando alguma forma alternativa de deslocamento ou explicando para alguém sobre o atraso. Você ouve alguns gritos de protesto contra a prefeitura, as pessoas nas filas começam a se empurrar, quando principia uma discussão. Não tendo outra opção, você pega um táxi e a motorista lhe explica como taxistas estão sofrendo com a crise econômica nacional e com a falta de apoio da prefeitura.

O caminho que a taxista fez enquanto você explicava que tem pressa levou a outras ruas, que você não conhecia, em um bairro nobre da cidade. As calçadas são diferentes e as ruas, mais largas. Não há pessoas dormindo sob as marquises dos edifícios e parece que os transeuntes caminham com menos pressa e mais tranquilidade. Nesse dia, como você pagou muito mais do que costuma pagar para ir ao trabalho, decide voltar caminhando. Percebe o trânsito, passa por um edifício comercial onde pessoas com crachá parecem negociar algo importante. Ouve gritos de socorro de uma voz feminina, que diz que lhe levaram a bolsa. Alguém toca violão e canta na calçada uma música de que você gosta.

Segundo as ideias de Mills, empreender a imaginação sociológica é sair desse lugar de normalidade que produz o ritmo da cidade e investigar as conexões que tecem a rede da estrutura social. O objeto a ser analisado é esse jogo entre indivíduo e sociedade dentro da cadência da história, e é preciso tentar compreender como funciona o mecanismo que chamamos de *sociedade*. Além da economia, quais fatores políticos, ambientais e sociais compõem essa rede? Existe algo que conecte todas essas coisas?

Quando alguém faz um movimento de sair daquilo que Mills chama de *cenário próximo* e realiza um esforço de compreensão das outras interações que o cercam, esse é o momento em que começa a usar a imaginação sociológica. Segundo o autor, essa imaginação pode ser atingida por qualquer pessoa em qualquer função ou meio social, ou seja, o pensar sociológico não está restrito aos cientistas sociais. É, como mencionamos, um esforço que depende de cada pessoa – de tentar assimilar, tomar nota, repensar o já pensado, interpretar as entrelinhas do texto e do contexto, questionar se a sociedade está sendo analisada de forma mais ampla. É interessar-se pelas relações do que está acontecendo no mundo e dentro de si mesmo.

O acesso a essa imaginação sociológica para pensar as coisas do tempo em questão, seja ele qual for, é de fundamental importância para quem quer fazer ciência social. Significa buscar entender as linhas que envolvem o próprio observador, dentro da grande malha do mundo, identificando-se as relações, dentro da estrutura que se escolheu observar, entre pessoas e ambiente. Como afirmam Bruno Latour (2012) e Tim Ingold (2015), o mundo não é constituído somente por seres humanos e estes devem ser compreendidos dentro do mundo, enredado por outros mundos de coisas que os conectam. Voltaremos a tratar desse aspecto ao abordarmos a sociologia contemporânea.

## Síntese

Neste capítulo, destacamos que a ciência é apenas um tipo de conhecimento da realidade e que, no desejo de se afastar do senso comum, criou para si mesma uma encruzilhada perante a qual teve de se reconstruir a fim de seguir seu caminho associada às outras formas de conhecimento do mundo. O racionalismo foi destronado, mas continua vivo. Também examinamos os métodos utilizados nas ciências sociais e suas aplicações. Por fim, identificamos no pensamento de Wright Mills, naquilo que ele chama de *imaginação sociológica*, um caminho que recupera a segurança e tranquilidade do observador social, já que orienta como proceder para uma análise social mais organizada e aproximada do real transitório.

## Indicações culturais

### Filme

TEMPO de despertar. Direção: Penny Marshall. EUA: Columbia Pictures, 1990. 121 min.

Neste filme, a trajetória do neurologista Malcolm Sayer, interpretado pelo ator Robin Williams, é um ótimo exemplo da atividade de um pesquisador: ao se deparar com um problema em seu cotidiano (uma estranha doença que atinge os pacientes do hospital onde trabalha), o médico passa a conduzir uma investigação, traçar hipóteses e testar teorias para compreender melhor o caso.

PONTO de mutação (Mindwalk). Direção: Bernt Amadeus Capra. EUA: Atlas Production, 1990. 112 min.

O enredo do filme se desenvolve em um dos castelos da alta Idade Média na França, no Monte Saint-Michel, cujas paredes presenciaram as transições de sistemas de pensamento e códigos de conduta e agora assistem a um diálogo entre uma cientista, um poeta e um político, que discutem grandes questões científicas, filosóficas, religiosas e existenciais em meio a suas próprias frustrações pessoais. O filme permite refletir sobre como o conhecimento pode ser alcançado por diferentes caminhos e como a ciência pode se apresentar de diferentes formas.

## Atividades de autoavaliação

1. Assinale a alternativa que apresenta corretamente o conceito de *pensamento não científico*, cuja origem está na vivência das pessoas em seu cotidiano:
    a) Pensamento científico.
    b) Ciências sociais.
    c) Dogma.
    d) Senso comum.

2. Idenfique o conceito que pode ser definido como um conglomerado ordenado de conhecimento, um saber especializado que só é atingível seguindo-se certas etapas de pensamento (método):
    a) Religião.
    b) Senso comum.
    c) Ciência.
    d) Vocação.

3. Qual dos autores a seguir pode ser considerado o pai da sociologia?
    a) René Descartes.
    b) Auguste Comte.
    c) Friedrich Nietzsche.
    d) Franz Boas.

4. Os métodos de pesquisa em ciência social pressupõem:
    a) observação e experimentação.
    b) encantamento do mundo e racionalização.
    c) dogma e empiria.
    d) comparação e crença.

5. Assinale a alternativa correta sobre a imaginação sociológica:
    a) É usada quando o sociólogo não encontra uma resposta adequada à sua investigação.
    b) Busca compreender as relações entre a história e a biografia dentro da sociedade.
    c) É o perfeito encontro entre o senso comum e a ciência.
    d) Deve ser evitada pelo sociólogo, que deve se guiar pelos princípios da ciência.

## Atividades de aprendizagem
### Questões para reflexão

1. Reflita sobre os conhecimentos advindos da ciência e do senso comum que estão presentes em seu cotidiano e identifique três situações em que você faz uso do senso comum e outras três em que você aplica o conhecimento científico.

2. Imagine que você é um pesquisador e vai investigar as relações de trabalho em fábricas que produzem papel. Com base nesse objeto, compare como seria desenvolver a pesquisa utilizando-se o método histórico e o método comparativo.

*Atividade aplicada: prática*

1. Agora, o(a) pesquisador(a) em ciências sociais é você! Observe sua realidade, identifique um objeto de pesquisa sociológico e, com base nele, construa um problema de pesquisa e defina uma teoria e um método, no âmbito das ciências sociais, que poderiam ajudá-lo a compreender esse objeto.

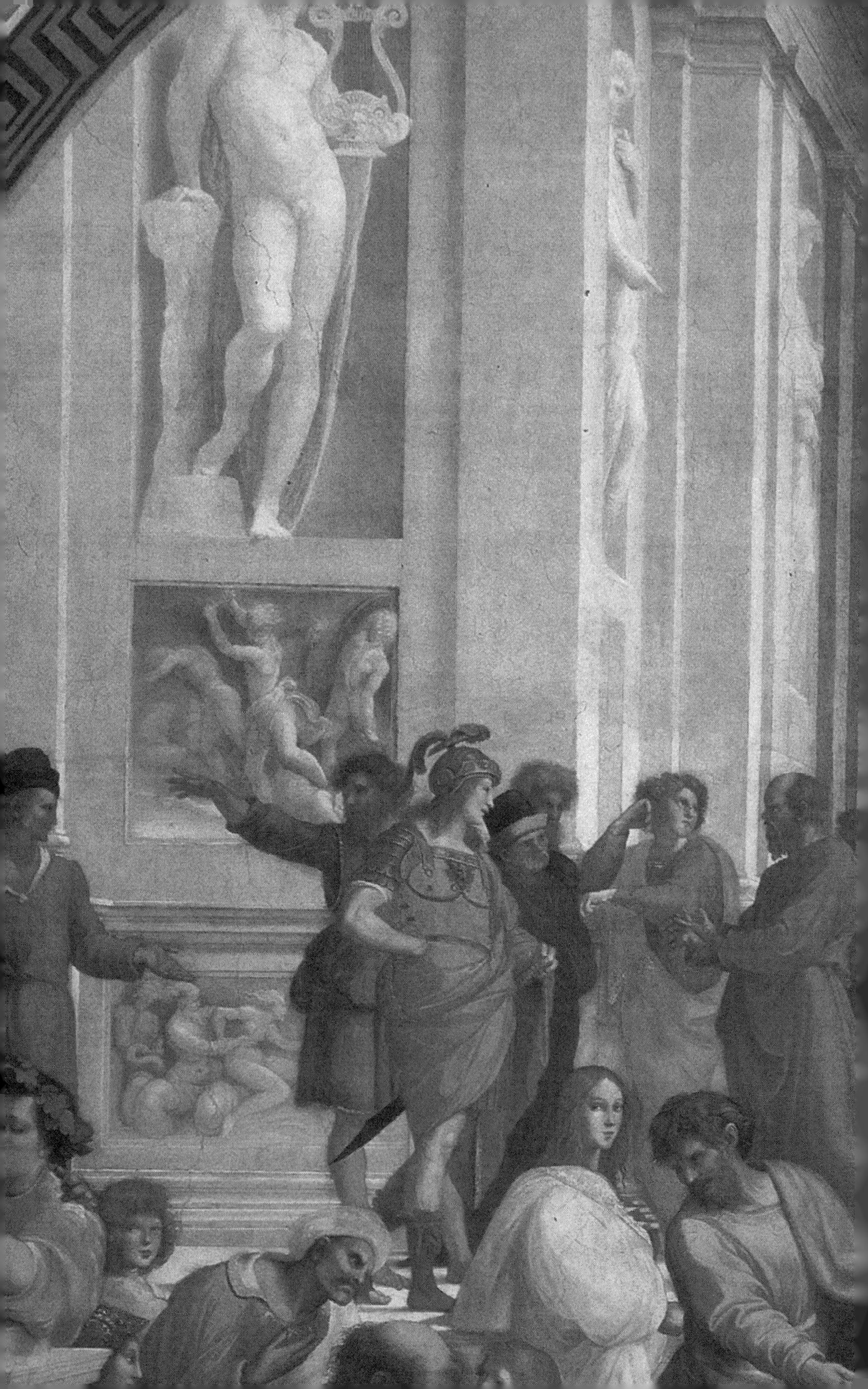

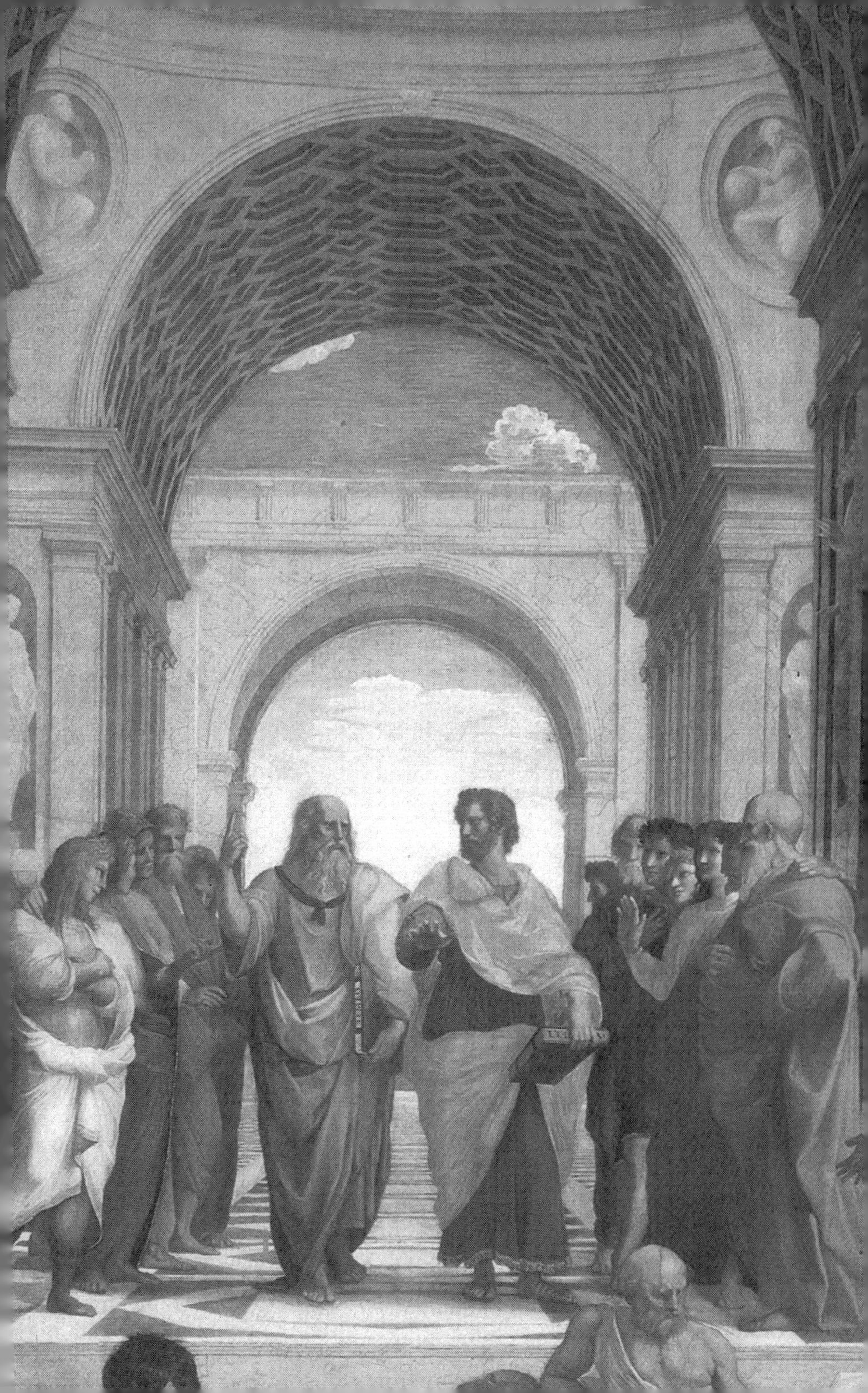

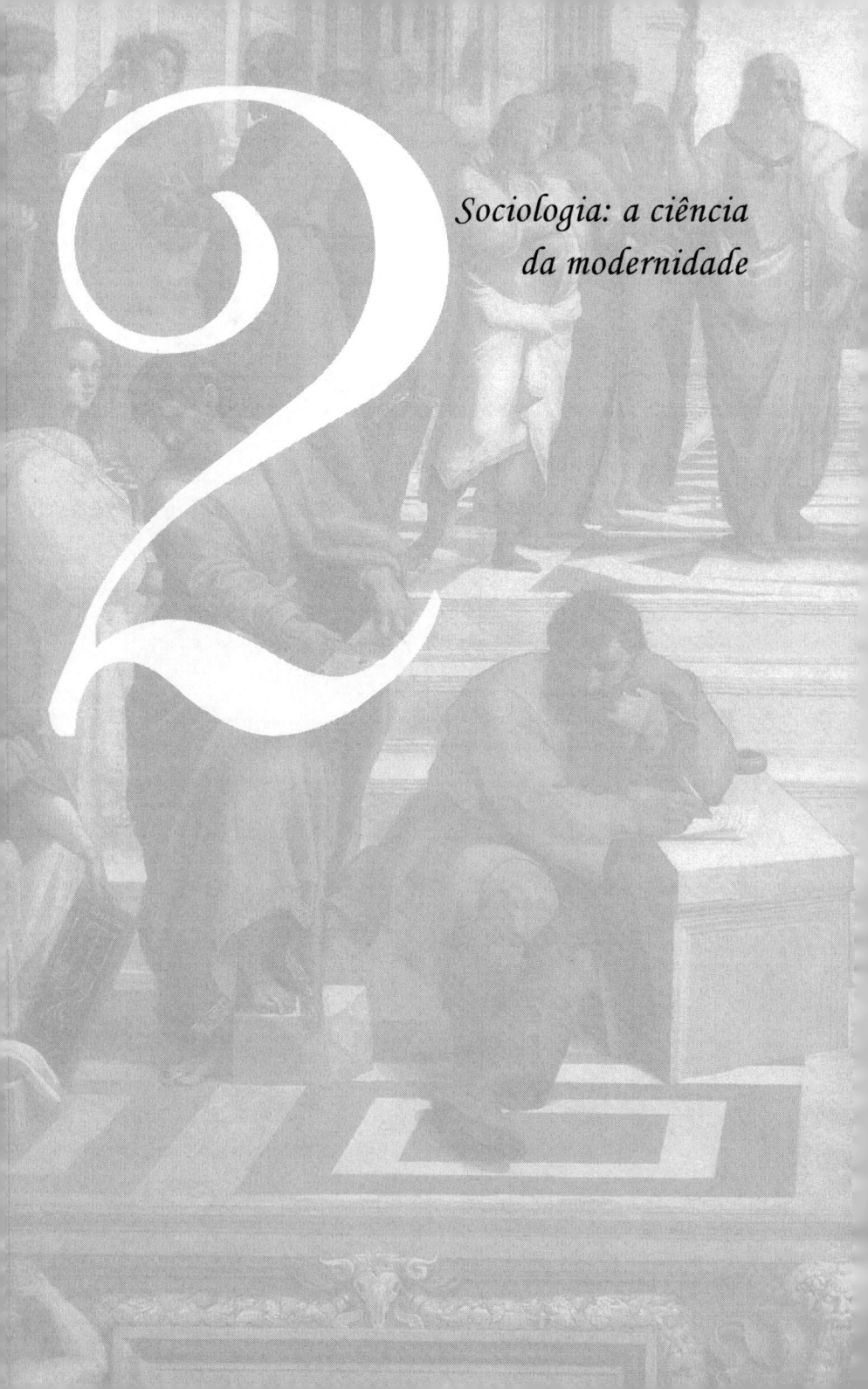

# 2

*Sociologia: a ciência
da modernidade*

*Existe uma divisão, amplamente aceita na sociologia, que separa os autores em clássicos e contemporâneos. Neste capítulo, apresentaremos o grupo considerado clássico (os contemporâneos serão apresentados no capítulo seguinte). Mas qual é o aspecto que distingue os clássicos dos contemporâneos? Seguramente não é nenhuma escola de pensamento ou epistemologia. Em sala de aula, costuma-se fazer uma distinção, a qual vamos reproduzir aqui, entre os que produziram antes e depois da Segunda Guerra Mundial. Porém, isso ainda é insuficiente. É preciso considerar que os clássicos são aqueles autores que ainda ajudam a produzir conhecimento na contemporaneidade, cujas ideias ainda são capazes de provocar, desestabilizar e auxiliar na produção de novas sínteses. São, nesse sentido, essenciais e teoricamente indispensáveis para as práticas científicas reproduzidas nos meios acadêmicos. Os clássicos suscitam continuidade e é por isso que Karl Marx, Max Weber e Émile Durkheim são tão atuais e atemporais.*

## 2.1
O surgimento da sociologia

No Capítulo 1 desta obra, já tratamos do contexto histórico do surgimento das ciências sociais, pois, como defendemos a ideia de uma ciência enraizada no tempo e no espaço, não poderíamos abordar a produção de conhecimento nessa disciplina sem considerar em que situação histórica ela está inserida. Neste capítulo, recuperaremos essa discussão, trazendo mais dados sobre o surgimento da sociologia, os contextos em que surgiram as propostas de configuração da ciência, seus autores e atores.

O marco espaçotemporal para pensarmos a disciplina científica de sociologia tal como a conhecemos hoje é a Europa no fim do século XVIII. Isso não implica que o objeto *sociedade* não tenha sido discutido antes ou, ainda, que não tenha sido discutido fora da Europa; tão somente afirmamos que o modelo de sociologia que ganha espaço nas universidades e escolas é esse, forjado no continente europeu naquela época.

Esse contexto histórico da virada do século XVIII para o século XIX é rico para as ciências, uma vez que não somente a sociologia se cristalizou na condição de disciplina científica, mas também a psicologia, a antropologia e as ciências humanas de maneira geral. Esse processo ocorreu em função da perda de espaço da religião como fonte única das explicações dos fenômenos mundanos, ao mesmo tempo que a ciência ganhava corpo com os movimentos iluminista e positivista, oferecendo explicações racionais e críticas aos mesmos fenômenos antes explicados pela religião.

Durante a ascensão da ciência à posição hegemônica de explicação da realidade, nem todas as disciplinas eram encaradas socialmente de maneira igual. Enquanto as **ciências naturais** ou ciências duras (matemática, biologia, física etc.) eram tidas como inquestionáveis diante de seu processo de conhecimento e explicações causais, as **ciências humanas**, incluindo-se aí a sociologia, eram discutíveis, uma vez que seus objetos de estudo não eram passíveis de quantificação.

O processo que surgiu daí é uma tutela das ciências naturais sobre as ciências humanas. Isso porque, ainda que as ciências humanas e sociais tenham surgido para dar conta de objetos de que as ciências naturais não davam conta, elas ficaram presas aos métodos duros e matemáticos, buscando alcançar o rigor e a causalidade das ciências naturais. A situação se apresenta então como uma grande contradição (Rodrigues, 2008): a sociologia é, na época, uma evolução da ciência como um todo, ao mesmo tempo que fica à sombra das ciências naturais.

Surgiram então os movimentos pela autonomia das ciências humanas, a qual deveria entender-se do objeto de estudo aos métodos (Dilthey, 2008). A luta pela autonomia da sociologia aparece mesmo em Émile Durkheim (2007), que, sendo um seguidor dos preceitos da ciência positivista, acreditava que a sociologia não poderia ser vista como o anexo ou complemento de nenhuma outra ciência, sendo ela distinta e dona de um fazer particular que prepara o cientista para compreender e explicar os fatos sociais.

Entretanto, ainda que buscássemos traçar uma história única para o aparecimento da sociologia, desenharíamos uma árvore cheia de ramificações, haja vista a falta de homogeneidade nesse campo, inclusive quanto ao objeto de estudo, como denunciado por Theodor W. Adorno (2008). Assim, para dar continuidade a esta retrospectiva, vamos aprofundar a discussão sobre os autores daquele momento fundacional. Pela importância e difusão de seu pensamento, Durkheim, Marx e Weber serão tratados separadamente, na sequência das seções; porém, antes, vamos enfocar, de modo geral, outras três figuras igualmente importantes no contexto aqui considerado: Comte, Martineau e Simmel.

## 2.1.1 A física social de Comte

Auguste Comte (1798-1857) é um nome que não pode deixar de ser citado quanto se trata do surgimento da sociologia, uma vez que foi ele quem utilizou essa denominação pela primeira vez. Até então, era utilizado o termo *física social* para fazer referência ao estudo do conjunto de leis dos fenômenos sociais. Assim, foi na obra *Curso de filosofia positiva* (Comte, 1978), publicado originalmente em seis volumes, entre 1830 e 1842, que o autor passou a utilizar o termo *sociologia* e o colocou "no mapa das ciências" (Adorno, 2008, p. 56).

A sociologia cunhada por Comte reflete bem a contradição que apresentamos anteriormente: ele criou uma ciência para estudar a realidade de seu tempo, a França conturbada pela Revolução Francesa e pelo processo de industrialização, porque as ciências naturais da época não estavam levando suas análises nessa direção. Entretanto, o autor aplicou os métodos dessas mesmas ciências naturais na nova ciência. Isso quer dizer que, mesmo sendo a sociedade um objeto heterogêneo, Comte buscava encontrar leis gerais e invariáveis que permitissem controlar e prever seus rumos.

A sociologia tal como pensada por Comte, sob um viés positivista, buscava compreender as relações causais, ou seja, encontrar, mediante observação, as relações que explicariam os fenômenos sociais investigados. Para tanto, importavam-se os métodos de produção de conhecimento da física e da química e procuravam-se evidências para explicar as leis universais da sociedade na realidade, por meio da observação, da comparação e da experimentação (Giddens, 2012).

## 2.1.2 A sociologia de Martineau

Se Comte pode ser considerado o pai da sociologia, Harriet Martineau (1802-1876) poder ser considerada a mãe dessa área de estudos. Essa autora inglesa introduziu a sociologia na Grã-Bretanha, ao traduzir o texto *Curso de filosofia positiva*, de Comte. De sua própria autoria, produziu mais de 50 obras, sendo a mais importante *A sociedade na América*, publicado originalmente em 1837, um estudo sistemático sobre a sociedade nos Estados Unidos.

Martineau defendia que um sociólogo, ao estudar uma sociedade, deveria abranger todos os seus aspectos, como as instituições sociais, políticas e religiosas; assim, ela passou a olhar para assuntos antes ignorados, como o casamento, a vida religiosa, as crianças e as relações raciais. Sendo uma autora em uma época em que a ciência não dava espaço às mulheres, Martineau também advogava que a sociologia deveria incluir em suas análises a vida das mulheres (Giddens, 2012).

## 2.1.3 O pensamento de Simmel

Georg Simmel (1858-1918) é outro autor que pode ser considerado um clássico da sociologia. Vivendo na época da consolidação e institucionalização da sociologia na academia germânica, ele dedicou boa parte da sua obra à elaboração dos fundamentos da nova disciplina científica.

Partindo de uma analogia entre visão e cognição (essas figuras eram muito caras ao autor), podemos compreender melhor a sociologia de Simmel como um fazer-ver o mundo do espírito (expressão corrente na época), produzir uma imagem das interações da cultura. Ainda no âmbito da mesma analogia, o método sociológico, ao proporcionar um quadro da realidade histórico-cultural, seria uma maneira de ver a sociedade (Bárbara, 2014).

Com essas delimitações da disciplina e do método, Simmel (1983) defendia uma sociologia que tinha como objeto de estudo as formas de socialização, que seriam as forças, as relações e as maneiras pelas quais os indivíduos socializam e constituem a sociedade. Assim, o autor se posicionou contra uma ciência generalista, que queria dar conta do todo, e propôs, no lugar, que o sociólogo precisa operar recortes, selecionar um aspecto do todo, para compreender seu objeto de estudo.

Como podemos perceber, desde a fundação da ciência, existem projetos distintos para a sociologia, alguns mais afinados com a busca de uma explicação das **leis gerais da sociedade** e outros preocupados com a compreensão dos **processos e instituições sociais**. Dessa maneira, para tentar esclarecer ainda mais essa discussão, apresentaremos a seguir as especificidades da disciplina de sociologia e, na sequência, o pensamento de Durkheim, Marx e Weber.

## 2.2
### A especificidade da sociologia

A *sociologia é* a ciência da sociedade, logo, sua especificidade poderia ser explicada como sendo simplesmente restrita a seu objeto: a sociedade. Porém, se disséssemos que sua especificidade é a sociedade, seria necessário explicar o que é a sociedade. A sociedade, diremos desde já, é uma abstração. Como conceitua Marx (2004), ela não existe em si. Alguns autores podem ter como base de estudos a sociedade, contudo, tão logo iniciam suas descrições, as noções de *constituição, reprodução, ação, representação, transformação, interação,* entre várias outras, surgem em seu campo de análise.

Justamente porque a sociedade não existe como categoria em si é que outros conceitos surgem para auxiliar o observador na descrição. Quando o analista pretende trabalhar com o conceito de *sociedade*, tem de mobilizar predicados como *sociedade do espetáculo*, ou *do risco*, ou *moderna*, ou *pós-moderna*, ou *tradicional* etc. como auxiliares em uma abordagem. É preciso ver que não existe definição sem delimitação. Assumindo o risco de definir *sociedade*, o analista vai chegar a um mínimo comum de conceituação, com critérios muito bem definidos, do contrário, o conceito se torna vazio.

Vamos lembrar ainda que a noção de *sociedade* é comumente pensada sob o viés da cultura, ou seja, o viés do pensamento moderno. Quando pensamos em *sociedade*, pensamos em uma reunião de múltiplos, mas esses múltiplos são sempre sociais (ação social, classe social, fato social) justamente porque são culturais. Se pensarmos sob o viés da corrente pós-estruturalista (a que o prefixo *pós-* empresta uma concepção incorreta, o que será explicitado posteriormente nesta obra), o conceito de *sociedade* passará a incorporar aos elementos culturais humanos os elementos não humanos, como todas as coisas que cercam e sem as quais a vida não seria possível, como nos assegura Bruno Latour (2012).

No entanto, se defendermos que a sociedade não é o objeto específico da sociologia, iremos contra a própria etimologia da palavra, que sugere o significado de "estudo sobre a sociedade". Pode-se então querer saber como definir *sociedade*. Como já mencionamos, esse conceito é uma abstração; porém, ainda assim, sugerimos uma definição: a sociedade pode ser compreendida como o reino da diferença, representando as inúmeras sociedades possíveis. Essa tentativa de definição não auxilia para a compreensão do conceito de modo amplo, mas ajuda ao menos a entender a dinâmica social de modo prático.

Ainda nessa perspectiva, vamos nos concentrar naquilo que os autores da sociologia buscam quando dizem observar a sociedade. Nesta obra, vamos examinar a teoria da ação racional, os estudos voltados ao comportamento e à motivação, dos estudos econômicos e políticos, estudos culturais, transformações da e na modernidade, debates epistemológicos sobre o que deve ser considerado nas análises, entre outros. Se prestarmos atenção, veremos que as teorias assumem duas posturas: ou escapam da definição e tratam a sociedade como um ente em si, ou delineiam e delimitam seu recorte para que quem leia saiba de que sociedade se está tratando.

É possível perceber que existe um lugar comum em que se concentram as pesquisas e reflexões dentro da grande produção de conhecimento da sociologia. Em nossa leitura, o sufixo -*ação* (de *representação, motivação, racionalização, intenção* etc.) auxilia a definir o objeto da sociologia. Seu objeto é a **ação social** – não só a ação social que Weber se dedicou a conceituar (como mostraremos na seção dedicada a esse autor), mas também a ação da revolução de classe, na obra de Marx, e, ainda, a ação inconsciente do fato social, de Durkheim.

A produção de conhecimento em sociologia sobrevive sem a sociedade como grande categoria geral, conforme projetado na teoria de Weber, a qual vai refletir nos estudos de interação social da Escola de Chicago e mesmo na teoria ator-rede, dentro da corrente simétrica. A ação social é esse objeto de desejo de análise incessante que motiva o pesquisador a se perguntar pelos arranjos sociais. O **porquê**, o **o quê** e o **como** das interações inquietam os investigadores. A ação social provoca a imaginação sociológica e movimenta o sociólogo.

A categoria *ação* ainda serve para compreender o delicado jogo que os indivíduos praticam nas interações com seus grupos. Nesse ponto, talvez sirva a categoria *sociedade* quando se pensa na maneira como a ação social pode ser personalista ou mesmo quando ela é reconhecida como motivada na díade indivíduo/sociedade.

Quando se deseja estudar um grupo social (escapando da categoria *sociedade*), fazem-se perguntas sobre como os indivíduos interagem, ainda que as perguntas tenham objetivos diferentes. Algumas vezes, procura-se saber por que os indivíduos agem de forma cooperativa; em outras, busca-se descobrir como incorporam conhecimento; em outras ainda, tenta-se compreender por que agem de uma forma específica quando em copresença; e, por fim, pode-se buscar apenas compreender e descrever suas práticas em grupo. Deseja-se saber por que os indivíduos agem, como agem e o que fazem com o conhecimento que adquirem. É claro que, sociologicamente, não se pode entender a ação simplesmente pela ação. Como diria Marx (2004), os efeitos, nesse caso, revelam muito mais que as causas. Porém, a ação é, sem dúvida, o centro dessa rede de conexões que abre para a compreensão das múltiplas formas de interação social.

## 2.3
## O funcionalismo de Durkheim

*Émile Durkheim (1858-1917)* foi um sociólogo francês que buscou elucidar os métodos da sociologia com pesquisas sobre as formas de solidariedade, as funções sociais da religião, as organizações sociais primitivas e as sociedades arcaicas. Pelo rigor de seus estudos e por seu pioneirismo, Durkheim é considerado um dos fundadores da sociologia moderna da teoria funcionalista na sociologia (Hopper; Peacock, 1996).

Vamos iniciar apresentando o projeto de sociologia defendido pelo autor: segundo Durkheim (2007), existe uma vasta gama de acontecimentos humanos que podem ser tratados como sociais, por exemplo, comer, dormir, beber, raciocinar, mas, nem por isso, esses acontecimentos devem ser estudados pela sociologia, ainda que sejam generalizáveis e de interesse social; caberia, talvez, à biologia ou à psicologia estudá-los. O que deve interessar ao sociólogo é um algo a mais nos acontecimentos humanos, que não diga respeito à consciência individual, mas a uma consciência coletiva. Assim, o autor define como objeto da sociologia o *fato social,* uma realidade objetiva a ser investigada: *"É fato social toda maneira de fazer, fixada ou não, suscetível de exercer sobre o indivíduo uma coerção exterior;* ou ainda, toda maneira de fazer *que é geral no âmbito de uma dada sociedade tendo, ao mesmo tempo, uma existência própria, independente das suas manifestações individuais"* (Durkheim, 2007, p. 13, grifo do original).

Assim, esses fatos que Durkheim persegue consistem em modos de agir, pensar, sentir e se comportar que são exteriores ao indivíduo, têm poder de coerção e tomam formas em representações e ações. Os fatos sociais constituem uma espécie nova, que poderíamos exemplificar como normas do direito, regras morais, dogmas religiosos, sistemas financeiros etc. e que o autor acredita que devem ser o objeto dessa nova ciência à qual ele se dedica.

Mas, como é possível identificar um fato social? Para que um fato qualquer seja considerado um fato social, precisa apresentar três características básicas: ser **externo**, **coercitivo** e **geral**. Para ter a característica de exterioridade, o fato social tem de desprender-se da ação individual dos sujeitos e ganhar existência própria, mantendo-se constante por um longo período de tempo na sociedade. O termo *coercitivo* significa que ele se impõe ao indivíduo, é obrigatório e, se um indivíduo o transgride, recebe uma punição. O terceiro elemento do fato social é a generalidade, ou seja, os indivíduos aplicam o fato social e tais categorias de fatos são sempre aplicadas por um número progressivo de indivíduos (Durkheim, 2007; Borlandi, 1995).

Nem sempre essas três características do fato social – exterioridade, coercitividade e generalidade – se exprimem com toda a força ou são facilmente percebidas, mas, se nos propusermos essa tarefa, é possível encontrá-las nos fatos sociais. Podemos identificar exemplos na própria obra de Durkheim (2007): quando o autor se refere ao sistema monetário, que se emprega para receber um salário e pagar dívidas, podemos ver aí as características de exterioridade (funciona apesar das pessoas, fora delas), de generalidade (as pessoas de um mesmo país usam um mesmo sistema monetário) e também de coercitividade se pensarmos que somos obrigados a usar um novo sistema monetário se mudarmos de país.

Ao apontar essas características, Durkheim quer diferenciar os fatos sociais tanto dos fenômenos orgânicos, que são estudados pela biologia e pelas ciências naturais, quanto dos fenômenos psíquicos, que só podem existir na consciência individual e seriam alvo de estudo da psicologia. A preocupação do autor é demonstrar como, não tendo o indivíduo como base (nem organicamente, nem psicologicamente), os fatos sociais só podem ocorrer na sociedade.

Então, passemos para o próximo tópico que queremos destacar da obra de Durkheim: a **sociedade**. Massimo Borlandi (1995), ao analisar a obra *As regras do método sociológico*, mostra como Durkheim entende o fato social (e, por conseguinte, a sociedade) como o produto de uma associação entre os indivíduos. Esse processo de associação pode ser entendido como a ligação dos elementos de uma combinação que faz outras propriedades emergirem, as quais não existiam nos elementos antes da combinação. Nesse sentido, para Durkheim, o todo é mais do que a simples soma de suas partes individuais.

Em decorrência do argumento de que a sociedade é mais do que a soma dos indivíduos, sendo por isso que é a ela e não aos indivíduos separadamente que os estudos da sociologia devem se dedicar, Durkheim recebe críticas e é acusado de negar o indivíduo, ou de ignorá-lo, em suas obras. Ao retomarmos a obra do autor, entretanto, podemos perceber que não se trata da negação do indivíduo, mas de dar ênfase ao que emerge da associação entre indivíduos, a sociedade, que não existiria sem a existência anterior daqueles que a compõem.

No trecho a seguir, podemos perceber como o indivíduo é uma condição necessária para a sociedade, ainda que não seja suficiente para que ela exista:

> Em virtude desse princípio, a sociedade não é uma simples soma de indivíduos, mas o sistema formado pela associação deles representa uma realidade específica que tem seus caracteres próprios. Certamente, nada de coletivo pode se produzir se consciências particulares não são dadas; mas essa condição necessária não é suficiente. É preciso também que essas consciências estejam associadas, combinadas, e combinadas de certa maneira; é dessa combinação que resulta a vida social e, por conseguinte, é essa combinação que a explica. (Durkheim, 2007, p. 105)

Assim, se a sociedade é algo específico que emerge diante da associação dos indivíduos, não é possível procurar uma explicação e uma compreensão sobre ela nos indivíduos particulares que a compõem. É apenas na própria sociedade que podem ser encontrados os fatores que a elucidam, como explica Durkheim (2007, p. 104): "é portanto na natureza da própria sociedade que se deve buscar a explicação da vida social".

Acompanhando-se essa discussão, elucidam-se as intenções de Durkheim: ele estava preocupado com o futuro dessa ciência que começava a se formar – a sociologia –, por isso seu esforço intelectual de conceituar a sociedade. O mesmo vale para o conhecimento e estudo do fato social, o que, para o autor, precisa ser feito com **método**, "pois as representações que fizemos eventualmente deles ao longo da vida, tendo sido feitas sem método e sem crítica, são desprovidas de valor científico e devem ser deixadas de lado" (Durkheim, 2002, p. XVIII).

A maneira que Durkheim (2007, p. XVII) encontra para conhecer os fatos sociais com método e rigor é tratá-los como **coisa**: "É coisa todo objeto do conhecimento que não é naturalmente penetrável à inteligência, tudo aquilo de que não podemos fazer uma noção adequada por um simples procedimento de análise mental. Assim, os pesquisadores precisam sair de seu lugar, de suas próprias considerações, e começar uma jornada de observações e experimentações para conhecer progressivamente as características da coisa estudada.

Toda essa consideração e cuidado com relação à pesquisa são necessários, pois um mesmo fato social pode se apresentar de diversas formas, reunidas sob duas espécies: de maneira **normal** e de maneira **patológica**. Atentemos ao trecho que segue:

> *Todo fenômeno sociológico, assim como, de resto, todo fenômeno biológico, é suscetível de assumir formas diferentes conforme os casos, embora permaneça essencialmente ele próprio. Ora, essas formas podem ser de duas espécies. Umas são gerais em toda a extensão da espécie; elas se verificam, se não em todos os indivíduos, pelo menos na maior parte deles e, se não se repetem identicamente em todos os casos nos quais se observam, mas variam de um sujeito a outro, essas variações estão compreendidas entre limites muito próximos. Há outras, ao contrário, que são excepcionais; elas não apenas se verificam só na minoria, mas também acontece que, lá mesmo onde elas se produzem, muito frequentemente não duram toda a vida do indivíduo. Elas são uma exceção tanto no tempo como no espaço. Estamos, pois, em presença de duas variedades distintas de fenômenos que devem ser designadas por termos diferentes. Chamaremos normais os fatos que apresentam as formas mais gerais e daremos aos outros o nome de mórbidos ou patológicos.* (Durkheim, 2002, p. 58)

Para proceder à separação entre os fatos normais e os patológicos, Durkheim considera um conceito que lhe é muito caro: o **tipo médio**. Partindo-se da noção de generalidade para estabelecer o ponto de referência, este acaba se apresentando como o tipo médio, que reúne as características mais frequentes na espécie. Salientamos ainda que esse tipo médio é abstrato, não um tipo individual presente na sociedade.

Além disso, Durkheim (2007) faz outras ressalvas importantes sobre esse tema. A primeira delas diz respeito à menção de que o normal – e, consequentemente, o patológico – só pode ser estabelecido em relação a determinada sociedade ou espécie, não podendo ser um conceito absoluto. Assim, o que é considerado normal em uma sociedade pode ser considerado patológico em outra, de acordo com o tipo médio de cada uma dessas sociedades.

Outro ponto de destaque é a necessidade de considerar também o normal e o patológico em relação às diferentes fases da vida dos indivíduos e às diferentes fases de uma mesma sociedade específica. Desse modo, refletindo sobre as diferentes fases e as diferentes sociedades, Durkheim (2007, p. 59) conclui: "A saúde do velho não é a do adulto […]; e o mesmo ocorre com as sociedades. Um fato social não pode portanto ser dito normal para uma espécie social determinada senão em relação a uma fase, igualmente determinada, de seu desenvolvimento".

Ao apresentar os conceitos de *normal* e *patológico*, Durkheim estava pensando em uma variedade de fatos sociais, como os crimes cometidos em determinada sociedade ou o fenômeno do suicídio. Com base naqueles conceitos, podemos fazer importantes reflexões no campo da sociologia da saúde e, assim, ilustrá-los com mais clareza. Seguindo-se o pensamento do autor, entende-se que a saúde e a doença representam um mesmo fenômeno, sendo apenas momentos diferentes ou polos opostos desse mesmo fenômeno. Portanto, o normal não se opõe ao patológico: "A doença não se opõe à saúde; trata-se de duas variedades do mesmo gênero e que se esclarecem mutuamente" (Durkheim, 2007, p. 41).

Essa ilustração também serve para pensarmos o funcionalismo durkheimiano, segundo o qual cada parte do corpo e da sociedade deve exercer seu papel em relação ao todo, para que esse todo atinja seus objetivos. Vejamos um pouco mais sobre esse aspecto: um fenômeno patológico em qualquer organismo vivo pode ser uma variação quantitativa, para mais ou para menos, de uma função fisiológica, sendo, então, a doença designada com base no normal, numa forma de *hiper-* ou *hipo-*. Um exemplo fácil que podemos trazer é o funcionamento da glândula tireoide: quando normal, ela garante o equilíbrio do organismo; quando em excesso, deixa o organismo doente com hipertireoidismo; e, quando insuficiente, deixa o organismo doente com hipotireoidismo.

Dessa maneira, o organismo deve buscar a saúde, assim como a sociedade deve buscar a normalidade, e deve fugir da doença, que representa o anormal, o acidental e, por conseguinte, um estado de inferioridade. Sendo o normal e o patológico pontos diferentes de um mesmo quadro, o indivíduo e a sociedade podem se movimentar entre eles durante sua vida, porém sempre buscando a normalidade.

Quando a sociedade não consegue ficar dentro do padrão de normalidade, surge a **anomia**. Esse termo, que significa "sem lei", existe desde a Grécia Antiga e tem sido utilizado por diversos autores – com sentidos diferentes – ao longo do tempo; no entanto, com Durkheim, a anomia começa a ser pensada e problematizada sociologicamente, como um traço de personalidade ou um conjunto de atitudes (Lukes, 1996).

Roger Bastide (1967) reconhece nas obras de Durkheim duas definições diferentes do conceito de *anomia*: uma objetiva, em *Da divisão do trabalho social* (Durkheim, 1999), e uma subjetiva, em *O suicídio* (Durkheim, 1977). Em ambos os casos, segundo o autor, a anomia se refere a uma ausência de regras estabelecidas, sendo, em sua **forma objetiva**, caracterizada pela ausência de regulamentação e regularidade nas relações entre as diferentes funções sociais. Já a **forma subjetiva** da anomia é representada por uma falta de controle dos indivíduos sobre suas paixões e uma impaciência para com as regras da sociedade.

Para nos aprofundarmos na discussão sobre a anomia na obra de Durkheim, temos de mobilizar a ideia de **solidariedade social**, que se apresenta também sob duas formas, **mecânica** e **orgânica**, para considermos o estado de anomia, em que a solidariedade estaria ausente. Vejamos a descrição a seguir das diferenças entre os dois tipos de solidariedade. Rattansi (1996, p. 220) afirma que Durkheim

> *contrapôs à "solidariedade mecânica", baseada na simples divisão do trabalho das sociedades mais elementares, a "solidariedade orgânica" das sociedades industriais, baseada no individualismo e em laços de dependência e de troca criados por uma complexa diferenciação funcional, na qual um número muito grande de instituições econômicas, políticas e culturais especializadas estavam envolvidas. O crescimento da população e o contato intersocial foram identificados como os principais motores da mudança rumo a formas mais complexas.*

Cada um dos tipos de solidariedade acaba por gerar tipos normais e tipos patológicos específicos. Bastide (1967) aponta que, nas sociedades de solidariedade mecânica – como as sociedades campesinas tradicionais –, ocorre com frequência o fenômeno da deserção e, nas sociedades de solidariedade orgânica – como as sociedades urbanas, industriais e protestantes –, é alto o número de divórcios.

O **estado normal** de uma sociedade é produzir a solidariedade social (e a divisão do trabalho tem um papel fundamental nesse ponto), que garante a coesão do grupo; já o **estado anormal** de uma sociedade é a anomia. Esse estado de anomia abala o objetivo de toda sociedade, que, para Durkheim (1999, p. VII), é "suprimir ou, pelo menos, moderar a guerra entre os homens, subordinando a lei física do mais forte a uma mais alta". Assim, colocando-se o estado normal (solidariedade) e o patológico (anomia) em relação mútua, conclui-se:

*Já que um corpo de regras é a forma definida que, com o tempo, adquirem as relações que se estabelecem espontaneamente entre as funções sociais, podemos dizer* a priori *que o estado de anomia é impossível onde quer que os órgãos solidários se encontram em contato suficiente e suficientemente prolongado. De fato, sendo contíguos, eles são facilmente advertidos, em cada circunstância, da necessidade que têm uns dos outros e, por conseguinte, possuem um sentimento vivíssimo e contínuo de sua dependência mútua.* (Durkheim, 1999, p. 385, grifo do original)

A anomia surge quando não há uma força moral suficientemente forte que seja capaz de deter as paixões humanas, e podem ser atribuídos ao estado de anomia, segundo Durkheim (1999), todos os tipos de conflitos e desordens. O estado de anomia pode também ser a causa de movimentos suicidas*, quando a sociedade, em certos aspectos, não está suficientemente integrada, deixando que alguns indivíduos escapem à sua esfera de ação (Durkheim, 1977).

Entretanto, Durkheim não vê a anomia em uma sociedade como algo absoluto, entendendo que é possível revertê-la ou ainda criar uma nova moral que restabeleça os laços de solidariedade, como podemos observar na seguinte passagem: "O que é necessário é cessar essa anomia, é encontrar os meios para fazer esses órgãos que ainda se chocam em movimentos discordantes concorrerem harmoniosamente, é introduzir em suas relações mais justiça, atenuando cada vez mais essas desigualdades externas que são a fonte do mal" (Durkheim, 1999, p. 432).

Contextualizando os tipos de solidariedade e a anomia dentro da obra de Durkheim, podemos perceber como estão intimamente ligados aos quadros de normalidade e de patologia em uma sociedade.

---

\* A anomia é apenas uma das causas de movimentos suicidas, que podem ser normais ou patológicos. A discussão completa sobre esse tema está presente no livro *O suicídio* (Durkheim, 1977).

Existe, por exemplo, um paralelo entre os tipos de solidariedade e os tipos de patologia, entre suicídio e o aumento ou a diminuição dos tipos de solidariedade em determinado grupo e em determinada época.

Outro conceito durkheimiano que devemos considerar aqui é o de *representação coletiva*. Durkheim compreende que qualquer objeto pode ser mentalmente representado e que essa forma de representação é um conhecimento socialmente produzido; assim, as representações coletivas sintetizam o que os homens pensam sobre si mesmos e sobre a realidade que os cerca (Oliveira, 2012).

As representações ultrapassam o indivíduo e tornam-se coletivas, já que surgem da interação e dos laços sociais que as pessoas estabelecem entre si. Ao se tornarem autônomas e com realidade própria, as representações coletivas se aproximam da conceituação de *fato social* de Durkheim, e ambos os conceitos coincidem quanto às características de serem externos e coletivos. A diferença entre o fato social e as representações coletivas estaria, segundo Márcio de Oliveira (2012), relacionada à coerção: as representações seriam menos imperiosas.

Mas como tomam forma as representações coletivas? Elas se apresentam como tradições, lendas, mitos, costumes populares, concepções morais, concepções religiosas e também como a própria ciência. Assim, podemos perceber a íntima ligação entre as representações e as práticas e comportamentos individuais; por isso, Oliveira (2012, p. 71) afirma que "representando, fazemos viver o mundo".

No decorrer de nossa breve exposição, buscamos apresentar alguns dos conceitos forjados por Durkheim, como os de *fato social, fatos normais* e *patológicos, anomia* e *representações coletivas*, alguns entre tantos outros que poderiam ser mencionados. Tais conceitos foram usados pelo autor em estudos sobre religião, trabalho, educação, criminalidade, suicídio, moralidade, estratificação social e sociedades primitivas.

Essa árdua tarefa acadêmica, cujos resultados são reconhecidos até hoje, ganhou destaque pelo trabalho primoroso de Durkheim ao cunhar seus conceitos sociológicos com precisão e clareza, de modo que puderam ser usados pelas gerações seguintes de sociólogos.

A preocupação com o método é outro dos grandes avanços que Durkheim proporcionou à sociologia, uma vez que esse ponto até então se encontrava ausente dos estudos na área. Conforme José Albertino Rodrigues (2008), Durkheim, em seu intento de interpretar a realidade social, mostrou a necessidade de o pesquisador ver, descrever e classificar essa realidade, por isso a atenção dada em suas obras à explicação e à defesa das questões metodológicas.

Diante de todo o exposto, é inegável a contribuição de Durkheim para a institucionalização da sociologia, bem como para a adoção de métodos e procedimentos que trouxeram rigor à nova disciplina científica, sendo, pois, fundamental no processo de consolidação da área. A força e a extensão de sua obra fazem com que perdure até hoje, suscitando reflexões importantes sobre as questões sociais.

## 2.4
### Marx e a dialética histórico-materialista

Nesta seção, vamos tratar da teoria de Karl Heinrich Marx (1818-1883). Novamente avisamos que uma obra que se propõe a apresentar os fundamentos da ciência sociológica não pretende desvendar e analisar epistemologicamente as teorias contempladas. É certo que não escapamos de uma certa epistemologia, um pano de fundo do qual partimos. O que pretendemos aqui, assim como fizemos com Durkheim e faremos adiante com Weber, é examinar os principais conceitos, situar o momento de produção das teorias e apontar um caminho metodológico de reflexão sobre elas. Esses três autores clássicos são heterodoxos, de modo que deve ser rejeitada toda linearidade teórica, pois isso seria impossível. Dessa maneira, importa-nos neste momento nos aproximarmos mais das perspectivas científicas que das ortodoxias.

Marx é um daqueles autores que tiveram o privilégio de fazer parte de um movimento histórico em que ocorreram profundas transformações sociais. Presenciou uma virada nos modos de pensar, produzir, conhecer, enfim, de viver no mundo. Nesse sentido, ser um filósofo fortemente ligado aos estudos de economia e política aguçou o potencial de seu pensamento híbrido, que tensionou, a todo momento, a militância da esquerda alemã e fez com que ele produzisse tanto sínteses (quase panfletárias) apaixonantes, como o *Manifesto do Partido Comunista* (Marx; Engels, 2001), originalmente de 1848, ao lado de Friedrich Engels, quanto obras de profunda reflexão sobre as relações do ser humano (que ele chamava *homem*) com a natureza, sob a forma de trabalho e suas implicações, como em *A ideologia alemã* (Marx; Engels, 1998), originalmente de 1846 (com Engels), e *Grundrisse* (Marx, 2011), originalmente de 1858, como único autor.

Nosso objetivo, nesta obra, além de perpassar alguns dos principais conceitos da teoria marxiana* (e marxista também), em perspectiva geral, é discutir a metodologia que o autor desenvolveu na elaboração de suas reflexões. Nesse sentido, percebemos como o papel da história foi importante na elaboração do **materialismo histórico**, ou **materialismo dialético**, ou ainda **história dialética** (Althusser, 1967). Em lugar de apresentarmos separadamente as reflexões e o método, vamos tratá-los de modo conjunto, por entendermos que não existem em separado. É como pergunta Louis Althusser (1967, p. 16-17, tradução nossa): "O que é realmente o método? É a forma de aplicação da teoria ao estudo

---

\* Privilegiamos o adjetivo *marxiano* em detrimento do adjetivo *marxista*, pois este último pode ser confundido com a ideologia política do autor.

de seu objeto, logo, é a forma viva da prática teórica em sua produção de novos conhecimentos".

É importante, desde já, dizer que Marx não é um sociólogo de formação, e sim um grande filósofo. O autor nem mesmo organizou sua produção nos moldes do pensamento sociológico. É preciso lembrar que, quando Marx estava escrevendo, em meados do século XIX, na Alemanha, e fazendo suas reflexões sobre os processos de transformação social iniciados pela transição da sociedade feudal para o modo capitalista de produção, Comte estava tecendo e organizando, na França, sua física social, esboçando aquilo que viria a receber o nome de *sociologia* pelo próprio Comte e que ganharia estatuto de análise aplicada na obra de Durkheim.

Em Marx, assim como em seus contemporâneos da filosofia – lembramos aqui de Friedrich Nietzsche (1844-1900) e de Georg Hegel (1770-1831), seu precursor –, uma força de pensamento começava a predominar: o **descentramento da noção de verdade**. Para esses autores, não há mais verdade absoluta. Tudo passa a ser absoluto e relativo ao mesmo tempo. Isso porque a verdade é considerada dentro do grande movimento histórico e, nesse fluxo temporal, a **verdade**, ou seja, o conhecimento absoluto, só pode ser compreendida dentro da história; vale apenas para o momento analisado dialeticamente.

Para Althusser (1967), Marx produziu uma nova leitura da filosofia ao conceber uma nova ciência do conhecimento, que relaciona a dialética do processo produtivo e a história. Nessa relação, sublinhando-se como a noção de história é fundamental para compreender Marx, o próprio capitalismo deve ser lido desde a dialética da história. Isso significa que Marx não negou o racionalismo burguês da sociedade capitalista, mas rompeu com as formas ideológicas e materiais construídas com base no capitalismo, apontando suas contradições, pensando-o como histórico e prevendo, portanto, sua superação no movimento temporal.

Lembramos que Althusser (1967) ressalta que, apesar de Marx ter analisado somente o modo de produção capitalista, ele não estabeleceu o materialismo somente para a análise do capitalismo, mas para todos os modos de produção. Assim, Althusser (1967, p. 4, tradução nossa) lembra que Marx

> *Não nos forneceu o desenvolvimento da teoria de outros modos de produção: modo de produção das comunidades primitivas, modo de produção escravista, "asiático", "alemão", feudal socialista e comunista. Sobre esses modos de produção, não possuímos mais que certas indicações e, no melhor dos casos, alguns esboços.*

Isso significa que, em sua perspectiva metodológica, Marx compreende a sociedade capitalista como um momento do processo histórico, tendo anteriormente passado pelas fases do feudalismo. Por meio de uma sociedade operária organizada (a infraestrutura da sociedade), esse modelo de produção capitalista deveria ser superado para dar lugar a um novo modelo político-econômico – o comunismo. Essa explicação é sintética e Marx a elabora com mais complexidade, mas assim já é possível perceber que tal movimento evolutivo é dependente da história e de sua tensão dialética, que passa pelas fases de **tese**, **síntese** e **antítese** interminavelmente. O autor alemão propõe, portanto, um estudo sistemático das transformações sociais, por meio do que chamamos de **dialética histórico-materialista**.

Quando fazemos referência à dialética histórico-materialista, estamos justamente pensando nas formulações de Marx a respeito de sua teoria e de sua metodologia. Althusser (1967) é quem chama atenção para esse problema epistemológico dos comentadores da tradição marxiana, que tratam o historicismo e a dialética como similares dentro da grande teoria. Para Althusser, o materialismo histórico é o corpo das reflexões, o pano de fundo da crítica ao idealismo hegeliano e sua mobilização dos conceitos, e o materialismo dialético é onde "A teoria científica recupera, contra a especulação e o empirismo, seus direitos de **teoria**, e torna-se possível um conhecimento novo da especificidade da prática científica, dito de outro modo, o materialismo dialético se faz pensável" (1967, p. 8, tradução nossa, grifo do original). Ou seja, é por meio do materialismo histórico que Marx elabora a metodologia de análise de sua realidade histórica.

Vamos nos aproximar das observações acerca desse método pelas palavras atentas e criteriosas de Marx em *Grundrisse*:

> *Parece ser correto começarmos pelo real e pelo concreto, pelo pressuposto efetivo, e, portanto, no caso da população, que é o fundamento e o sujeito do ato social de produção como um todo. Considerado de maneira mais rigorosa, entretanto, isso se mostra falso. A população é uma abstração quando deixo de fora, por exemplo, as classes das quais é constituída. Essas classes, por sua vez, são uma palavra vazia se desconheço os elementos nos quais se baseiam. P. ex., trabalho assalariado, capital etc. Estes supõem troca, divisão do trabalho, preço etc. O capital, p. ex., não é nada sem o trabalho assalariado, sem o valor, sem o dinheiro, sem o preço etc. Por isso, se eu começasse pela população, esta seria uma representação caótica do todo e, por meio de uma determinação mais precisa, chegaria analiticamente a conceitos cada vez mais simples; do concreto representado [chegaria] a conceitos abstratos [Abstrakta] cada vez mais finos, até que tivesse chegado às determinações mais simples. Daí teria de dar início à viagem de retorno até que finalmente chegasse de novo à população, mas desta vez não como a representação caótica de um todo, mas com uma rica totalidade de muitas determinações e relações.* (Marx, 2011, p. 76-77)

Quem lê o trecho percebe o caminho que Marx persegue, ainda que nessa passagem o conceito de história esteja latente. Ressaltamos que o autor alemão estabelece um sistema de análise que privilegia as esferas de relação da sociedade para, só então, poder dizer o que ela é de fato.

Ressaltamos ainda que, ao lermos este trecho, podemos ficar tentados a associá-lo àquela posição em *Discurso do método*, de Descartes (1996), que previa a redução do todo em tantas partes quantas fosse possível para que se pudesse melhor compreendê-las. A diferença fundamental entre as duas posições está em que Descartes desconsidera a história e, portanto, o contexto; outra diferença é que, ao se reconectarem as partes para chegar ao todo no método cartesiano, não se obteria algo ordenado, não se explicaria a sociedade como objeto de referência – o resultado seria uma representação em que as partes separadas apresentariam características que não fariam sentido quando reunidas.

Assim, uma das regras da dialética histórico-materialista é não considerar o fato em si como explicação dele mesmo. Existe uma miríade de conexões que constituíram o fato e que não estão perceptíveis em sua ocorrência. Isso significa dizer que o fato não se explica por si mesmo, mas por meio da investigação das conexões que o constituem. A causa dos fenômenos é sempre menos evidente que seus efeitos. Para apreender a totalidade do real, nessa perspectiva, "Parte-se do observável rumo à essência, o que tornará possível a compreensão do ser social como totalidade que se relaciona intimamente a vida material e concreta dos seres humanos" (Zago, 2013, p. 111).

A diferença essencial, para Althusser, está no objeto. Enquanto o materialismo histórico trata da constituição dos modos de produção, de seu financiamento e de suas transformações, o materialismo dialético tem como objeto a história da produção dos conhecimentos. Dessa forma, Marx estabeleceu um método para pensar de maneira integrada as relações existentes entre as práticas econômicas, políticas e ideológicas, observando suas articulações, mas também sua autonomia (Althusser, 1967).

Nesse sentido, a totalidade consiste em conexões que se realizam entre os complexos que a sociedade vai estabelecendo. Marx defendia, assim, a análise completa dos processos sociais, das conexões entre infraestrutura e superestrutura. Para ele, "o concreto é concreto porque síntese de múltiplas determinações, isto é, unidade do diverso" (Marx, 2008, p. 26). É interessante perceber que Marx realiza em sua teoria dialética da sociedade a recursividade entre a natureza e a história, ou seja, os diferentes processos de transformação da natureza pelo humano (Schmidt, 2005).

Como explica Althusser (1967, p. 16, grifo do original, tradução nossa), "Pode-se considerar esquematicamente que, no materialismo dialético, é o **materialismo** que representa o aspecto da **teoria**, enquanto a **dialética** representa o aspecto do método, sem deixar de considerar com muita presença que cada um dos dois termos nos remete ao outro, o qual inclui".

Quando se analisa cada estrutura da sociedade separadamente, perde-se a compreensão das conexões e das esferas que interligam os fenômenos, conforme o pensamento marxiano. Portanto, quando o autor pensa as relações da sociedade capitalista, classifica-as em duas: **infraestrutura** e **superestrutura**.

Vejamos por que essas noções são importantes no método da dialética histórico-materialista: o que Marx habilmente denominou *infraestrutura* são as **forças produtivas**; já a chamda *superestrutura* refere-se ao lugar das **relações de produção**. As forças de produção são todos os elementos materiais que participam da produção de bens em um momento histórico: os instrumentos de trabalho, os meios de produção, as etapas do processo produtivo, o produto e o trabalhador. São compreendidas por meio do processo de trabalho.

Quanto às relações de produção, trata-se das condições em que o processo de trabalho se realiza. São condições políticas, culturais, econômicas e jurídicas nas quais o processo de trabalho acontece (Marx, 2008). Devemos observar que essa concepção é resultado da síntese de leituras às quais recorremos e que algumas delas discordam dessa interpretação. As distintas interpretações ficam mais evidentes no *Dicionário do pensamento marxista* (Bottomore, 2012), e nossa opção intelectual é defender aquela concepção, já que aqui não é espaço para problematizar tais interpretações, tampouco isso ajudaria na compreensão do método, que é o objetivo desta discussão.

Dito isso, prossigamos: metodologicamente, a proposta de Marx supõe uma articulação dialética da sociedade, como já mencionamos; isto é, uma relação entre a infraestrutura (plano econômico) e a superestrutura (plano ideológico-político) da sociedade. Dessa forma, é possível entender por que, para o autor, o processo produtivo era um complexo articulado que deveria ser compreendido para além do momento da produção. É possível vislumbrar, portanto, como o autor articulou metodologicamente a produção, a circulação, a distribuição e o consumo de modo dialético para a compreensão de um fenômeno social específico – as implicações do modo de produção capitalista, nesse caso.

Para a epistemologia filosófica de Marx, a ação ganha um *status* diferente daquele presente em Weber. Este último está preocupado com o sentido daquele que age, buscando compreender seus processos racionais. Marx detém-se em um passo anterior, porque não está preocupado com as intenções e as motivações – considera a ação como práxis dentro da reflexão filosófica do agir. A **práxis** para ele é o processo de transformação da natureza em determinada compreensão histórica. Dessa forma, o pensar e o fazer estão relacionados com a ação de transformação da natureza, que é o trabalho humano.

Em Marx, o trabalho é a essência humana. A práxis é a conexão dialética entre o fazer e o pensar. Cada ação humana corresponde à construção de um pensamento sobre essa ação. Por meio dessa reflexão, assinala que o ser humano é produto de sua própria obra (Marx; Engels, 1998).

Focando somente o processo metodológico, podemos observar a síntese da análise de Marx por meio do processo de trabalho. Em seu esquema analítico, quando Marx está pensando os processos de produção, ele considera a infraestrutura e a superestrutura de modo interligado, em uma relação dialética. Isso remete à metodologia que estabeleceu e que estamos apresentando aqui; ou seja, para qualquer análise que se pretenda realizar com base na dialética histórico-materialista, as relações entre essas esferas devem ser observadas necessariamente.

Por exemplo, na análise de Marx, o trabalhador vende sua força de trabalho para o burguês, em uma sociedade organizada e baseada essencialmente na propriedade privada dos meios de produção e da produção de mercadorias. Isso é o que ele chama de **mercantilização da vida**. Lembremos que, quando a mercadoria ganha uma dimensão maior do que quem a produziu, maior do que a hora de trabalho de quem a produziu, acontece a **fetichização da vida ou da mercadoria** (Marx, 2008).

No capitalismo, o trabalhador só possui sua força de trabalho; os meios de produção estão na mão dos capitalistas que, comprando a força de trabalho, alienam uma parte desse trabalho, ficando com parte dos lucros dessa operação. Essa diferença entre o valor pago ao trabalhador pelo tempo trabalhado para produzir a mercadoria e o valor da própria mercadoria Marx nomeia **mais-valia**. A mais-valia é, portanto, a expropriação do trabalho humano. Nesse processo se revela a forma alienada da relação do trabalhador dentro do processo produtivo, por meio da **ideologia**, que é uma falsa consciência da realidade, segundo o autor.

É importante notar que aqui estamos fazendo referência a burgueses e proletários (trabalhadores) e ao processo de trabalho. Marx distingue as duas instâncias do processo produtivo capitalista em **classes sociais**. Para o autor, as classes sociais são designadas entre os que possuem os meios de produção e os que não possuem (burgueses e proletários, respectivamente). Cabe lembrar que os meios de produção, para Marx, são os instrumentos que possibilitam ao trabalhador produzir as mercadorias. No modo de produção capitalista, o trabalhador não é proprietário dos meios de produção, como já mencionamos, e participa no processo somente com sua força de trabalho. É uma relação de forças sempre assimétrica, que beneficia a classe burguesa – vale observar que a terra, no sistema capitalista, é um meio de produção (Marx, 2008, 2011; Bottomore, 2012).

Entretanto, ainda que no sistema capitalista a situação vivida seja essa, isso não quer dizer que as posições sejam imutáveis: "Na medida em que o conhecimento revive os processos históricos humanos apagados nos fatos constituídos, ele revela a realidade como algo produzido pelo homem e, portanto, mutável: a práxis, enquanto conceito mais importante do conhecimento, transforma-se em ação política" (Schmidt, 2005, p. 187).

Voltamos à advertência, apresentada no início desta seção, com o apoio de Althusser (1967), de que a teoria não escapa a seu método. Sublinhamos que essas análises a que Marx chegou – grande parcela delas com seu companheiro intelectual Engels – levaram-no a refletir sobre as alternativas possíveis e mesmo a suscitar a ideia de *revolução*. Nessa inter-relação das estruturas observadas por eles, Marx e Engels concluem que só se pode compreender a sociedade capitalista por meio da análise da infraestrutura e da superestrutura inseridas no processo histórico. Daí a famosa frase: "A história de toda sociedade até nossos dias é a história da luta de classes" (Marx; Engels, 2001, p. 23).

Isso é o que diferencia, para mostrarmos mais um exemplo, a metodologia da dialética histórico-materialista daquela proposta por Wright Mills, a da imaginação sociológica. Enquanto a análise de um objeto com base na dialética marxista tem, necessariamente, de considerar as relações entre a infraestrutura e a superestrutura da sociedade observada, na imaginação sociológica essas categorias estão presentes, mas não como determinantes do processo de análise, e sim como complementares a ele.

Encerramos esta explanação com a reflexão de Althusser sobre a importância da ciência proposta por Marx e seu potencial de contribuições para as teorias futuras. Quando Marx funda o materialismo dialético, ele realiza na filosofia "uma obra tão revolucionária como a que realizou, no campo da história, ao fundar o materialismo histórico, mas devemos saber que a filosofia marxista está em sua fase inicial. Seus progressos dependem de nós" (Althusser, 1967, p. 18, tradução nossa).

## 2.5
### A sociologia compreensiva de Weber

Nesta seção, vamos nos aproximar das reflexões de Max Weber (1864-1920), de seus conceitos e de sua sociologia compreensiva. Antes da investigação dos conceitos, é necessário localizar Weber – com uma breve exposição genética – no diálogo metodológico que ele estabelece com autores de seu tempo, sobretudo na Alemanha. Os principais, mas não os únicos, nomes que aparecem nessa construção são os de Wilhelm Dilthey (1833-1911), Wilhelm Windelband (1848-1915) e Heinrich Rickert (1833-1902), autores com quem Weber dialogou em seus escritos. A grande questão para esses autores era justamente sobre o método por meio do qual se buscava apreender o objeto, logo, a realidade social.

Nesse sentido, a perspectiva de Windelband e de Rickert partia da tese de que a realidade é única e sempre idêntica. Esses pensadores defendiam, portanto, para o estudo de uma realidade constante, diferentes caminhos de investigação, mesclando-se metodologias. Já para autores como Dilthey, ao qual já nos referimos em seções anteriores deste livro, a realidade poderia ser dividida em setores autônomos, cada um dos quais representados por categorias distintas de ciência, em razão da multiplicidade do real (Freund, 2006).

Weber, assim como Dilthey, não admite a noção de uma pura divisão entre formas de conhecimento científico pela separação metodológica entre ciências naturais e ciências humanas. Aliás, Dilthey estabelece uma denominação distinta que, para ele, explicava melhor sua concepção de ciência da vida. Como já foi mencionado, ele recorria à denominação *ciências do espírito* para dar conta dessa ideia de ciência que capta a dinâmica da vida. Embora essa denominação não possa ser confundida com a de *ciências humanas*, as ciências do espírito são uma parte epistemológica importante delas.

Nesse sentido, Weber (2003) assinala que o objetivo principal de um caminho metodológico é fazer avançar a maneira como se conhece o objeto, não de modo estrito e hermético, mas, ao contrário, distante de todo idealismo de fidelidade a um processo de investigação totalizante ou definitivo. O autor defende essa posição "por reconhecer que toda ciência é circunstancial, e pode utilizar qualquer caminho conforme a necessidade da pesquisa" (Amaral, 2015, p. 24).

Para introduzirmos o pensamento de Weber, fizemos a opção de iniciar por sua definição do conceito de *sociologia*, ainda antes de apresentar o caminho teórico-metodológico percorrido por ele. Para ele, a **sociologia** é uma "ciência que pretende compreender interpretativamente a ação social e assim explicá-la causalmente em seu curso e em seus efeitos" (Weber, 1991, p. 3). Com base nessa definição, vamos desdobrar os caminhos de construção do pensamento do autor para podermos vislumbrar o que ele pretendia ao formular uma ciência dita *compreensiva*.

Vejamos inicialmente o significado dos termos: Weber afirma que "*compreender* significa [...] compreensão interpretativa" (Weber, 2010, p. 18, grifo nosso). Ora, essa forma de compreensão é utilizada para *evidenciar* (expressão de Weber) aqueles casos que são concretos e históricos por meio de uma análise sociológica de um coletivo (grupo social, comunidade, sociedade etc.) mediante a construção científica de um tipo ideal, ou seja, por meio de um modelo construído mediante a representação daquilo que exprime as características mais precisas daquele coletivo.

Entretanto, é importante ressaltar que a interpretação para Weber não tem caráter de validez, servindo apenas de hipótese plausível para um caso específico, de modo que "não é possível avaliar sempre, mesmo que aproximadamente, a força relativa dos motivos e muito frequentemente não podemos sequer estar certos de nossas próprias interpretações" (Weber, 2010, p. 19). Portanto, "acreditar no contrário implicaria no risco de cair no vazio, pois em princípio qualquer sentido pode ser atribuído a qualquer ação singular observada" (Amaral, 2015, p. 33).

Ainda com relação à interpretação, Weber ressalta que a compreensão pode se dar de duas formas: compreensão empírica direta do significado e compreensão explicativa. A **compreensão direta** pode ser obtida em ações simples, como em uma operação matemática ou na maneira como apreendemos o significado de um acesso de raiva interpretando expressões faciais e exclamações (Amaral, 2015). "Trata-se de compreensão direta empírica de reações emocionais irracionais e pertence à mesma categoria que a observação da ação de um cortador de madeira, ou alguém que estende a mão para uma maçaneta para fechar a porta" (Weber, 2010, p. 17).

O segundo tipo de compreensão, para Weber, é a **compreensão explicativa**. Por meio dela, compreendemos "as razões pelas quais uma operação matemática específica é realizada com um propósito também específico, ou ainda, se quem corta madeira o faz por diversão ou mesmo por motivações econômicas. Entendemos um acesso de raiva se sabemos se sua causa imediata for ciúmes ou orgulho ferido; portanto, relacionada a motivos irracionais" (Amaral, 2015, p. 33). Assim, essa compreensão "pode ser aceita como uma explicação verdadeira do curso real da ação. Para uma ciência que trata do verdadeiro significado da ação, a explicação requer uma apresentação da conexão de sentido dentro do qual ocorre o curso da ação real" (Weber, 2010, p. 18). Esse curso da ação real tem um caráter histórico, mas guarda o incontrolável no detalhe de cada motivação do agir humano, o que contém em si a impossibilidade de previsões, nas formulações desse autor. Para Weber (1991, p. 11, grifo do original):

> *A Sociologia Compreensiva terá de aceitar, sem dúvida, o fato de que também para o homem, nas fases primitivas, o primeiro componente [instinto] é absolutamente predominante, e não deverá se esquecer de que este, nas fases posteriores de sua evolução, continua a exercer influência constante (e influência decisiva). Toda ação "tradicional" [...] e boa parte do "carisma" [...] enquanto germe de "contaminação" psíquica e, por isso, portador de "estímulos de desenvolvimento" sociológicos, estão muito próximos, com transições imperceptíveis, daqueles processos apenas biologicamente explicáveis, não suscetíveis de interpretação ou apenas meramente interpretáveis, quanto aos motivos. Mas tudo isso não dispensa a Sociologia Compreensiva da tarefa, com plena consciência de seus estreitos limites, de fazer o que só ela* PODE *fazer.*

Muito provavelmente essa seja a maior virtude da sociologia de Max Weber no que se refere à metodologia de análise: estar sempre atenta à impossibilidade de previsão das ações do coletivo que se observa, justamente porque a racionalidade é múltipla, heterogênea e diretamente relacionada a aspectos mais sensíveis da individualidade do agente humano, como os aspectos biológicos e psicológicos, o que de certa maneira instiga o pesquisador como observador da ação social, mas, ao mesmo tempo, expõe os limites dessa análise (Amaral, 2015).

Como destacamos no Capítulo 1, ao tratarmos dos métodos de pesquisa, Weber estabeleceu o método tipológico para análise da ação social. Vamos agora apresentar o que o autor entende por *ação social*, para depois prosseguirmos com o estabelecimento da análise ideal-típica.

*A ação social (incluindo tanto a omissão como aquiescência) pode ser orientada para as ações passadas, presentes ou futuras de outros. Assim, pode ser causada por sentimento de vingança de males do passado, defesa contra perigos do presente ou contra ataques futuros. Os "outros" podem ser indivíduos conhecidos ou desconhecidos, ou podem constituir uma quantidade indefinida. Por exemplo, "dinheiro" é um meio de troca que o indivíduo aceita em pagamento, porque sua ação se orienta na expectativa de que numerosos, mas desconhecidos e indeterminados "outros" o aceitarão, por sua vez, em algum tempo no futuro, como um meio de troca.* (Weber, 2010, p. 37)

Para as observações orientadas, sobretudo, para as análises das áreas econômica, jurídica e religiosa, em grande parte sob a mirada da sociologia, Weber estabeleceu **quatro tipos de ação racional**: ação racional com relação a fins, ação racional com relação a valores, ação racional com relação estritamente afetiva e ação tradicional

Age de acordo com a primeira, a **ação racional referente a fins**, todo aquele que "orienta sua ação pelos fins, meios e consequências secundárias, **ponderando** racionalmente tanto os meios em relação às consequências secundárias, assim como os diferentes fins possíveis entre si" (Weber, 1991, p. 16, grifo do original). A **ação racional com relação a valores**, em contraposição, nutre em sua categorização e definição sempre um caráter irracional: "Todos os casos de ação com referência a valores são uma ação segundo exigências ou mandamentos em que o indivíduo acredita que foram dirigidos a ele" (Amaral, 2015, p. 40). Weber afirma que "age de maneira **puramente** racional referente a valores quem, sem considerar as consequências previsíveis, age a serviço de sua convicção sobre o que parecem ordenar-lhe o dever, a dignidade, a beleza, as diretivas religiosas, a piedade ou a importância de uma 'causa' de qualquer natureza" (Weber, 1991, p. 15, grifo do original).

Já a **ação racional tradicional** se faz presente, com base nas formulações do autor, em grande parte de nossas ações cotidianas e, em linhas gerais, é o que podemos chamar de *ação orientada pelo sentido*, por ser uma ação que se produz no sentido da atitude enraizada (Amaral, 2015). Afirma Weber: "A grande maioria das ações cotidianas habituais aproxima-se desse tipo, que se inclui na sistemática não apenas como caso-limite, mas também porque a vinculação ao habitual pode ser mantida conscientemente em diversos graus e sentidos" (Weber, 1991, p. 15).

A **racionalidade afetiva** "pode ser uma reação desenfreada a um estímulo não cotidiano. Trata-se de sublimação, quando a ação afetivamente condicionada aparece como descarga consciente do estado emocional" (Weber, 1991, p. 15). Dessa forma, uma ação é considerada afetiva quando sua manifestação é de satisfação de um desejo qualquer, positivo ou negativo, reflexivo ou intensamente físico.

Vale observar, entretanto, que os tipos não são puros nem homogêneos. Além disso, Weber estabeleceu esses tipos, mas, em cada pesquisa, o observador pode mobilizar outros, de acordo com suas necessidades. O próprio autor assevera:

*só muito raramente a ação, e particularmente a ação social, orienta-se exclusivamente de uma ou de outra destas maneiras. E, naturalmente, esses modos de orientação de modo algum representam uma classificação completa de todos os tipos de orientação possíveis, senão tipos conceitualmente puros, criados por fins sociológicos, dos quais a ação real se aproxima mais ou menos ou dos quais – ainda mais frequentemente – ela se compõe. Somente os resultados podem provar sua utilidade para nossos fins.* (Weber, 1991, p. 16)

É de suma importância perceber na obra de Weber essas aberturas da heterogeneidade dos tipos e, sobretudo, da possibilidade de cada analista compor suas ferramentas interpretativas. Essa é uma das diferenças do autor alemão no que se refere à construção e ao desenvolvimento analítico de uma pesquisa de profundidade. As ferramentas são inúmeras, e os modelos de pensamento não devem restringir o fluxo do pensamento científico; em sentido inverso, devem, cada vez mais, estimular a criatividade para a compreensão e a interpretação do fluxo da ação social.

Nesse sentido, Weber entende que, para se obter uma interpretação que seja válida, é necessário guiar-se pela ação racional com relação a fins. Por meio dela, é possível reconhecer os outros modos de ação, aqueles que escapam à ação puramente objetiva. Quando se utiliza a ação com relação a fins como parâmetro, as outras podem ser mais bem captadas. Nessa direção, o autor ensina que uma racionalidade define-se como o "comportamento que se orienta, exclusivamente, por meios tidos por adequados (subjetivamente) para obter fins determinados, tidos por indiscutíveis (subjetivamente)" (Weber, 1995, p. 314). No entanto, o autor ressalta: "de maneira alguma é compreensível para nós apenas a ação racional com relação a fins: entendemos também o decurso típico dos afetos e as suas consequências típicas" (Weber, 1995, p. 314).

Vamos agora pormenorizar como se deve estabelecer um tipo. O que Weber entendeu por *tipo ideal*? O autor sugere a observação atenta da realidade e um amplo conhecimento do objeto, para melhor extrair deles as motivações da ação. Segundo Weber (2003, p. 50):

> *Obtém-se um tipo ideal mediante acentuação unilateral de um ou vários pontos de vista, e mediante o encadeamento de grande quantidade de fenômenos isoladamente dados, difusos e discretos, que se podem dar em maior ou menor número ou mesmo faltar por completo, e que se ordenam segundo os pontos de vista unilateralmente acentuados, a fim de se formar um quadro homogêneo do pensamento. Torna-se impossível encontrar empiricamente na realidade esse quadro, na sua pureza conceitual, pois trata-se de uma utopia.* (Weber, 2003, p. 50)

Devemos sempre lembrar que os tipos construídos para estudar determinada realidade empírica não podem ser confundidos com a noção de *modelo*. Weber enfatiza que os tipos ideais "implicam a construção de relações que parecem suficientemente motivadas para a nossa **imaginação** e, em consequência, 'objetivamente possíveis' e que parecem **adequadas** ao nosso saber monológico" (Weber, 2003, p. 51, grifo do original). Essa breve revisão acerca das racionalidades e, sobretudo, acerca do modo como devem ser utilizadas na construção dos tipos, ilustra como se deve proceder, mediante esse recurso, para formular uma interpretação de determinada ação em busca de uma evidência válida, para que se possa, com base nela, extrair uma compreensão que seja a mais próxima possível do contexto observado.

## Síntese

Neste capítulo, examinamos os principais pontos das teorias propostas por três autores clássicos da sociologia. A seguir, apresentamos o Quadro 2.1 como forma de sintetizar melhor a perspectiva de cada um desses teóricos e de favorecer a formação de uma visão comparativa entre eles.

Quadro 2.1 – Quadro comparativo entre os autores clássicos da sociologia

| | Durkheim | Weber | Marx |
|---|---|---|---|
| Representação da sociedade | A sociedade é algo específico que emerge diante da associação dos indivíduos (totalidade *sui generis* que possui sistemas e funções). | A sociedade é o resultado dos sentidos dados pelos indivíduos. | A sociedade é externa ao indivíduo e tem base nos condicionamentos da estrutura produtiva. |
| Representação do indivíduo | O indivíduo é resultado direto da sociedade; ele interioriza e exprime as normas que emanam dela. | O indivíduo está imerso em determinada cultura, o que o torna motivado e interessado. | O indivíduo é tratado como um coletivo (classe). É produto da história, determinado pelos condicionantes materiais e coletivos. |
| Objeto da sociologia/ da ciência | Fato social, que é exterior, coercitivo e geral aos indivíduos. | Ação social, entendida como qualquer ação que um indivíduo pratica orientando-se pela ação de outros. | Relações de produção. Luta de classes. |
| Método | Dedutivo e comparativo. | Compreensão dos sentidos e do histórico. Tipo ideal como referência. | Materialismo histórico e dialético. |
| Construção dos instrumentos de conhecimento | Fato social: exterior, coercitivo e geral aos indivíduos. | Sociologia compreensiva. | Dialética: tese, antítese e síntese. |
| Objeto privilegiado | Sociedade: as representações coletivas. | O sentido dos atos e vínculos sociais. | Estrutura de classes. |

## Indicações culturais

### Filmes

A FUGA das galinhas. Direção: Peter Lord e Nick Park. Reino Unido/França/EUA: Universal Pictures, 2000. 84 min.

Trata-se de uma obra direcionada ao público infantil que pode ser problematizada com base na luta de classes marxista. O filme conta a história de uma granja em que os donos exploram as galinhas em busca de lucro, mas elas não ficam alienadas para sempre e começam a fazer a revolução proletária.

BICHO de sete cabeças. Direção: Laís Bodanzky. Brasil: Columbia Pictures do Brasil, 2001. 74 min.

Baseado em fatos reais, esse filme conta a história de um garoto internado em um hospital psiquiátrico a pedido de seu pai. Essa obra permite uma reflexão fundamentada nas proposições de Durkheim sobre o que é considerado normal em uma sociedade e o que é considerado anormal, desvio ou patologia.

### Livro

WEBER, M. **Weber**: uma biografia. Niterói: Casa Jorge, 2003.

Essa biografia foi escrita pela companheira intelectual e de vida de Weber e não apenas retrata a vida do autor, como também dá um panorama da vida alemã em sua época, enfocando a realidade social, política, econômica e acadêmica que era constantemente discutida pelo casal Weber e seu círculo de amigos intelectuais.

## Atividades de autoavaliação

1. Em que cenário surgiu a sociologia?
   a) Na Grécia Antiga, onde a preocupação dos filósofos deu origem às primeiras ciências ordenadas.
   b) Durante a Idade Média, com o apoio dos reis, da Igreja e do movimento da Inquisição.
   c) Na emergência dos movimentos positivista e iluminista, quando a religião deixou de ser a fonte de explicação dos fenômenos.
   d) Em um momento em que a sociedade era conduzida por dogmas, em que só a religião tinha a capacidade de dizer a verdade.

2. A sociologia, conforme a proposta de Durkheim, busca estudar:
   a) o fato social como uma realidade objetiva.
   b) o sentido da ação das pessoas.
   c) a revolução proletária e as classes sociais.
   d) as formas de sociabilidade presentes nos grupos.

3. A dialética histórico-materialista de Marx almeja:
   a) o combate à anomia na sociedade.
   b) o estudo sistemático das transformações sociais.
   c) a identificação da solidariedade mecânica e orgânica.
   d) o desenvolvimento de uma análise de tipos ideais.

4. Qual é o objetivo da sociologia conforme as proposições de Weber?
   a) Pesquisar o fetiche da mercadoria.
   b) Desenvolver uma física social.
   c) Explicar os fatos sociais normais e patológicos.
   d) Compreender a ação social, seus cursos e seus efeitos.

5. O projeto metodológico elaborado por Weber para a sociologia foi chamado de:
   a) funcionalismo.
   b) estruturalismo.
   c) sociologia compreensiva.
   d) materialismo histórico.

## Atividades de aprendizagem

### Questões para reflexão

1. Reflita sobre a sociedade da qual você faz parte: sua cidade, o bairro em que você mora, sua sala de aula. Quais são as instituições sociais que existem nela? Que processos sociais podem ser explicados pela sociologia nesse contexto? Existe algum problema que a sociologia poderia pesquisar e para o qual poderia fornecer respostas? Que análises você pode fazer utilizando os conhecimentos sociológicos que adquiriu?

2. Identificar claramente o método e o objeto é sempre importante para conhecer o pensamento de um autor. Assim, reflita sobre a presença do materialismo histórico e do materialismo dialético na obra de Karl Marx.

*Atividade aplicada: prática*

1. Durkheim retrata os fatos sociais normais, os que estão dentro da média ou desvio padrão, e os fatos patológicos, aqueles que estão fora da média, e explica que esses fenômenos podem ser encontrados em várias instituições de uma sociedade, como a escola. Assim, visite uma escola e identifique esses processos junto com professores e alunos, no que diz respeito a aspectos como notas, aprovação, reprovação e a definição de um estudante considerado problema e de um aluno considerado bem-sucedido.

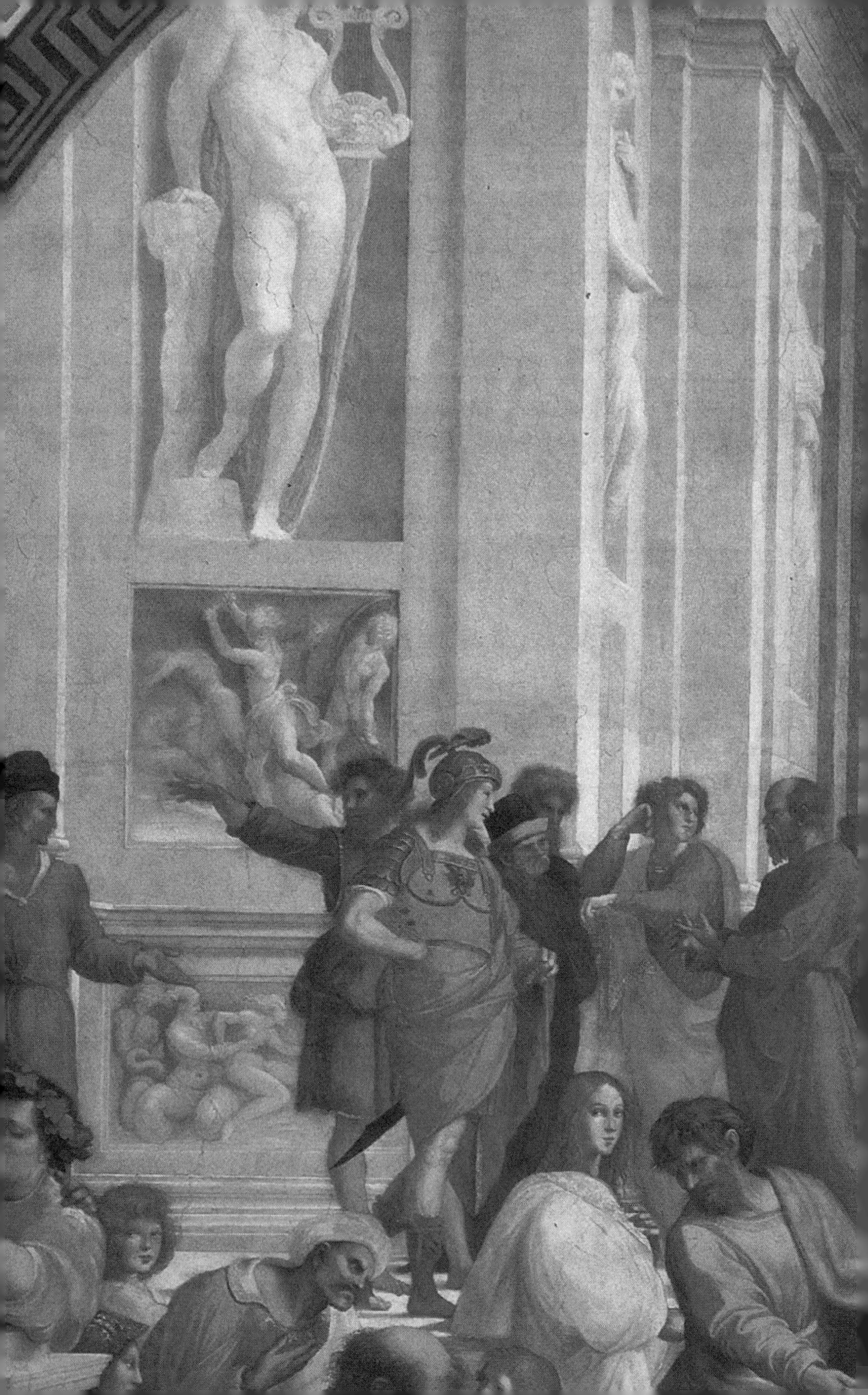

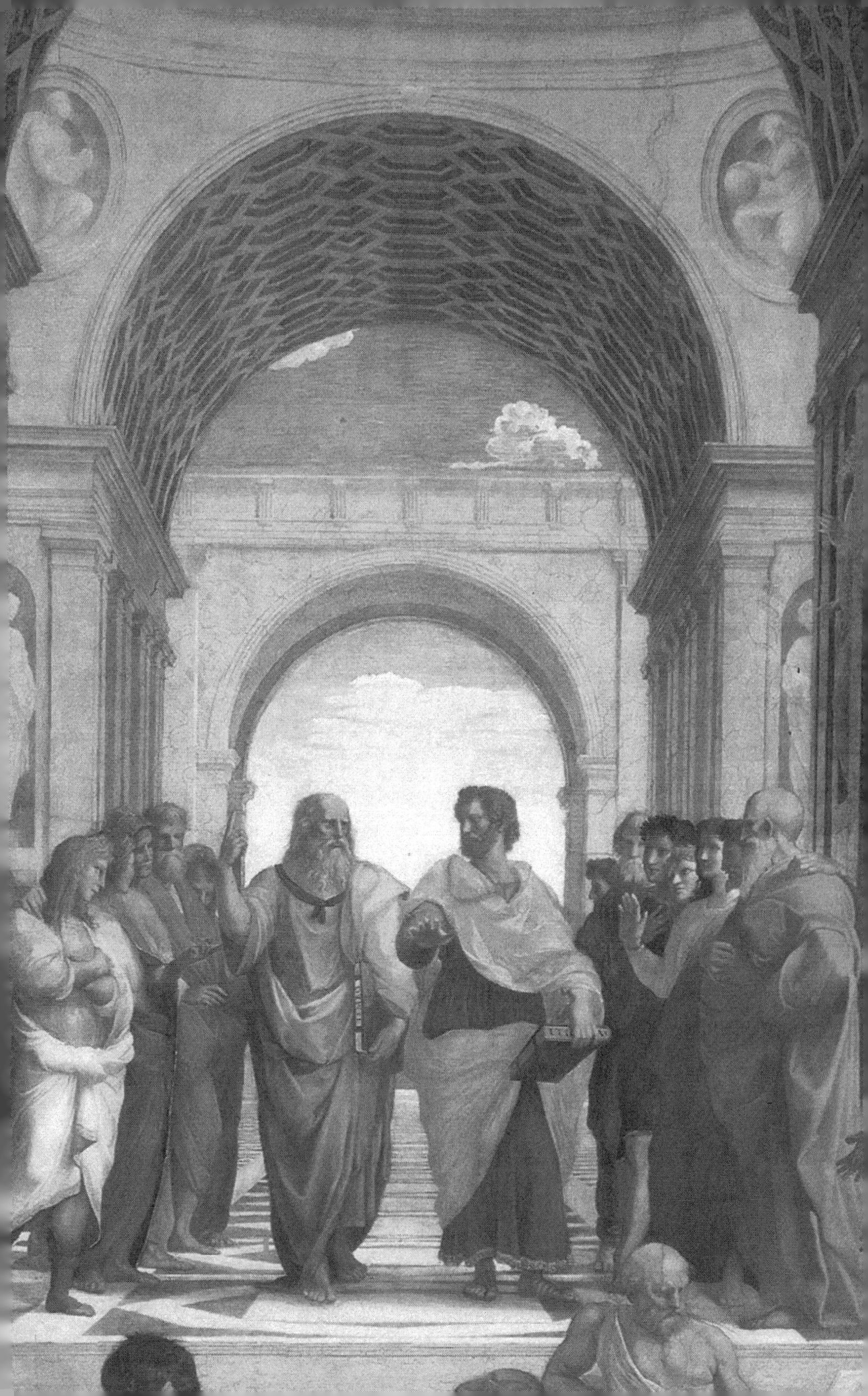

# 3

*Novas perspectivas sociológicas*

Neste capítulo, apresentaremos alguns fundamentos contemporâneos da teoria sociológica, mais alinhados à teoria da ação. O propósito é demonstrar as aproximações e inovações das perspectivas sociológicas contemporâneas em relação ao conhecimento desenvolvido pelos clássicos. Trataremos, de forma breve, da Escola de Frankfurt, com o objetivo central de examinar a teoria ação comunicativa, de Jürgen Habermas. Mais adiante no capítulo, abordaremos a teoria construtivista e descreveremos as teorias de Pierre Bourdieu e Norbert Elias. Na sequência, analisaremos a perspectiva pós-moderna e algumas de suas principais reflexões, propostas por Zygmunt Bauman e Anthony Giddens. Por fim, realizaremos uma incursão na teoria pós-colonial e em suas aplicações, destacando as ideias de Boaventura de Sousa Santos e Enrique Leff.

## 3.1
### Teoria crítica e Escola de Frankfurt: Habermas e a razão comunicativa

Visando oferecer uma contribuição generalista para a análise do assunto deste capítulo, vamos realizar um apanhado sobre o que significou a Escola de Frankfurt e a teoria crítica, apresentando um pouco de sua história. Posteriormente, vamos adentrar a teoria do agir comunicativo proposta por Habermas, que é um dos expoentes a teoria crítica. A escolha dos racionalismos se justifica por duas razões: a primeira é que o tema dos racionalismos tem uma conexão com o Capítulo 2, em um diálogo mais direto com Max Weber; a segunda é que se trata de um tema caro à sociologia, escapando aos estudos e produções filosóficas da Escola de Frankfurt.

Em linhas gerais, é possível afirmar que a **teoria crítica** é radical e diametralmente oposta à teoria pura, ou seja, aquele conhecimento produzido com base na separação entre o sujeito que observa e a realidade observada (Néstor Osorio, 2007; Freitag, 2004). Nesse sentido, o conhecimento seria uma constituição autêntica da realidade. Com esse espírito de crítica ao positivismo e à dimensão social da produção científica na confluência dos séculos XIX e XX, a teoria crítica resistiu em suas tensões ao longo do tempo e pôde mais tarde ser encontrada na **teoria da ação comunicativa** de Habermas e na **teoria estética** de Adorno (Freitag, 2004).

A ideia de formar a Escola de Frankfurt surgiu de uma semana de estudos marxistas em Thüringen, na Alemanha, em 1922, estando seus membros vinculados ao Instituto de Pesquisa Social da Universidade de Frankfurt, que tinha relativa independência em sua linha teórica. Dado o clima de produção intelectual permeado pela resistência e militância marxista, foi fundamental a presença de seu diretor, Max Horkheimer (1895-1973), que orientou uma produção filosófica direcionada para a vida social. A Escola de Frankfurt deve ser compreendida tanto como uma linha epistemológica de teoria social quanto como um grupo de intelectuais (Freitag, 2004).

Os três eixos que atravessam a produção da Escola de Frankfurt são os seguintes:

1. A dialética da **razão iluminista** e a **crítica da ciência** – que não se afasta daquela discussão apresentada no Capítulo 1. Precisamente, o debate se dava com os positivistas.

2. A dupla face da cultura e a discussão da **indústria cultural**, realizada por Adorno e Horkheimer, que propuseram o conceito de *cultura de massa*. Para os dois, o conceito de *indústria cultural* ilustrava melhor a queda do lugar da arte na sociedade e representava o crescimento de um espaço que tampouco visava à sua comercialização.

3. A questão do **Estado e suas formas de legitimação**, que é uma discussão que vem desde Weber e Marx, a qual é renovada dentro da teoria crítica das formas de dominação e controle.

Esse é o contexto de produção intelectual em que Jürgen Habermas (1929-) estava inserido. Apesar de não pertencer à mesma geração que Adorno e Horkheimer, esse pensador se colocou como um continuador da crítica ao positivismo. Habermas, ao problematizar a corrente positivista e as ciências naturais, faz duras críticas ao modo como essa corrente produzia uma separação abissal entre sujeito e objeto, à sua defesa da neutralidade científica e também ao suposto domínio da razão sobre a natureza e todas as coisas do mundo.

Na contramão da corrente positivista, Habermas estabelece o desenvolvimento de uma outra forma de racionalidade. Para ele, a forma de interesse que deve servir como forma de construção do conhecimento está enraizada nas estruturas da ação comunicativa (Freitag, 2004). Nesse sentido, a comunicação anula a aparente objetividade que motivaria o fluxo da razão e do conhecimento, abrindo a possibilidade de articulação dos interesses para atingir o objetivo das pessoas envolvidas na relação social de conhecimento (Habermas, 1982).

Realizada a apresentação da teoria crítica e da Escola de Frankfurt, passemos à discussão da **teoria do agir comunicativo** com foco em um de seus principais nomes, Jürgen Habermas. Para tal, acessaremos principalmente sua obra *Teoria do agir comunicativo* (2012), na qual o autor trata do tema com maior fôlego, delimitando e delineando o modo como compreende a racionalidade e mesmo a racionalização, por meio de um diálogo com Max Weber. Habermas busca assinalar que a razão é manifestada por meio da comunicação, ou seja, que a racionalidade não é um saber ou um conhecimento. Em última medida, como mostraremos, esse autor utiliza a noção perspectivista de racionalidade – apesar de utilizar como ponto de partida as racionalidades weberianas.

São muitas as análises sobre a maneira como Weber arma seu esquema metodológico-analítico em torno dos racionalismos. Como explicamos no capítulo anterior, ele parte das racionalidades formal e material para, depois, categorizá-las em tipos. Habermas, por sua vez, parte da teoria parsoniana\* de racionalização social e cultural para erigir o conceito de *racionalidade comunicativa* (Habermas, 2012). Conforme o estudioso do racionalismo Carlos Eduardo Sell (2013, p. 100), "tal entendimento é possível porque [...] Habermas cinde a racionalidade teórica e a racionalidade prática, situando a primeira na teoria weberiana da cultura e a segunda na teoria weberiana da ação social".

---

\*   Diz respeito à obra do sociólogo estadunidense Talcott Parsons (1902-1979).

A teorização de Habermas acerca dos racionalismos inicia-se com a distinção entre as perspectivas da filosofia e da sociologia, atribuindo à primeira uma noção ontológica e à segunda uma noção de caráter epistemológico; nesse limiar, caberia à sociologia, que desde a origem é uma ciência das relações entre indivíduos – e, sobretudo, quando da transição entre sistemas sociais tradicionais e sistemas sociais modernos –, a análise mais precisa da problemática da racionalidade.

Isso ocorre porque a filosofia – talvez tenhamos de voltar a Kant – preocupa-se com o caráter ontológico da razão, ou seja, em como o humano pode atingir a emancipação ou uma forma de liberdade desejável para si. A sociologia – vamos nos lembrar de Weber e de seu desencantamento com o mundo – dá um salto nessa questão e volta-se ao objetivo de elaborar epistemologicamente como o agir humano pode ser conceituado para ser compreendido. Essa é a principal diferença entre essas duas formas de investigação.

Nunca é demais ressaltar que a temática da racionalidade, desde Weber, assoma principalmente como uma questão metodológica, voltada à interpretação das ações sociais, dependendo exclusivamente do olhar que o observador lança ao objeto e do modo como realiza a leitura desse objeto. Essa é a proposta dos autores que examinamos até aqui e, com menor pretensão, também a nossa.

Nesse sentido, Habermas (2012) estabelece três momentos de seu esquema analítico: em primeiro lugar, define um plano metateórico para dar conta dos conceitos fundamentais do tema dos racionalismos; em seguida, sugere um plano metodológico para a interpretação e posterior compreensão das orientações racionais da ação; e, por fim, apresenta a análise e descrição da fase empírica.

Mas, afinal, qual é a noção que orienta sua discussão? De modo geral, aquela já mencionada, ou seja, atribuir à racionalidade uma manifestação exclusiva da ação intersubjetiva. Assim, a fim de prosseguirmos com maior acuidade conceitual, traremos a definição do autor para **racionalidade comunicativa**:

> *Sempre que usamos a expressão "racional", supomos uma estreita relação entre racionalidade e saber. A estrutura de nosso saber é proposicional: opiniões podem ser representadas explicitamente sob a forma de enunciados. Pretendo assumir como pressuposto esse conceito de saber, sem maiores explicações, pois racionalidade tem menos a ver com a posse do conhecimento do que com a maneira pela qual os sujeitos capazes de falar e agir* ADQUIREM E EMPREGAM O SABER. (Habermas, 2012, p. 31, grifo do original)

Racionalidade comunicativa, portanto, é o modo como os sujeitos capazes de falar e agir adquirem e empregam o saber, e não uma razão determinada que os indivíduos possuam. Habermas desenvolve o conceito com base nas ações intersubjetivas do mundo objetivo, considerando as racionalidades verdadeiras e falsas, eficazes e também ineficientes, sem, contudo, assinalar uma hierarquia, da mesma forma que faz Weber com sua racionalidade teleológica. Sobre esse tema, Habermas (2012, p. 529) é taxativo: "para o agir comunicativo, só são constitutivas as ações de fala a que o falante vincula pretensões de validade criticáveis".

O autor sugere então que indivíduos pautados por uma determinação supraindividual entram em acordo consensual tanto nos atos de fala quanto nas ações empreendidas para fins propostos. A força central desse conceito está na argumentação, que o autor considera unitiva e geradora de consenso, em que os atores visam assegurar a unidade do mundo objetivo, além de superar toda subjetividade excludente e irreversível, ou seja, os atores sociais procuram uma aceitação do outro em busca de acordos. Vista dessa perspectiva, a sociedade é a própria celebração das diferenças.

O agir comunicativo permite ainda que se atribuam à racionalidade de uma ação ou argumentação (exteriorização) a disposição de receber críticas e a capacidade de se fundamentar. Isso dá o ponto de partida para Habermas (2012, p. 35) definir o que ele chamou de "racionalidade da exteriorização", ou seja, quando o falante "não alcança um entendimento mútuo sobre alguma coisa no mundo através da comunicação". Ainda que esse tipo de comportamento racional tenha diversos empregos para o autor, para o intento deste texto, nosso foco será no conceito de racionalidade da exteriorização, que dá conta dos efeitos colaterais não pretendidos.

Tal conceito (que também abarca, em nossa leitura, a compreensão da racionalidade substantiva) auxilia na compreensão das relações internas entre a capacidade de percepção e a capacidade de entendimento intersubjetivo, uma vez que "a racionalidade de pessoas não se revela explicitamente apenas na capacidade de alcançar consenso e agir de modo eficiente" (Habermas, 2012, p. 43). Seremos prudentes em assinalar que, para o autor, a ação eficiente ou a busca de verdade na relação se dá no reconhecimento do indivíduo como participante de uma comunidade de comunicação e orienta sua ação segundo pretensões de validade intersubjetivamente reconhecidas (Habermas, 2012). Dizendo de outra forma, o autor defende o consenso intersubjetivo para além do contexto de um mundo objetivo que limitaria as ações.

É importante para os intentos deste texto discutirmos essa perspectiva que, em Weber, é chamada de *irracional* e que, para alguns contemporâneos de Habermas aqui já mencionados, está representada no conceito de *racionalidade substantiva*. A falta de determinação e pureza já se encontra em Weber (1995), o qual demonstra que de modo algum se pode compreender a razão de modo puro, reforçando a importância e o reconhecimento da irracionalidade na intenção do agente.

Para assinalarmos a presença da irracionalidade, a discussão sobre a racionalidade da exteriorização nos é essencial, sobretudo, na consideração das irracionalidades que orientam a ação, sobretudo, na consideração das irracionalidades que orientam a ação, distante, portanto, da perspectiva metodológica hermética e universalista que Habermas atribui a Max Weber. Isso porque, segundo Habermas, Weber desconsiderou os processos do Oriente. Assinalada a crítica, teríamos de considerar o momento de produção de ambos os autores e também o acesso e o conhecimento disponibilizados para cada um. Isso não significa invalidar a crítica, senão refletir sobre as condições contextuais de cada autor.

Esta rápida incursão na teoria habermasiana auxilia-nos na elaboração metodológica da ação social, de modo geral. Assim como em Weber transcendemos a noção teleológica da *ação* como única passível de análise – ainda que Weber sugira sua utilização como orientação ideal-típica –, também em Habermas a noção de *racionalidade da exteriorização* demonstra a importância da captação das irracionalidades manifestadas nas ações sociais e, nesse caso, seria justo ressaltar que essas ações se dão no sentido de comunicar, mesmo quando não estão envolvidas em atos de fala.

É possível notar, ao longo desta explanação, que a teoria dos racionalismos de Weber, apesar de ser a mais importante do autor pelo fato de atravessar toda sua obra, recebe diversas interpretações por parte de comentadores contemporâneos – muitas delas divergentes entre si –, e isso propiciou duas importantes conclusões: a principal foi perceber que mesmo Weber, com sua fase madura, defendeu o relativismo dos racionalismos; e, com relação à primeira, que as categorias dos racionalismos são elas mesmas tipos ideais de racionalidade ou de racionalização.

No percurso que realizamos ao abordarmos racionalidades, incluindo Habermas no debate do conceito de *racionalidade*, foi possível demonstrar a abertura que também esse autor sugere aos racionalismos, como no conceito de *racionalidade da exteriorização*. É preciso sempre ter no horizonte a noção de que, para o agir comunicativo, são excluídos os casos em que o falante age de maneira estratégica. Isso porque, nessa situação, a comunicação tem como finalidade a influência que se possa exercer sobre as decisões dos interlocutores e, dessa forma, estariam sendo utilizados imperativos inautênticos.

Para fins de interpretação da ação social, todas essas formulações são válidas. Se nossa tarefa, entretanto, fosse a de optar pela forma menos confusa das categorias weberianas de **racionalidade formal e material** em contraposição às de **racionalidade teórica e prática**, tenderíamos a concordar que as duas primeiras são as que mais sentido propiciam para a formulação da racionalidade substantiva – noção na qual, em nossa interpretação, insere-se o conceito de *racionalidade da exteriorização*.

Para melhor compreensão da teoria habermasiana, com certeza seria necessário acessar outras obras e mesmo analisar com mais cuidado a obra discutida neste texto. No entanto, esperamos ter demonstrado, por meio das teorias que expusemos aqui, que não existe uma correta ou verdadeira interpretação dos racionalismos weberianos. Existem interpretações e, como tal, a proposta de Habermas do agir comunicativo é uma das mais importantes.

## 3.2
*Construtivismo sociológico e algumas perspectivas de análise*

Na discussão realizada no Capítulo 1, apresentamos algumas perspectivas sobre a produção do conhecimento, com foco principal no debate delicado entre senso comum e ciência e descrevemos, sumariamente, o caminho percorrido no universo científico, passando pelo positivismo, pelo racionalismo e pelo dualismo entre ciências naturais e do espírito e destacando como o conhecimento pós-colonial ou pós-estruturalista reagrega o conhecimento do senso comum como saber também válido, ao lado do científico.

Em uma perspectiva de conhecimento válida, podemos afirmar que as mudanças que produziram as diversas fases do conhecimento científico são construtivistas. Em que sentido? A ciência é a forma de conhecimento que já nasce com a certeza de transformação (como tudo, afinal?), sempre aberta à renovação, a novos paradigmas e passível de ser falseada. Portanto, dentro desse esquema de pensamento, o conhecimento não é simplesmente encontrado, senão elaborado por meio de construção (Schwandt, 2006). Tal construção exige contestação do conhecimento anterior, por meio de novas experiências.

Antes de prosseguirmos, é importante assinalarmos que, diferentemente da teoria crítica e da Escola de Frankfurt, o construtivismo não é uma escola ou uma corrente de pensamento estrita e fechada. Várias vertentes de pensamento, de diversas áreas, mobilizam o construtivismo, atuando em diferentes perspectivas metodológicas e conceituais (Corcuff, 2001).

Nas palavras de Thomas Schwandt (2006, p. 201), "não construímos nossas interpretações isoladamente, mas contra um pano de fundo de compreensões, de práticas, de linguagem etc., que temos em comum". O que o autor está nos dizendo é que a construção deve ser compreendida dentro de um esquema de conhecimento limitado a um contexto e a uma dimensão sociocultural inevitável, ou seja, ele retoma nossa discussão do Capítulo 1: a construção envolve sempre um pano de fundo, uma epistemologia.

Ao defendermos essa ideia, estamos marcando nossa postura epistêmica: o conhecimento está sempre em perspectiva. Não acreditamos em uma tradição de ciência em que a verdade seja alcançável de maneira plena e irrevogável ou que o conhecimento apenas reproduza ou reflita o mundo real.

Mencionamos anteriormente que a teoria da racionalidade comunicativa de Habermas está voltada não ao conhecimento em si, mas ao saber; dizendo de outro modo, a como esse conhecimento é por fim empregado na interação dos agentes. Essa é a distinção foucaultiana* entre *conhecimento* e *saber*. O construtivismo segue essa direção, no entanto está mais interessado na cadeia de conhecimentos em jogo nas interações (Schwandt, 2006), buscando compreender como ela se constitui. A análise dos racionalismos tem outro objetivo: não o enunciado, mas a motivação real da ação com base na ação, ou seja, do conhecimento empregado (porque os agentes podem dizer algo distinto do modo como realmente agem) – aqui reside toda a discussão na definição de *linguagem*, que não vamos adentrar pelos limites da presente obra.

Algumas opções para desenvolver um controle da objetividade nos critérios metodológicos e analíticos utilizados pelo construtivismo apontam para restringir o tratamento dos dados nas informações obtidas, pois "os dados experimentais ou observacionais são as bases menos facilmente rejeitadas de hipóteses e de validação da teoria" (Schwandt, 2006, p. 203), já que o analista é um indivíduo sempre comprometido epistemologicamente, o que enviesaria os dados da pesquisa. Outro meio de análise empregado pelo construtivismo social é o que utiliza os métodos etnográficos e defende a representação de indivíduos como se fossem situados em um mundo, em um contexto específico. Isso garantiria para o intérprete a possibilidade de controle das análises por meio da comparação cultural. O primeiro é denominado **construtivismo fraco** e o segundo, **construtivismo forte**.

Apesar de essa divisão ser mais uma discussão metodológico-analítica acerca do modelo e não da corrente em si, ela nos serve para examinar

---

\* Diz respeito à obra do filósofo francês Michel Foucault (1926-1984).

mais a fundo a perspectiva da construção social. Dessa maneira, passamos da fase de investigar o que é o construtivismo social e passamos às suas tensões no campo de pesquisa, que fatalmente iriam aparecer no momento do controle dos dados das pesquisas, no momento próprio de analisar. Então, um dos modelos aposta na descrição, como defendeu Wilhelm Dilthey (2008) no fim do século XIX, deixando ao intérprete a avaliação dos dados colhidos durante a investigação. A segunda postura aposta em uma descrição densa e aponta para as peculiaridades dos sujeitos pesquisados e para o próprio contexto de obtenção de dados, cabendo ao intérprete diferenciar culturalmente esses resultados.

Na próxima seção, vamos apresentar como Pierre Bourdieu e Norbert Elias podem ser lidos com base na corrente construtivista. As perspectivas desses autores auxiliam a materializar a aplicabilidade dessa forma de conhecimento e não a enquadrá-las nos esquemas da sociologia construtivista, forte ou fraca.

### 3.2.1 *Bourdieu e o construtivismo estruturalista*

Nesta seção, vamos analisar a obra de Pierre Bourdieu (1930-2002) e como seu estruturalismo pode ser construtivista. A representação da realidade, para esse autor, é formada por uma diversidade de campos em disputa. Esses campos formam sistemas de relações objetivas e práticas permeadas por conflitos, códigos e também pelo capital cultural e simbólico. Existe certa proeminência da sociedade nas relações dos agentes com todo o sistema estrutural, que é formador de **habitus**. De que forma? O *habitus*, segundo o autor, é uma estrutura objetiva que os indivíduos incorporam ao longo de suas interações sociais e que vão constituindo (estruturando) seu **ser social**.

Nesse sentido, a representação de agente, na concepção desse autor, é a de um ser sempre histórico, incorporado culturalmente, mas que também pode ser estruturador, estruturante. É nessa relação entre o objetivo e o subjetivo que a teoria de Bourdieu (1989, 2006) se enquadra. O agente é parte do campo estruturado e está comprometido com o *habitus*. De novo, a interiorização dos valores, das morais e dos sistemas de classificações, como afirma Philippe Corcuff (2001, p. 51), "é a maneira como as estruturas sociais se imprimem em nossas cabeças e em nossos corpos, pela exteriorização da exterioridade".

Até este ponto, mostramos que absorvemos e transformamos as estruturas por meio das diversas relações sociais. Porém, Corcuff menciona que não só absorvemos as estruturas por meio de conhecimento e saber, como também nossos corpos exteriorizam essas estruturas. Sim, de acordo com Bourdieu, os agentes incorporam o *habitus* e o exprimem gestualmente e mesmo biologicamente. É daí que é possível identificar não apenas pelas roupas, pelo meio social e pelas tendências de consumo o que cursam na universidade alguns indivíduos, mas também por sua postura corporal, seu modo de falar, de andar, de cortar a barba e os cabelos etc. Mais evidente ainda fica essa incorporação quando observamos esportistas, profissionais ou amadores.

Não podemos tratar de Bourdieu sem mencionar seu conceito de **campo**. Para ele, campo é uma noção que caracteriza a autonomia de certo domínio de concorrência e disputa interna. Nesse sentido, o campo se apresenta como um território de disputa em que é mobilizado o método de análise das dominações e das práticas particulares em determinado espaço social. Em associação com esse conceito, o autor identifica e estabelece a noção de capital simbólico, que é o capital que os agentes possuem, dependendo de sua posição no campo, para realizar as interações. Esse capital nada tem de perene e é relativamente dependente do campo de atuação em que a interação se realiza (Bourdieu, 1994).

No início deste livro, defendemos a utilização de diversos métodos de investigação, postura que pode ser exemplificada com Bourdieu, já que em sua obra recorre às noções macro e microssociais, a uma recursividade entre prática e teoria e, sobretudo, entre estrutura e agência, para superar as antinomias. Para esse autor, nenhum método sozinho pode dar conta da realidade. Ele utiliza a etnografia como base para pesquisa de campo, porém também usa estatísticas e outras fontes. Nessa linha, seu modelo de referência são as ciências humanas, o construtivismo e o interacionismo. O autor ainda realiza um diálogo com o estruturalismo de Lévi-Strauss, com a fenomenologia de Heidegger e também com a etnometodologia de Garfinkel.

### 3.2.2 Elias e a interdependência

As considerações acerca do construtivismo estruturalista bourdieusiano nos levam às noções mobilizadas por Norbert Elias (1897-1990) em sua análise histórica em torno da **configuração social**. Elias se dedicou a examinar as permanências e mudanças nos costumes, realizando uma análise estrutural das configurações que os indivíduos estabelecem. Com um pano de fundo teórico de interdependência das configurações, esse autor não considera a polarização indivíduo-sociedade, e sim um entrejogo estrutural no qual transitam o indivíduo e as redes.

Nesse caso, o sistema de pensamento é essa marca social que resulta das muitas configurações dentro das quais o indivíduo atua. Essa é a definição de *habitus* utilizada por ele, que encerra uma sensível diferença em relação ao conceito de Bourdieu, em razão da liberdade de acesso e produção do eu, vista em Bourdieu, e que em Elias é mais um câmbio estrutural no qual se move o indivíduo.

No âmbito dessa perspectiva, Elias utiliza como representação de sociedade uma **rede invisível** que fornece a cada indivíduo um leque com opções mais ou menos restritas de modelos de comportamento e funções possíveis dentro da rede. Assim, o indivíduo cresce partindo de uma rede, que ele ajuda a formar (a tecer), e está ligado a uma intensa carga afetiva do grupo, o *habitus*. A existência desse ser individual, para Elias, é indissociável de sua existência como ser social, e essa é a marca distintiva de sua teoria da ação que, apesar de considerar o fundamental papel do indivíduo no jogo, levando em conta as relações de interdependência, atribui maior peso à sociedade. Nos termos do autor: "A figura individual jamais é artificialmente isolada do tecido de sua existência social, de sua dependência simples dos demais" (Elias, 1994, p. 229).

Mas qual é o ponto-chave para o qual gostaríamos de chamar atenção aqui? Primeiro, vamos apresentar algumas perspectivas desse importante autor para a área das ciências sociais e, depois, demonstrar como sua noção de *interdependência* se relaciona com a noção de *interação* e como essas noções contribuem para conectar ideias quando se trata da teoria social construtivista.

Vamos pensar nessa configuração e na teia que Elias utiliza como representação. No livro *O processo civilizador* (Elias, 1994), o autor nos dá pistas daquilo que estamos chamando de *representação da realidade* e *representação de sujeito* (Elias prefere o termo *indivíduo*). No trecho a seguir, ele sintetiza a configuração interdependente deste modo:

> *Planos e ações, impulsos emocionais e racionais de pessoas isoladas constantemente se entrelaçam de modo amistoso ou hostil.* ESSE TECIDO BÁSICO, RESULTANTE DE MUITOS PLANOS E AÇÕES ISOLADOS, PODE DAR ORIGEM A MUDANÇAS E MODELOS QUE NENHUMA PESSOA ISOLADA PLANEJOU OU CRIOU. DESSA INTERDEPENDÊNCIA DE PESSOAS SURGE UMA ORDEM *sui generis*, UMA ORDEM MAIS IRRESISTÍVEL E MAIS FORTE DO QUE A VONTADE E A RAZÃO DAS PESSOAS ISOLADAS QUE A COMPÕEM. (Elias, 1994, p. 194, grifo do original)

Nessa passagem, é possível perceber a concepção de Norbert Elias apresentada até aqui, ou seja, que o autor atribui maior peso à sociedade em relação ao papel do ator que realiza ações isoladas; no entanto, o mais importante do fundamento sociológico que habilmente o autor constrói é assinalar que essas ações isoladas, sem planejamento, são fios que, ligados uns aos outros, constituem a base fundamental da estrutura de uma **teia interdependente** que produz alterações em toda a estrutura da sociedade (Elias, 1994; Corcuff, 2001).

Devemos também notar que Elias forjou essa reflexão observando retrospectivamente as características do processo civilizatório e verificando que havia ali uma camada social da nobreza que aumentava a variação dos contrastes sociais (por meio de costumes e utensílios à mesa, por exemplo) e uma classe que, na busca por reproduzir o modelo do grupo imediatamente acima, acabava por diminuir os contrastes das diferenças. Podemos observar que, onde os processos de construção de hábitos e desenvolvimento de costumes emergem para produzir algo distinto, por meio de indivíduos isolados, mas constituindo um tecido, por meio de suas estruturas de pensamento ou marcas sociais – *habitus* – surge a noção de interdependência e com ela a perspectiva construtivista.

## 3.3
*Reflexões sociológicas sobre a pós-modernidade*

*Nesta Seção, vamos* apresentar uma discussão acerca das noções de pós-modernidade. Primeiro, vamos esclarecer o que queremos dizer ao identificar o período dessa forma. No Capítulo 1 desta obra, discorremos sobre ciência e modernidade e caracterizamos a sociologia como *ciência da modernidade*, ou seja, nascida das transformações políticas e econômicas pelas quais passou a sociedade europeia desde o fim do século XVIII. Em termos gerais, a pós-modernidade é um período que se inicia ainda na primeira metade do século XX e que sugere uma transformação na organização da vida social propiciada pela globalização. É um estágio em que a percepção da relação tempo-espaço é severamente alterada, modificando-se também as estruturas das relações sociais. Para iniciarmos nossa abordagem, vamos analisar as ideias de Zygmunt Bauman e, depois, examinaremos a teoria de Anthony Giddens.

### 3.3.1 *A modernidade fluida no pensamento de Bauman*

Zygmunt Bauman (1925-2017) foi um reconhecido filósofo e sociólogo polonês, professor nas universidades de Leeds e Varsóvia. Bauman dedicou a fase consolidada de sua carreira como professor a discutir e problematizar o período no qual vivemos, dentro do sistema capitalista globalizado, o qual ele define como **modernidade líquida**. Trata-se desse período específico do capitalismo em que a sociedade de produtores é substituída pela sociedade de consumidores. O adjetivo *líquido* se justifica por advir de uma noção de que tudo pode ser consumido, comprado e descartado (Bauman, 1998, 2001).

Para esse autor, tudo se torna mercadoria nessa **sociedade do consumo**. Isso não significa que a fase de produção é encerrada, mas que a hierarquia nesse momento do capitalismo – que o sociólogo inglês Anthony Giddens vai definir como *modernidade tardia* ou *modernidade radical*, como mostraremos nas páginas a seguir – passa a ser organizada pela etapa do consumo.

Bauman apresenta a ideia de que em todas as interações sociais, institucionais ou não, agimos com a mentalidade de um consumidor de mercadorias: nas relações de família, amizade, trabalho e mesmo nas relações amorosas. Essa potencialidade do consumo fragiliza as relações sociais. Para sermos mais precisos com relação às conceituações de Bauman, a expressão adequada é **conexões sociais** – porque é exatamente para isso que o autor chama atenção. O termo *conexão* ajuda a representar as inúmeras possibilidades de encaixe e desencaixe, ou de conexões e desconexões, que estão disponíveis para os indivíduos na modernidade líquida. Nisso Giddens e Bauman convergem, ao retratarem esse período da modernidade como um período de destradicionalização e ruptura, uma vez que os indivíduos não demonstram rigidez em nenhuma das estruturas antes estabelecidas.

Seguindo essa linha, não há mais vínculo tradicional que sirva de amálgama às relações – isso define a pós-modernidade. Tanto é assim que a produção da identidade se dá no mesmo esquema de produção e consumo, não se considerando mais algo que o indivíduo herde. Para Bauman (1998) e Giddens (1991), o indivíduo na pós-modernidade constrói a identidade com base nos valores que ele aprecia. Ele pode adquirir e descartar valores à medida que lhe pareçam interessantes na relação meio-fim. Entretanto, podemos dizer que essa equação instrumental se dá somente como ponto de partida, já que a produção da identidade se vincula com a noção de desejo, logo, de um consumo sem fim, do que resultam a fragilidade identitária e sua liquidez.

É possível perceber como isso, na perspectiva de Bauman, pode levar a um maior controle dos indivíduos por parte do Estado, pois, se o trabalho não é mais corporificado e as incertezas são constantes, os donos dos meios de produção podem administrar essas incertezas, controlá-las em seu benefício, isso porque a fluidez não permite mais envolvimento contratual rígido (basta ver a fragilidade das leis trabalhistas no Brasil no momento atual) e, assim, também os sindicatos têm menor poder. Dessa maneira, o indivíduo fica preso na insegurança constante em todas as esferas da vida social. Se existe um benefício do rompimento com a tradição, a igreja, a família, a vizinhança, a comunidade, pois possibilita maior liberdade na autoconstrução do ser humano, também existe o medo por parte do indivíduo atomizado de perder a qualquer tempo as relações que construiu.

O que temos de levar em conta quando pensamos na concepção de Bauman é que ele analisa as sociedades em transição com base na globalização. Em linhas gerais, é uma leitura muito próxima da que Giddens realiza em *As consequências da modernidade* (1991). A substancial diferença entre esses dois autores é a disposição das noções sociológicas. Em nossa perspectiva, Bauman, apesar de sua capacidade de síntese e erudição invejáveis, não propõe um esquema de tradução dessa dissolução estrutural e da forma como as relações funcionariam sob as reconexões que ele propõe. Nesse sentido, Giddens é muito mais efetivo na tradição filosófica . Na sequência, vamos demonstrar como ele considera o esquema da ação social na alta modernidade.

### 3.3.2 Risco e reflexividade da ação em Giddens

Anthony Giddens (1938-) é um importante sociólogo inglês que voltou seu pensamento para o tema de uma segunda modernidade, a chamada *modernidade tardia*, em uma concepção que rejeita a noção de pós-modernidade e propõe uma teoria em que os conceitos de *agência* (ação) e *estrutura* (todo social) não podem ser compreendidos separadamente. Giddens, nesse esforço de compreensão do entrejogo social, sistematizou a teoria da ação social, desde o pensamento clássico até o pensamento social contemporâneo e, com base nesse esforço intelectual investido na análise de toda a sociologia do Ocidente, notadamente aquela produzida na Europa e nos Estados Unidos, estabeleceu a chamada **teoria da estruturação** (Amaral, 2015).

Giddens, nesse movimento de unir **estrutura** e **ação**, concebe a ação de modo recursivo entre indivíduo e sociedade, porém sempre com um peso especial na reflexividade do agente. Esse agente não só compreende a sociedade de maneira intelectual e calcula seu modo de ação, mas também se espelha na sociedade em que está inserido. É isso precisamente que o termo *reflexividade* significa – além da reflexão isolada, uma ação que é reflexo de um corpo social maior (Giddens, 2002, 2009).

Sem a pretensão de dar conta de todo o arcabouço teórico-conceitual muito refinado estabelecido pelo autor, vamos nos concentrar no essencial para examinar sua discussão acerca da modernidade. Já afirmamos que o pensamento do autor está centrado no período que começa na segunda modernidade, ou, em seus termos, na *alta modernidade*. Essa época é caracterizada pela sociedade pós-industrial e ocidental, ajustada ao modo de produção capitalista.

Giddens (1991) estabelece três categorias principais de caracterização da modernidade radicalizada: o **distanciamento tempo-espaço**, os **mecanismos de desencaixe** e a **reflexividade**. O primeiro diz respeito à ruptura da conexão entre tempo e espaço na realização de transações comerciais e comunicacionais em um mundo globalizado. Nesse aspecto, é usado como mediação um mecanismo de desencaixe (uma ficha simbólica) como o dinheiro ou mesmo de outro tipo, que o autor chama de *sistema de peritos*, os quais possuem competência profissional para organizar nossa vida. Nisso, segundo o autor, está implicada a noção de *confiança* (Amaral, 2015).

A confiança tem relação com as noções de *risco* e *perigo*, o que quer dizer que os processos de manutenção da vida envolvem sempre algum tipo de perigo – sempre estão sujeitos ou ao fracasso ou à possibilidade de que para que se insira em nossa vida algo indesejado. O equilíbrio entre confiar e aceitar o risco gera uma segurança situacional, que pode se transformar em segurança ontológica, caso estejamos certos da permanência de nossa autoidentidade e da continuidade de nosso mundo diante de uma situação dada (Beck, Giddens; Lash, 1997).

A reflexividade é a última característica da modernidade e, como mencionamos anteriormente, surge do equilíbrio entre segurança e risco aceitável, que sugere uma experiência anterior do agente em um mundo e que o mobiliza a organizar suas ações diante das diversas situações. Novamente, o agente reflexivo é capaz de projetar a ação no mundo de acordo com a experiência subjetiva, que nada mais é que um exame, uma prática social reformada à luz da informação (Amaral, 2015).

É possível notar que a teoria da ação de Giddens ganha novos contornos diante das noções apreendidas com Max Weber. De novo, Giddens sistematiza a teoria social na noção de estruturação, em que a ação deve ser analisada com base na **dualidade da estrutura**. Nesse caso, a **ação** é um processo, "um fluxo, em que a monitoração reflexiva que o indivíduo mantém é fundamental para o controle do corpo que os atores ordinariamente sustentam até o fim de suas vidas no dia a dia" (Giddens, 2009, p. 11). Ainda sobre a ação, é importante acrescentar:

> *O monitoramento reflexivo da atividade é uma característica crônica da ação cotidiana e envolve a conduta não apenas do indivíduo mas também de outros. Quer dizer, os atores não só controlam e regulam continuamente e regulam continuamente o fluxo de suas atividades e esperam que outros façam o mesmo por sua própria conta, mas também monitoram rotineiramente aspectos, sociais e físicos, dos contextos em que se movem.* (Giddens, 2009, p. 6)

Para além da noção de ação, Giddens formula o conceito de **agência**. Para ele, a agência se refere à capacidade do indivíduo de realizar determinada ação, que, por sua vez, está diretamente relacionada à noção de poder, já que, sob a noção de agência, o ator poderia a qualquer momento mudar o curso de sua ação (Amaral, 2015). Ressaltemos ainda que a ação "depende da capacidade do indivíduo de 'criar uma diferença' em relação ao estado de coisas ou curso de eventos preexistente. Um agente deixa de o ser se perde a capacidade para 'criar uma diferença', isto é, para exercer alguma espécie de poder" (Giddens, 2009, p. 17).

### 3.3.3 Modernização e reflexividade

Tendo em vista esses argumentos, vamos concentrar a discussão em duas questões centrais na obra de Giddens: a modernidade e a reflexividade. Lembremos que, para o autor, a sociedade moderna está constantemente permeada pela noção de *risco*, de forma que "a dúvida, característica generalizada da razão crítica moderna, permeia a vida cotidiana assim como a consciência filosófica, e constitui uma dimensão existencial geral do mundo social contemporâneo" (Giddens, 2002, p. 10).

Então, para esse sociólogo, a alta modernidade é a evidência de uma cultura do risco e, nesse sentido, é essencial para o desenvolvimento das ações sociais a noção de *confiança*. Sem a confiança, não sairíamos de casa ou mesmo viveríamos com eterno medo de o teto desabar sobre nós. "A confiança [...] é fundamental para um 'casulo protetor' que monta guarda em torno do eu em suas relações com a realidade cotidiana" (Giddens, 2002, p. 11). Assim, a confiança – somada a outros conceitos do quadro epistêmico do autor – transforma-se em segurança ontológica à medida que se consolida para o indivíduo. A **segurança ontológica** é "a confiança em que os mundos natural e social são como parecem ser, incluindo os parâmetros existenciais básicos do *self* e da identidade social" (Giddens, 2009, p. 444). Ainda conforme o autor:

> Nas condições da modernidade, o futuro é continuamente trazido para o presente por meio da organização reflexiva dos ambientes de conhecimento. É como se um território fosse escavado e colonizado. Mas essa colonização, por sua própria natureza, não pode se completar: pensar em termos de risco é vital para aferir até que ponto os resultados reais poderão vir a divergir das previsões de projeto. A aferição do risco requer a precisão e mesmo a quantificação, mas por sua própria natureza é imperfeita.
> (Giddens, 2002, p. 11)

Essa descrição de Giddens é como que uma síntese do que se discutiu até este ponto. Aqui, fica mais bem assinalado o conceito de *reflexividade da ação*, no movimento de pensar passado e futuro para compreender como agir nos encontros sociais do presente. Observemos que a reflexividade, em Giddens, não é uma ação egoísta de um indivíduo que reflete isolado; ela provém dessas análises de passado e futuro que estão – agora sim – refletidas no indivíduo para projetos do presente (Amaral, 2015).

Assim, como ensina Giddens, a reflexividade deveria ser compreendida não somente como uma autoconsciência, mas "como o caráter monitorado do fluxo contínuo da vida social. Ser um ser humano é ser um agente intencional, que tem razões para suas atividades e também está apto, se solicitado, a elaborar discursivamente essas razões (inclusive mentindo a respeito delas)" (Giddens, 2009, p. 3).

O que Giddens está tentando superar com a teoria da estruturação, pensando o sujeito da alta modernidade e as teorias que tentam dar conta desse momento, é a polarização sujeito-sociedade. O autor explica que "a constituição de agentes e estruturas não são dois conjuntos de fenômenos dados independentemente – um dualismo –, mas apresentam uma dualidade" (Giddens, 2009, p. 30). É muito importante ressaltar que, em Giddens, a estrutura não é considerada como algo externo aos indivíduos, como é possível perceber em Durkheim, conforme mostramos no Capítulo 2.

Em síntese, em Giddens (2009), o dualismo é reconceituado para dualidade. Ou seja, em sua concepção de *estrutura* (diferentemente da noção de *estruturalismo*, que enfatiza a preeminência do todo social sobre partes individuais), a distinção sujeito/objeto, que é percebida no acento em questões epistemológicas (ou em suas tensões), provoca um dualismo entre objetivismo e subjetivismo. Nesse sentido, sua teoria da estruturação centra-se em interesses ontológicos. A dualidade da estrutura é tema central na estruturação do autor, que, além de pressupor sempre a reflexividade, não dispensa também a relação espaço-tempo (Amaral, 2015).

## 3.4
### Abordagens pós-coloniais e estudos culturais latino-americanos

Os estudos pós-coloniais não constituem uma única linha delimitada, como as outras perspectivas e epistemologias que analisamos neste livro. A grande chave epistêmica do pós-colonialismo, aquilo que talvez seja seu pano de fundo unificador, é uma **desconstrução dos essencialismos**, realizada de modo crítico às concepções dominantes da modernidade (Costa, 2006). Nesse sentido, podemos afirmar com segurança que o princípio (e talvez *princípio* não seja a melhor palavra) que orienta o pós-colonialismo é justamente contrário a todas as grandes teorias que apresentamos até este ponto.

Gostaríamos de realçar a potencialidade da discussão dessas **epistemes** que, divergentes entre si, apontam como pano de fundo para uma desconstrução do processo de produção de conhecimento que privilegia modelos que reproduzem a lógica colonial, ou seja, o pós-colonialismo defende que as produções científicas – seus modelos, seus objetos e suas teorias – têm uma base tão colonizadora em relação aos países do Sul, como diria Boaventura de Souza Santos, quanto foi o processo violento de colonização de território, com suas invasões e suas imposições de costumes, línguas, linguagens, espiritualidade, modelos de relacionamento e de produção da vida etc.

Dizendo de outro modo, todo processo colonizador implica uma referência de centro. Isso significa que, quando se coloniza o "outro", isso é feito a partir de um lugar que passa a ser o modelo para os processos de vida social. É nesse sentido que o sociólogo Sérgio Costa (2006) argumenta que o prefixo *pós-* não remete à temporalidade, e sim às reconfigurações do campo discursivo. Estão aí envolvidas as questões ambientais, raciais, étnicas e de gênero. Assim, o centro da teoria pós-colonial é justamente um combate às teorias eurocêntricas, objetivando a transformação social e o reconhecimento da *subalternidade*, nos termos da teórica indiana Gayatri Chakravorty Spivak (2010).

No limite, se nos lembrarmos de Michel Foucault em *As palavras e as coisas* (1991), vamos perceber que existe um sistema de **representação de verdade** que orienta as formas de conhecimento existentes. Esse sistema foi estabelecido desde o Norte, desde o lugar de onde saíram as palavras bíblicas, desde o lugar das mitologias e dos relatos dos viajantes (Costa, 2006). Podemos notar que, desse modo, vai se construindo um modelo de pensar referenciado em formas específicas de conhecimento que se tornam válidas e inquestionáveis, portanto, verdadeiras para todas as áreas de conhecimento, para todos os territórios. Como explica Costa (2006, p. 119), "a partir dessas fontes constituem-se as polaridades entre o Ocidente – civilizado, adiantado, desenvolvido, bom – e o resto – selvagem, atrasado, subdesenvolvido, ruim. Uma vez constituídos, tais binarismos tornam-se ferramentas para pensar e analisar a realidade".

Convém recordar os dualismos distintivos estabelecidos pela ciência moderna, descritos anteriormente. Também é importante lembrar, como mencionamos, que a produção do conhecimento científico está diretamente envolvida com o compromisso epistemológico de seu território, de seu tempo e de seu espaço. Então, uma das desconstruções que deve ser realizada pelas epistemologias pós-coloniais é exatamente recuperar o que foi deixado à margem daquela produção de conhecimento (como mostraremos mais adiante com a teoria do sociólogo mexicano Enrique Leff). Tornar evidente essa escolha referencial de separação – que atribui ao Ocidente uma característica ideal e ao "resto do mundo" uma imagem borrada e única, em que suas peculiaridades e multiplicidades se apresentam desbotadas– é outra frente de luta na qual as teorias pós-coloniais e pós-estruturalistas estão engajadas.

Dessa forma, não se trata de apenas inverter as posições entre oprimido e opressor, colonizador e colonizado. Conforme esclarece Spivak (2010), trata-se de operar em outra lógica, porque nessa o subalterno nunca será ouvido, nunca poderá falar. É outro apelo pós-colonial que propõe a autora indiana, ao defender a desconstrução da episteme colonial, inclusive do pós-colonialismo.

Não basta inverter as posições de vencido e vencedor, as regras do jogo devem ser alteradas para resgatar aquilo que a modernidade colocou à margem. Afinal, o campo deve ser alterado. É o que propõe Homi Bhabha, em *O bazar global e o clube dos cavalheiros ingleses*, ao analisar o multiculturalismo como aceitação da comunhão horizontal das diversas culturas. Ao tentar "permitir" as distintas manifestações culturais, o normal ainda é a cultura nacional. O "outro diferente" está perdido em um tempo que não se recupera (Bhabha, 2012).

### 3.4.1 Boaventura de Sousa Santos: a experiência nas vertentes pós-coloniais

Nesta seção, vamos apresentar as ideias de Boaventura de Sousa Santos (1940-) no âmbito da perspectiva pós-colonial. O autor é um pensador português que discute a globalização, a sociologia do direito, a epistemologia, a democracia e os direitos humanos. Um de seus temas preferenciais é a **experiência**, que, para ele, precisa ser repensada, uma vez que "a experiência social em todo o mundo é muito mais ampla e variada do que o que a tradição científica ou filosófica ocidental conhece e considera importante" (Santos, 2002, p. 238). Ou seja, há uma grande parte das experiências que é desconsiderada ou desperdiçada e, se desejarmos combater esse desperdício, de nada serve recorrermos às ciências sociais tais quais as conhecemos, pois elas não dão conta de dar visibilidade às iniciativas e aos movimentos alternativos.

A discussão aqui diz respeito a como construir uma ciência social fora do modelo moderno e colonial. Costa (2006) complementa que o conjunto das ciências sociais existentes busca sempre teorizações generalizantes, incapazes de captar a dinâmica social. Por mais que o pesquisador leve em conta a experiência dos sujeitos, em algum momento, ele vai acabar se voltando para o marco analítico de onde partiu, reduzindo as experiências às categorias das grandes teorias. Dessa forma, "a produção de conhecimento atende a um princípio circular e autorreferenciado, de sorte que 'novos' conhecimentos construídos sobre uma base de representação determinada reafirmam, *ad infinitum*, as premissas inscritas nesse sistema de representações" (Costa, 2006, p. 11).

Em função do exposto, Boaventura Santos se propõe a desenvolver um projeto para combater o desperdício das experiências. O caminho encontrado por ele é fazer a crítica ao modelo vigente e, então, propor outro tipo de racionalidade – o pós-colonialismo –, e é esse o caminho que vamos percorrer e buscar descrever.

Já afirmamos que o modelo de racionalidade vigente e que preside a ciência moderna surgiu com a revolução científica do século XVI e é constituído com base nos pressupostos das ciências naturais. No século XIX, essa racionalidade também se estendeu às ciências sociais emergentes. Tal modelo de ciência assumiu, então, uma forma totalitária, uma vez que nega o caráter racional de todas as outras configurações de conhecimento que não se pautam por suas normas metodológicas e epistemológicas, negando especialmente o senso comum.

Esse modelo de ciência, moderno e positivista, tem como principais traços:
- uma luta apaixonada contra todas as formas de dogmatismo e autoridade;
- a distinção entre conhecimento e senso comum;

- a desconfiança sistemática em relação às evidências advindas da experiência imediata;
- a total separação entre a natureza e o ser humano.

Tais características colocam em pauta dualismos como "natureza/cultura, natural/artificial, vivo/inanimado, mente/matéria, observador/observado, subjectivo/objectivo, coletivo/individual, animal/pessoa" (Santos, 1987, p. 64). Essas distinções dicotômicas são fundadoras das disciplinas científicas modernas e são consideradas insuperáveis.

Assim, um dos caminhos possíveis para fugir das armadilhas das ciências sociais modernas, o qual escolhemos para examinar nesta parte do livro, é o **pós-colonialismo**. Para esse movimento científico, os investigadores precisam se preocupar com a transformação social e com o combate à opressão e direcionar suas pesquisas para isso (Costa, 2006). Os debates nessa vertente ganharam força nas décadas de 1980 e 1990 em grupos que analisavam a heterogeneidade das práticas e dos discursos nas ciências e denunciavam a crise paradigmática.

Vamos lembrar que, para o filósofo da ciência Thomas Kuhn (1962, p. 13) "'paradigmas' são as realizações científicas universalmente reconhecidas que, durante algum tempo, fornecem os problemas e as soluções modelares para uma comunidade de praticantes de uma ciência". Dessa forma, quando um paradigma é abandonado e não mais define a ciência praticada, ocorre uma crise paradigmática que se instala na racionalidade vigente. Como grupos importantes dessa época, que provocam a ruptura paradigmática, podemos citar o movimento feminista com sua epistemologia, os estudos culturais e os estudos sociais da ciência (Santos, 2002, 2004).

As correntes pós-coloniais buscam, então, segundo Santos (2004), priorizar teoricamente e politicamente as relações desiguais entre o **Norte** e o **Sul** na explicação de seus achados de pesquisa e na compreensão do mundo contemporâneo. Devemos perceber que, para o autor, o Norte e o Sul estão para além de suas localizações geográficas e são considerados uma metáfora, na qual o Sul representa todo o sofrimento humano causado pelo capitalismo e suas colonizações.

*A perspectiva pós-colonial parte da ideia de que, a partir das margens ou das periferias, as estruturas de poder e de saber são mais visíveis. Daí o interesse desta perspectiva pela geopolítica do conhecimento, ou seja, por problematizar quem produz o conhecimento, em que contexto o produz e para quem o produz.* (Santos, 2004, p. 9)

Assim, busca-se romper com as metanarrativas que legitimaram as ideologias dos processos de colonização, naturalizando a dominação do homem pelo homem, com base em diferenças raciais, de gênero, de classe, entre outras, que justificaram o processo dito *civilizatório*. Essas metanarrativas deram origem a uma história única, que deixa muitos sujeitos de fora, e é justamente na ruptura com a história única que reside a grande contribuição do pós-colonial, conforme esclarece Rosane Pezzodipane (2013), já que, dessa forma, aceita reescrever a história com base nas vozes silenciadas, da experiência até então desperdiçada.

Para lidar com esse desperdício da experiência, Santos (2002) propõe uma alternativa epistemológica chamada **sociologia das ausências**, um movimento que se concentra em expandir o domínio das experiências sociais que já estão disponíveis. O objetivo da sociologia das ausências é tornar presentes as experiências alternativas às experiências hegemônicas (capitalistas, ocidentais, colonizadoras) e que todas possam ser discutidas e analisadas.

Em um paralelo com Wright Mills, o exercício da sociologia das ausências é feito por meio da confrontação com o senso comum científico tradicional e por meio da imaginação sociológica, que, segundo Santos, pode ser de dois tipos: **imaginação epistemológica** e **imaginação** democrática. Nesse contexto, o autor salienta que "a imaginação epistemológica permite diversificar os saberes, as perspectivas e as escalas de identificação, análise e avaliação das práticas. A imaginação democrática permite o reconhecimento de diferentes práticas e actores sociais" (Santos, 2002, p. 253).

Com a sociologia das ausências, Santos (2002) assinala que certos campos sociais se revelarão cheios de multiplicidade e diversidade de experiências. Entre esses campos estão:

- **Experiências de conhecimento**: referem-se a conflitos e diálogos possíveis entre diferentes formas de conhecimento, como entre a medicina tradicional e a científica.

- **Experiências de desenvolvimento, trabalho e produção**: dizem respeito a diálogos e conflitos possíveis entre os diferentes modos de produção, como as alternativas de economia solidária e o cooperativismo.

- **Experiências de reconhecimento**: compreendem diálogos e conflitos possíveis entre sistemas de classificação social, como no caso da ecologia anticapitalista.

- **Experiências de democracia**: versam sobre diálogos e conflitos possíveis entre o modelo hegemônico de democracia e a democracia participativa, e uma forma de exemplificar isso seria a experiência de orçamento participativo.

- **Experiências de comunicação e de informação**: referem-se a diálogos e conflitos possíveis derivados da revolução das tecnologias de comunicação e de informação. Essas experiências estão em bastante evidência atualmente, com o surgimento de mídias independentes alternativas.

Conforme demonstramos na apresentação da perspectiva pós-colonial, entende-se que a imensa diversidade de experiências sociais não pode ser explicada por teorias gerais, já que elas caem na armadilha da história única (Pezzodipane, 2013). No lugar da teoria geral, Santos (2002) propõe um processo de **tradução**, que seria capaz de tornar inteligíveis as experiências possíveis e disponíveis:

> A tradução é o procedimento que permite criar inteligibilidade recíproca entre as experiências do mundo, tanto as disponíveis como as possíveis, [...]. Trata-se de um procedimento que não atribui a nenhum conjunto de experiências nem o estatuto de totalidade exclusiva nem o estatuto de parte homogénea. As experiências do mundo são vistas em momentos diferentes do trabalho de tradução como totalidades ou partes e como realidades que se não esgotam nessas totalidades ou partes. Por exemplo, ver o subalterno tanto dentro como fora da relação de subalternidade. (Santos, 2002, p. 262)

Como é possível perceber nesse trecho, a tradução diz respeito a um duplo movimento ou ainda a dois momentos diferentes das experiências: dentro das relações hegemônicas e também no que existe para além delas. Assim, na proposta de Santos (2002), o trabalho de tradução pode ocorrer entre um saber hegemônico e um não hegemônico ou então entre dois saberes não hegemônicos.

Retomando o conceito de *imaginação sociológica*, a tradução seria um exercício tanto de imaginação epistemológica quanto de imaginação democrática, já que permite a partilha do mundo entre aqueles que não mobilizam o mesmo conhecimento, além de ser um exercício político que possibilita a construção de novas e plurais concepções de emancipação social. Dessa forma, a tradução "é o procedimento que nos resta para dar sentido ao mundo depois de ele ter perdido o sentido e a direção automáticos que a modernidade ocidental pretendeu conferir-lhes ao planificar a história, a sociedade e a natureza" (Santos, 2002, p. 273). Ao realizar o exercício da tradução, abandona-se então a história única – geralmente a do homem, branco, ocidental e de classe dominante – para deixar surgir uma pluralidade de histórias e de experiências, com outros atores e em outros contextos.

## 3.4.2 *Estudos latino-americanos e a formulação do conceito de racionalidade ambiental*

O objetivo principal desta seção é apresentar o conceito de *racionalidade ambiental*, de Enrique Leff (1946-), para demonstrar como, de uma perspectiva pós-colonial, o autor desestabiliza as categorias de análise modernas, nesse caso, a de racionalidade, em diálogo com os autores que fornecem o arcabouço teórico para sua elaboração. Além da perspectiva teórica do conceito, pretendemos expor as exigências metodológicas que conferem segurança à análise socioambiental.

Inicialmente, para compreendermos a base teórica do autor, temos de ter em mente que a epistemologia ambiental, teórica e social proposta por Enrique Leff, no mais das vezes, está diretamente ligada às práticas produtivas sociais. Em nossa leitura, isso se dá por causa da incorporação do pensamento marxiano, que, apesar de aparecer com maior força em suas primeiras obras, mantém-se sempre no horizonte de seu pensamento.

A fim de exemplificarmos como o pensamento de Leff auxilia na análise das racionalidades das relações sociais em termos de um contínuo, e não de modo polarizado, decidimos rever minimamente como se deu a construção do conceito. Nosso caminho para conhecer o pensamento do autor será este: primeiro, abordaremos o conceito desde sua construção inicial e, posteriormente, voltaremos a atenção para as obras mais recentes, a fim de captar o alcance e a variação da noção de *racionalidade ambiental*.

Vejamos então, com base em que pressupostos Leff (2002) constrói o conceito de *racionalidade ambiental*. Fundamentado na perspectiva construtivista, o autor localiza a necessária contribuição das ciências sociais para a compreensão da questão ambiental e defende que nela se delimitam os problemas emergentes da realidade, propiciados pelas novas temáticas para a pesquisa e para a formação social. Construindo suas reflexões sistemáticas no âmbito da sociologia, a despeito de sinalizar os obstáculos e limites que essa disciplina tem para pensar o ambiente, por sua complexa constituição – que é ao mesmo tempo física, biológica e social –, o autor demarca os conceitos da teoria social que julga férteis para desenvolver um saber sociológico ambiental. Nas palavras do autor, "a questão ambiental propõe a necessidade de um pensamento holístico e sistêmico, capaz de perceber as inter-relações entre os diferentes processos que incidem e caracterizam seu campo problemático" (Leff, 2002, p. 115)

Vamos nos esforçar para demonstrar como a teoria de Leff tomou corpo com base em sua imersão na teoria filosófica, que o auxilia na discussão acerca da inversão paradigmática da racionalidade científica e, dessa forma, na proposição de uma retomada da **Natureza** (com a inicial maiúscula mesmo) no bojo das ciências que a haviam afastado. Leff se aproxima da obra de pensadores da filosofia e da sociologia da ciência, aprimorando sua epistemologia e seu saber ambiental. No mes-mo movimento, parece ajustar o caro conceito de *racionalidade ambiental*, que será o foco deste capítulo, mas sem desconsiderar as reflexões anteriores de Leff. É claro que, referentemente ao conjunto da obra, manteremos sempre em vista o alerta feito pelo próprio autor: "O horizonte perde-se numa distância que a razão não consegue alcançar" (Leff, 2012, p. 17).

Leff inicia sua discussão com menções à racionalidade científica ou hegemônica (e, para retomar Weber, instrumental) e reflete sobre a necessidade de transcendê-la por vias epistemológicas. É claro que sua proposta não passa por uma epistemologia que separa o mundo em câmaras dualistas, mas por uma epistemologia aberta aos anseios do ambiente (Latour; Woolgar, 1997).

No contexto dessa perpectiva epistemológica, alinhado com a imersão na sociologia da ciência, Leff serve, segundo nossa proposta interpretativa, de elo entre a concepção de ciência weberiana e a concepção de ciência que apresentam Bruno Latour e Steve Woolgar (1997), Tim Ingold (2012, 2015) e mesmo o colombiano Arturo Escobar (2010). Weber alertou sobre a necessidade de se abarcar o movimento histórico de modo a evidenciar que uma ação não permite compreensão fora do ambiente temporal. Em Latour e Woolgar (1997), é possível obter a mesma interpretação com base em seu conceito de circunstância\*, por meio do qual se apreende a conjuntura singular do objeto de análise.

A partir da conciliação entre a sociologia da ciência e a filosofia, Leff assevera: **a crise ambiental é uma crise do conhecimento**. Mas o que quer dizer isso? A crise ambiental emerge a partir do momento em que a ciência generalizante, totalizadora, unificadora, pretende dar conta do todo complexo que é o ambiente. Nesse sentido, a proposta de Leff é dar ao múltiplo ambiental uma nova perspectiva epistemológica, múltipla e complexa, que, a despeito disso, se reconheça incompleta em sua investigação.

---

\*   Segundo os autores, *circunstância* é o que está à volta, e um fato científico é parcialmente dependente ou causado pelas circunstâncias. "Chegamos ao ponto de afirmar que a ciência é inteiramente produto das circunstâncias. E mais: é precisamente pelas práticas específicas e localizadas que a ciência parece escapar de qualquer circunstância" (Latour; Woolgar, 1997, p. 271).

Avançando na incursão em uma **epistemologia ambiental** que reflete sobre o saber ambiental e as múltiplas racionalidades, Leff aponta para uma descrição da categoria de **racionalidade**, lançando agora pistas teóricas que sugerem um método de análise e compreensão das relações socioambientais:

> *A abertura para novos horizontes do saber vai incorporando novas texturas na narrativa teórica, novas tonalidades, matizes e estilos de escrita; a terminologia própria da teoria marxista, a epistemologia althusseriana e o discurso foucaultiano vão dando lugar a novos jogos de linguagem quando dialogam com a filosofia de Nietzsche, Heidegger ou Derrida; as estruturas sociais ficam como pano de fundo quando a racionalidade ocupa o centro do cenário, quando o sujeito fala e quando o ser se manifesta como protagonista do processo de apropriação da natureza por meio de sua identidade cultural.* (Leff, 2012, p. 25-26)

Parece-nos que o autor avança contra os empreendimentos teóricos totalizantes que uniformizam o discurso; a análise com base na categoria de racionalidade ambiental devolve à teoria a voz do sujeito de ação em seu movimento histórico. Essa perspectiva metodológica permite apreender a relação entre o **ser** e o **saber**, ou seja, permite que se contemple o conhecimento que exprime o indivíduo que age, que fala. Essa proposta já estava lançada desde Dilthey (2010) e Weber (2003), mas Leff se aproxima da fenomenologia de Husserl e da ontologia Heidegger para estabelecer, com base nessa análise do ser, uma ética que capta a externalidade do saber ambiental (Leff, 2012).

Nessa proposta, o autor retoma o conceito de **saber ambiental**, que, em nossa leitura, perpassa sua obra. Esse conceito abarca a noção de **diálogo de saberes** e a própria noção de **racionalidade ambiental** como categoria. É desnecessário precisar qual dessas noções prevalece na obra de Leff, já que elas são interdependentes (e isso é uma constante quando se recorre a qualquer racionalismo weberiano). Assim, com base em outra racionalidade, "o saber ambiental vai se configurando em um espaço exterior ao círculo das ciências" (Leff, 2012, p. 31).

Essa racionalidade ambiental, pautada no diálogo de saberes em um espaço exterior ao círculo das ciências, é uma noção completamente avessa à noção de *epistemologia* como saber hegemônico. Isso é o que significa estar em um espaço exterior ao círculo das ciências. Não se trata de uma rejeição às ciências, trata-se de inserir aí um conhecimento marginal, o conhecimento tradicional, o conhecimento de quem estabelece relação com seu mundo, que se reconhece dono de seu mundo.

Nesse movimento, o autor transcende o método interdisciplinar. Acolhe as racionalidades substantivas, os valores e ações subjetivos, e não pretende alcançar a totalidade; é o que ele chama **interdisciplinaridade ambiental**. Dessa forma, "a epistemologia ambiental abre caminho para um novo saber; um saber que emerge da demarcação de um limite: de uma lei-limite da entropia, mas também da ideia de verdade como correspondência entre o conceito e o real" (Leff, 2012, p. 35).

Como mencionamos, a interdisciplinaridade ambiental não visa articular as ciências em uma única dimensão ambiental, dentro de sistemas de ação definidores de paradigmas, mas propor um caminho de reconstrução social que propicia a revalorização dos saberes não científicos. Dessa forma, insere o saber no campo do poder, questionando as ideologias teóricas, o que permite a inserção de um campo de ação que se desenvolve com base no conhecimento.

O autor rejeita a ecologia na medida em que ela não contempla o saber ambiental e se pretende um saber holístico e de um todo social estruturado em um mundo que se mostra homogêneo e não revela o grande valor das distinções, do que é heterogêneo. Então, nessa perspectiva, não é permitido entender por *natureza humana* algo já dado, fixo e determinado. O próprio ambiente favorece essa mobilidade do espírito (se nos for permitido utilizar esse termo) – o mundo nos transforma. Pensar o conhecimento, portanto, é pensar o ambiente; o conhecimento surge como um processo social que perpassa o poder, na multiplicidade do social, e que permite uma reapropriação do mundo, da natureza.

Em síntese, a epistemologia ambiental se insere em uma perspectiva aberta, como um postulado do conhecimento por meio da noção de alteridade. Dessa forma, forja-se a racionalidade ambiental, no encontro entre o real e o simbólico, para pensar as relações entre sociedade e ambiente, ou, vista de forma mais precisa, para pensar como a sociedade apreende o ambiente.

É possível perceber a coerência do autor mexicano, que nos incita a refletir sobre o ambiente de uma perspectiva desafiadora porque fora do eixo europeu, ainda que suas bases estejam essencialmente na Europa. A epistemologia ambiental proposta por ele parece-nos interessante porque reflete o pensamento weberiano, seus racionalismos e as múltiplas formas de análise das ações no ambiente, mas essencialmente porque inova ao posicionar-se fora do círculo hegemônico das ciências, como é o princípio do pensamento pós-colonial.

Então, o saber ambiental, aliado à racionalidade ambiental e ao diálogo de saberes, constitui um importante eixo teórico para análise das ações, associando o conhecimento científico aos saberes tradicionais e aos sentidos de pertencimento e valor que emanam do ambiente. Essa perspectiva teórica, que pressupõe também um método, auxilia no resgate do ambiente desse lugar de extraterritorialidade e também das identidades dos sujeitos de ação em relação a seu mundo.

## Síntese

**Neste capítulo, evidenciamos** que os racionalismos weberianos têm várias interpretações e aplicações. Apresentamos duas utilizações possíveis: uma com base na teoria crítica e outra com base nos estudos latino-americanos. Mostramos que a teoria crítica surgiu das críticas a um marxismo ortodoxo e contra o positivismo.

Também destacamos que o construtivismo não é considerado uma escola pela amplitude de suas utilizações nas diversas áreas da ciência e pelo fato de sempre ser dependente da contestação de uma experiência anterior. Dentro dessa categoria, enfocamos o estruturalismo construtivista de Pierre Bourdieu e a interdependência configuracional em Nobert Elias.

Na sequência, refletimos sobre a fluidez das relações destradicionalizadas do pós-modernismo, a desconstrução dos essencialismos modernos na teoria pós-colonial e a crítica ao edifício generalizante da ciência da perspectiva dos estudos latino-americanos.

## Indicações culturais

### Filmes

ERIN Brockovich. Direção: Steven Soderbergh. EUA: Columbia TriStar Filmes do Brasil, 2000. 131 min.

O foco desse filme norte-americano é contar a árdua batalha de uma mulher para cuidar de si e de seus filhos, tendo como pano de fundo o caso em que ela trabalha: a contaminação por agentes cancerígenos das reservas de água de um município por uma grande corporação. Nesse cenário, é possível refletirmos sobre a sociedade de risco tal como apontam Beck, Giddens e Lash (1997) e sobre como estamos à mercê de acontecimentos sobre os quais não temos controle. Devemos lembrar que esse filme é baseado em fatos reais.

PONTE aérea. Direção: Julia Rezende. Brasil: Paris Filmes, 2014. 100 min.

Esse filme brasileiro foi baseado na obra *Amor líquido*, de Zygmunt Bauman, e expõe a fragilidade dos laços humanos na modernidade líquida, ao retratar a história de um jovem casal que tenta manter o amor a distância. No filme, podemos observar as conexões sociais, conforme propõe o autor, e ainda como as conexões e as desconexões são disponibilizadas aos indivíduos nesta modernidade líquida.

*Livro*

GALEANO, E. **As veias abertas da América Latina**. Porto Alegre: L&PM, 2010.

Nesse livro-passeio do escritor uruguaio Eduardo Galeano, somos guiados pela história de nosso próprio continente, que nem sempre nos é contada – passamos muitas das aulas de História na escola aprendendo sobre a Grécia Antiga e o continente europeu. Galeano discute nossa herança colonial e traz reflexões importantes sobre o conhecimento na América Latina e as vertentes pós-coloniais.

## Atividades de autoavaliação

1. Sobre a Escola de Frankfurt, assinale a alternativa correta:
    a) Tem uma posição crítica ao positivismo e defende um conhecimento construído com base na realidade.
    b) É a escola que deu origem ao uso de estatísticas e matemática nas ciências sociais.
    c) Posiciona-se contra a ideia de construção do conhecimento e defende uma ciência positiva e cartesiana.
    d) Defende uma ciência social feita a partir do Sul, em contraposição à centralização do conhecimento na Europa.

2. Bourdieu faz referência uma estrutura objetiva que os indivíduos incorporam ao longo das interações sociais e que estrutura seu ser social. Esse é o conceito de:
   a) campo.
   b) *habitus.*
   c) poder simbólico.
   d) capital.

3. Assinale a alternativa que corretamente descreve a noção de *modernidade líquida* em Zygmunt Bauman:
   a) Período pré-capitalista, em que a produção estava dissolvida em várias manufaturas no território europeu.
   b) Momento compreendido entre a Primeira e a Segunda Guerras Mundiais, em que houve mudanças substanciais para a sociedade.
   c) Trata-se de uma classificação para a ciência e não se identifica um paralelo com o tempo histórico.
   d) Período do capitalismo em que a sociedade de produtores é substituída pela sociedade de consumidores.

4. Quais são os elementos que caracterizam a modernidade radicalizada em Anthony Giddens?
   a) Campo, poder simbólico e *habitus.*
   b) Racionalidade substantiva e racionalidade instrumental.
   c) Distanciamento tempo-espaço, mecanismos de desencaixe e reflexividade.
   d) Experiência social, emancipação e exercício da tradução.

5. Aponte quais são as preocupações das correntes pós-coloniais:
   a) Disseminar o pensamento sociológico ocidental pelo mundo.

b) Criar uma macroteoria capaz de explicar a totalidade dos fenômenos sociais.

c) Demonstrar como o pensamento sociológico tem seu principal lócus na Europa.

d) Colocar a transformação social e o combate à opressão na agenda de investigações.

## Atividades de aprendizagem

### Questões para reflexão

1. Norbert Elias, ao problematizar a relação sociedade-indivíduo, propõe a ideia de *teia* ou *rede invisível*, a qual nos conecta às outras pessoas da sociedade e nos leva a determinada direção por meio do *habitus*, que consiste nas características da sociedade por nós internalizadas. Assim, sendo você um indivíduo na sociedade, pense sobre a teia que o prende à sociedade e sobre as características da sociedade que você manifesta.

2. Uma das principais críticas das vertentes pós-coloniais é que o conhecimento produzido em uma realidade específica (Ocidente) é tomado como hegemônico e como parâmetro para explicar as outras realidades. Um exemplo dessa situação seria a forma como a teoria sobre industrialização vem dos países já industrializados e acaba se tornando um referencial para os países em industrialização, ignorando-se que estes possam seguir por um caminho singular nesse aspecto. Assim, reflita sobre sua própria formação, pensando na origem dos conhecimentos adquiridos por você: Confirma-se a perspectiva de que a maior parte dos autores estudados é constituída de europeus ou norte-americanos? Quantos

autores latino-americanos você conhece? Você já teve acesso à obra de algum autor oriental?

*Atividade aplicada: prática*

1. Anthony Giddens defende a ideia de que vivemos em uma sociedade de risco, em que constantemente somos expostos a perigos ou circunstâncias que não estão sob nosso poder. Esses riscos podem ser de diversas ordens, como ambientais, alimentares ou uma falha na tecnologia. Assim, procure notícias que retratem essas situações e identifique o risco e a confiança presentes nelas.

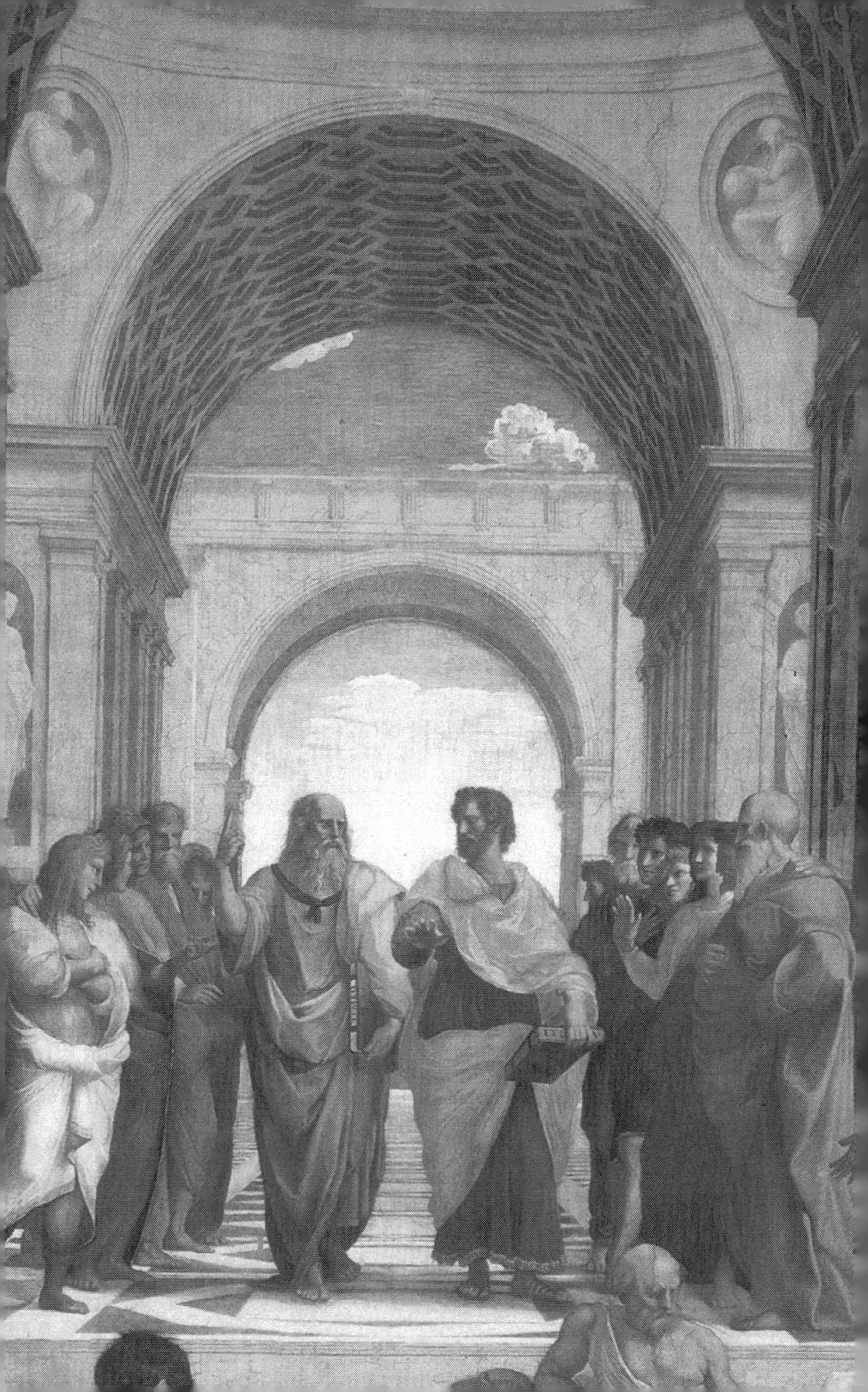

# 4

A sociologia brasileira:
interpretações do Brasil

Nos capítulos anteriores, tratamos do surgimento e do desenvolvimento da sociologia como ciência, bem como de suas principais correntes teóricas clássicas e contemporâneas. Neste capítulo, continuaremos a relatar essa história, porém agora com foco na sociologia no Brasil, em como se desenvolveu, quais são os principais autores e os temas debatidos e quais suas especificidades relacionadas ao contexto histórico e social brasileiro. No fim do capítulo, apresentaremos também o processo de institucionalização da sociologia: o modo como adentra as universidades e as escolas e chega até os estudantes e pesquisadores das ciências sociais.

## 4.1
## O pensamento social brasileiro a partir do século XIX

*Por muito tempo,* buscou-se explicar o Brasil com base nos conceitos e nas ideias originados na Europa, depois emprestados para explicar a sociedade brasileira, o que sempre levou a um grande abismo entre a explicação e a realidade. Diante da particularidade do contexto brasileiro no tocante à política, à economia, à cultura e à sociedade, os intelectuais brasileiros começaram a buscar teorias próprias, novos modelos de explicação que pudessem construir um pensamento capaz de refletir a realidade nacional.

Essa empreitada se dá, com grande ênfase, a partir do século XIX, marcado por grandes transformações históricas, como a Independência (1822), a Abolição da Escravatura (1888) e a Proclamação da República (1889). Diante desse rico cenário, os intelectuais brasileiros passaram a combinar as teorias advindas da Europa com as referências que seu contexto histórico, seu tempo e seu espaço geográfico ofereciam.

Mas, que contexto histórico era esse? Durante o século XIX, o Brasil passou de colônia de Portugal a jovem república, e os acontecimentos que ligam esses dois marcos são variados, complexos e singulares em relação à Europa e aos demais países latino-americanos, o que exigiu que os intelectuais nacionais começassem a fornecer interpretações sobre o país.

Podemos perceber a singularidade do percurso seguido pelo Brasil já na Proclamação da Independência: em 7 de setembro de 1822, foi o próprio governante português e colonizador que comandou o processo que tornaria o Brasil uma nação soberana. Assim, mesmo tendo rompido as relações de dependência com o trono português, o país manteve sua estrutura social, sendo dirigido por um imperador e com um sistema escravagista (Arruda; Piletti, 2000; Lessa, 2008).

A escravidão foi justamente um dos primeiros temas que mobilizou os intelectuais brasileiros. Os primeiros africanos escravizados entraram no Brasil entre 1516 e 1526 e foram destinados ao trabalho na exploração do ouro, nas plantações de subsistência e, depois, nas grandes lavouras de café. Nesse contexto, a ordem social escravocrata brasileira se perpetuou pela discriminação racial, um processo social em que determinada raça exercia a dominação senhorial e outra a suportava, mantendo as posições de senhores e escravos (Fernandes, 1971).

Apesar de todo o movimento de rebelião dos negros escravizados, o processo de desagregação do regime servil foi protagonizado por intelectuais como Joaquim Nabuco e José do Patrocínio, os quais, por meio de campanhas abolicionistas, visavam a reformas na legislação. Florestan Fernandes (1971) identifica que, por trás do discurso humanista da libertação dos escravos, a abolição surgiu como uma forma de atender aos interesses também dos brancos, já que a ordem social escravocrata constrangia a expansão econômica, social e política do país.

Assim como a escravidão, a monarquia também passou a ser ponto de discussão e começou a ser questionada por movimentos locais, regionais e nacionais. Essa contestação ocorreu tanto pela via intelectual – pois os ideais republicanos, inspirados no pensador francês Auguste Comte, que pregava a necessidade da instalação de repúblicas centralizadas e fortes, começaram a se propagar pela sociedade – como pela via do confronto – por exemplo, a Guerra dos Farrapos (1835-1845), a Sabinada (1837-1838), entre outros movimentos de sublevação (Arruda; Piletti, 2000).

A Guerra do Paraguai (1864-1870) foi outro desses momentos críticos que levaram o país a se repensar. Apesar de ter se sagrado vitorioso no contexto da Tríplice Aliança (Brasil, Uruguai e Argentina), a comparação de nosso país com o Paraguai, que estava praticamente livre de qualquer colonialismo e independente economicamente, escancarava a posição anacrônica em que o Brasil se encontrava. Para Octavio Ianni (2004), a Guerra do Paraguai foi um momento revelador para o país, que demonstrou a inadequação do regime escravista e da monarquia como sistema.

Os conflitos em território nacional também foram pensados pelos autores brasileiros, em especial aqueles que eram motivados pela insatisfação social com as questões de trabalho e de terra, como a Guerra do Canudos (1896-1897), a Guerra do Contestado (1912-1916) e a Balaiada (1838-1841). Prado Júnior (1966) afirma que é nas condições socioeconômicas dos trabalhadores que se encontram as contradições fundamentais do processo sócio-histórico do país, o que pode levar a revoluções e rebeliões, especialmente no caso dos trabalhadores rurais, que por muito tempo ficaram isolados dentro das fazendas, das usinas e dos engenhos e que aos poucos vão tomando consciência de sua situação.

Esses movimentos de reflexão e rebelião resultaram na Proclamação da República (1889), momento em que os setores da sociedade que pregavam mudanças políticas e sociais mostraram sua força. A partir desse período convulsivo, houve uma grande ebulição de ideias e de movimentos sociais, particularmente nos grandes centros urbanos, e assim outras linhas de pensamento começaram a circular pelo país, como aquelas de cunho sindicalista, anarquista e socialista (Ianni, 2004).

Diante desse complexo contexto sócio-histórico brasileiro, múltiplos foram os intelectuais que buscaram compreendê-lo. Assim, apresentaremos brevemente esses autores, segundo a classificação desenvolvida por Ianni (2004), que divide os autores do pensamento social brasileiro em precursores, clássicos e novos, categorias que descrevemos a seguir:

- **Precursores**: O contexto social desses autores é a sociedade brasileira no período do escravismo, em que as províncias brasileiras ainda eram bastante isoladas umas das outras e o país vivia uma combinação de economia primária exportadora, liberalismo, monarquia e escravatura, sendo o último item o principal tema sobre o qual se debruçavam os autores da época. Os precursores buscavam entender a formação do Estado e da sociedade no Brasil influenciados pelas teorias vindas da Europa, e seus principais temas de estudo eram: raça, povo, nação, escravatura, monarquia, liberalismo e oligarquia. Entre os intelectuais precursores, podemos apontar Euclides da Cunha, Joaquim Nabuco, Rui Barbosa, Machado de Assis e Lima Barreto.

- **Clássicos**: Esses autores escreveram na conturbada fase de transição entre o século XIX e XX, quando ocorreram a Primeira Guerra Mundial, a Revolução Soviética, a quebra da Bolsa de Nova Iorque e, no âmbito nacional, a crise da economia cafeeira, a Semana de Arte Moderna de 1922, a Revolução de 1930 e a ampliação das instituições universitárias. Eles buscavam compreender a situação política, econômica, cultural e social do Brasil na tentativa de clarificar a identidade nacional. Seus principais temas de estudo giravam em torno da nacionalidade brasileira: a cultura, a população, o Estado, a política, a economia, as tradições e a mentalidade do Brasil. Entre os autores clássicos, encontram-se Gilberto Freyre, Sérgio Buarque de Holanda, Oliveira Viana e Caio Prado Júnior.
- **Novos**: Com essa categoria, Ianni (2004) pretende agrupar os intelectuais que trouxeram inovações nas interpretações sobre o Brasil. O clima histórico que envolvia esses autores era baseado em dualismos, como capitalismo-socialismo, liberalismo-nacionalismo, reforma-revolução e alienação-emancipação. Os autores novos, em virtude da expansão universitária no Brasil, estavam mais imersos na cultura acadêmica, em especial das ciências sociais,

e implementaram critérios de pesquisa e ensino sobre seus temas de interesse: identidade, alteridade, desigualdade, grupos e classes sociais, instituições, tradições, formas de organização e transformação da sociedade. Como representantes dessa categoria, podemos citar Florestan Fernandes, Mário de Andrade, Raymundo Faoro, Celso Furtado, Antonio Candido e Graciliano Ramos.

A classificação produzida por Ianni (2004) contribui para a adeuada percepção acerca dos principais autores do pensamento social brasileiro e de seus interesses de pesquisa, bem como do contexto histórico em que estavam envolvidos. A partir desse panorama, passamos então, nas próximas seções deste capítulo, a detalhar alguns dos temas debatidos pelos intelectuais brasileiros.

## 4.2
### A construção histórica da identidade nacional

O Brasil é um país em busca de uma identidade nacional. Muito já se escreveu sobre a questão nacional, muitos símbolos já foram escolhidos e muitos lemas já foram propostos, mas, com as constantes reviravoltas que o país enfrentou e enfrenta em sua história, fica difícil para os autores do pensamento social construírem uma narrativa única sobre o que é o Brasil.

Conforme afirma Ianni (2004, p. 142), o Brasil já foi "Colônia e Monarquia; e tem sido República. Mas a República tem sido oligárquica e populista, militar e civil, tirania e democracia. Já foi uma província do mercantilismo e uma nação dependente; já teve um projeto de capitalismo nacional; e volta a ser província do globalíssimo". Isso para mostrar apenas os (des)caminhos na política e na economia.

Diante desse cenário, cada autor escolhe um aspecto para ressaltar como símbolo da identidade nacional e dedica sua obra a ele; em outros momentos, o Estado brasileiro tem a intenção de defender ou impor determinada identidade, podendo tais identidades orbitar ao redor de aspectos como a raça (pura ou miscigenada), as artes ou mesmo a política. No âmbito desta obra, não poderemos nos aprofundar em cada um desses aspectos; desse modo, vamos apresentar um panorama dessa discussão, destacando alguns pontos de cada corrente para, então, defender o argumento de que **a identidade é uma representação**.

Assim, antes de adentrar a análise sobre as vicissitudes da identidade nacional brasileira, vamos nos deter na noção de *identidade nacional*. Para Stuart Hall (2006), um país não é somente uma entidade política, é algo mais, um sistema de representação cultural que porta em si um conjunto de significados que acabam por gerar em seus cidadãos um sentimento de pertencimento e identidade. Vejamos a passagem a seguir:

> As culturas nacionais, ao produzir sentidos sobre "a nação", sentidos com os quais podemos nos IDENTIFICAR, constroem identidades. Esses sentidos estão contidos nas estórias que são contadas sobre a nação, memórias que conectam seu presente com seu passado e imagens que dela são construídas. (Hall, 2006, p. 51, grifo do original)

Dessa maneira, podemos compreender que as culturas nacionais são um discurso que, por meio de símbolos e representações, ajuda a construir sentidos que influenciam a ação e a concepção que as pessoas têm de si mesmas. Nesse jogo, segundo Hall (2006), as pessoas são colocadas entre o passado e o futuro, havendo uma contínua valorização das tradições, dos mitos fundacionais e das glórias do passado, ao mesmo tempo que se pretende levar a nação a um futuro próspero. Aplicando-se as reflexões de Hall ao caso do Brasil, quais seriam as histórias e tradições contadas para construir a narrativa da identidade nacional?

Um dos primeiros aspectos em torno dos quais o estabelecimento de uma identidade nacional orbitou foi a questão da raça. Nesse tipo de discussão, estava presente um essencialismo que buscava encerrar em um único sujeito as características principais de um povo, as quais o diferenciariam de todos os outros povos de nações diferentes. No Brasil, esse viés racial apareceu em duas formas diferentes: os que representavam a identidade como uma raça pura e os que a representavam como a miscigenação das raças. Um exemplo da primeira forma são os autores indianistas, que viam no índio o real brasileiro. Como representantes da segunda forma estão os pensadores que colocavam o acento na mestiçagem que ocorria no Brasil, com algumas interpretações negativas e outras positivas sobre a miscigenação. Assim, a brasilidade estaria na relação entre nacionalidade e raça (Munanga, 1999; Ortiz, 2013).

Depois da Primeira Guerra Mundial, vivemos outro momento em relação à identidade nacional, com a reconfiguração das interpretações sobre o Brasil. Nesse período, os olhos dos intelectuais brasileiros, que até então estavam voltados para fora – para a Europa especialmente –, voltam-se para dentro, o que deu início a um movimento de pesquisa, análise e valorização do povo que aqui reside, de sua cultura, de seus mitos e de suas formas de sobreviver (Lessa, 2008). Essa valorização pode ser notada na Semana de Arte Moderna de 1922 e no Movimento Antropofágico, sendo a obra *Abaporu* (1928), de Tarsila do Amaral, um símbolo desse movimento, que pretendia deglutir a cultura europeia e dedicar-se a produzir uma arte brasileira.

Conforme é possível observar, as transformações no contexto social trazem consigo mudanças na discussão sobre a identidade nacional. No Estado Novo (1937-1945), por exemplo, buscou-se difundir o ideário político liberal presente na Revolução de 1930 e, para tanto, fez-se uso da educação e dos meios de comunicação para construir uma nacionalidade e uma brasilidade condizentes com o projeto político de modernização das instituições brasileiras presente nesse momento histórico (Ortiz, 2013).

Com a ditadura militar (1964-1985), por sua vez, o projeto de identidade nacional estava ligado à posição autoritária do Estado. Para os militares, segundo Renato Ortiz (2013), interessava construir a imagem de um Brasil independente, livre de estrangeirismos e que se encontrava em harmonia; para tal, foram resgatados os antigos debates positivistas sobre mestiçagem e sincretismo do povo brasileiro.

Diante de todas essas diferentes perspectivas, Ianni (2004) afirma que o Brasil é um experimento histórico-social, que tem essencialmente um caráter multiétnico e multicultural. No Brasil, diferentes grupos, com suas respectivas línguas, costumes, valores, comportamentos, religiões e tradições, encontram-se, combinam-se, confrontam-se e recriam-se, tornando a tarefa de delinear a identidade nacional quase impossível, por ser repleta de tipos – o índio, o caramuru, a mulata, o preto velho, o bandeirante, o imigrante, o jeca-tatu, o sertanejo, o cangaceiro, o gaúcho, o malandro carioca etc.

Delineamos, então, um entendimento de que toda identidade é uma representação, uma construção, e não um dado absoluto que pode ser descoberto ou revelado (Hall, 2006; Ortiz, 1986). Assim, segundo Ortiz (2013, p. 622): "Não há portanto o brasileiro, o francês, o americano, o japonês. Importa entender como as representações simbólicas dessas nacionalidades são construídas ao longo da história, qual o papel que desempenham nas disputas políticas". Deixamos, assim, de procurar o verdadeiro brasileiro ou o representante autêntico da identidade nacional e passamos a compreender que o que há são modelos, representações daquilo que o Estado (e seus habitantes) acreditam ser.

## 4.3
## A questão racial no Brasil

Na história do Brasil, a questão racial começou com a copresença de três grupos – europeus (portugueses), negros (africanos) e indígenas –, seguida da incorporação dos demais grupos migrantes, de origem europeia ou asiática. A compreensão da questão racial, de como esses grupos convivem e interagem, é fundamental para compreender a formação e as peculiaridades da sociedade brasileira. Como explica Ianni (2001, p. 143),

> A questão racial sempre foi, tem sido, e continuará a ser um dilema fundamental da formação, conformação e transformação da sociedade brasileira. Está na base das diversas formas de organização social do trabalho e dos jogos das forças sociais, bem como das criações culturais. Praticamente tudo o que constitui a economia e a sociedade, a política e a cultura, compreende sempre algo ou muito da questão racial.

Nos debates que surgiram sobre a questão racial brasileira, um grupo ganhou uma posição de destaque – os negros –, e muito se discutiu sobre sua presença e sua importância na formação da sociedade brasileira. Entre os vários aspectos que poderiam justificar esse lugar de destaque, vamos apresentar três, conforme o pensamento de Ianni (2004):

1. Os negros foram incorporados à sociedade brasileira como força de trabalho escrava, ou seja, eles não deixaram suas comunidades de origem nem chegaram no Brasil por sua livre vontade.
2. Os séculos de escravidão no Brasil acabaram por gerar um sistema de castas hierarquizadas – que dividia senhores, escravos e trabalhadores livres –, o qual perdurou depois da abolição.
3. A ordem social escravocrata acabou por se tornar uma fábrica de preconceitos, em que o racial é um dos expoentes que continua se recriando mesmo após o fim da escravidão.

Assim, vejamos o trecho que segue, com a descrição da situação do negro no país durante a vigência do regime de trabalho escravo, com o objetivo de esclarecer as implicações que a escravidão trouxe para o âmago da pessoa escravizada e também das gerações futuras:

> *O escravo era expropriado no produto do seu trabalho e na sua pessoa. Nem sequer podia dispor de si. Era propriedade do outro, do senhor, que podia dispor dele como quisesse, declará-lo livre ou açoitá-lo até a morte. A contrapartida, na perspectiva do escravo, era o suicídio; a tocaia contra o senhor, membros da família deste ou capatazes; rebelião na senzala; fuga; formação de quilombos; saque; expropriação. Não havia dúvidas sobre a situação relativa de um e outro, escravo e senhor, negro e branco.* (Ianni, 2004, p. 104)

Entretanto, mesmo com a centralidade que a questão racial no Brasil assumiu nos debates, não há um consenso nas interpretações acerca da participação do negro na formação da sociedade brasileira. Várias posições são defendidas pelos autores, desde aquelas que pregam que o negro foi completamente assimilado à sociedade brasileira após a abolição, já que não havia conflitos abertos, como houve nos Estados Unidos, até aquelas que tentam desvelar os preconceitos e a posição subalterna que o negro enfrenta em seu cotidiano.

Entre as posições mais destacadas, encontramos a de Gilberto Freyre (1900-1987), o qual defende que a colonização do Brasil foi diferente em relação aos outros países latino-americanos, uma vez que os portugueses vinham de experiências multiculturais em seu território e, em função disso, lidavam melhor com a presença de indígenas e estrangeiros no território brasileiro, sem buscar a pureza de raça. Dessa maneira, ainda que tivessem posições bastante distintas, o branco como senhor e os negros e índios como escravos, a miscigenação ocorreu e foi vista com bons olhos (Freyre, 2003).

As ideias de Freyre deram origem à teoria da **democracia racial brasileira**, que norteou por muito tempo as discussões em torno da questão racial no Brasil e pressupõe que os contatos entre brancos e negros tenderiam à harmonização, não havendo, portanto, conflito entre as raças. Nesse mesmo clima, foi gestada por Sérgio Buarque de Holanda (1902-1982) a concepção de **homem cordial**, esse tipo ideal* que é hospitaleiro e generoso e que definiria o estilo de sociabilidade brasileiro (Ianni, 2004).

Só algum tempo depois, o ideário da democracia racial brasileira começou a ser questionado. Entre aqueles que se destacam pela crítica a essa posição estão Florestan Fernandes (1920-1995) e Roger Bastide (1989-1974), que desenvolveram uma longa pesquisa, financiada pela Organização das Nações Unidas para a Educação, a Ciência e a Cultura (Unesco), sobre as relações sociais em São Paulo. Esse estudo provocou uma virada nos estudos sobre raça, ao demonstrar como a escravidão gerou um preconceito de cor que está enraizado na estrutura social brasileira.

Para Fernandes (1971), o processo de ajustamento dos negros à sociedade após a abolição foi lento, uma vez que, em um primeiro momento, o ex-escravo ficava fora do sistema de trabalho livre, estando restrito a ocupações humildes e trabalhos mal remunerados. A isso se soma o fato de o sistema servil brasileiro, por meio de castigos corporais, ter gerado nas pessoas escravizadas desajustamentos e conflitos sociais, como desmazelo, descuido, afrouxamento no trabalho, tentativas de suicídio e rebelião. Nesse novo contexto de liberdade, a cor passou a

---

\* De inspiração weberiana, os tipos ideais – em que se extrapolam algumas características para dar origem a uma espécie de personagem que facilita o trabalho analítico – estão presentes em grande quantidade na literatura nacional, como nas figuras de Macunaíma, Martim Cererê ou Jeca Tatu.

marcar não só uma diferença física, mas também uma condição de desigualdade social.

Assim, na transição do regime escravocrata para o capitalista, as posições de brancos e negros permaneceram inalteradas e o preconceito de cor surgiu como uma dimensão incômoda do sistema sociocultural brasileiro – as pessoas não assumem que têm preconceito e, assim, são ignorados sua natureza, o alcance e os efeitos reais das restrições que afetam os negros (Fernandes, 1971). O preconceito de cor veio para limitar a ascensão do negro na sociedade, mas sem impedi-lo, para não gerar revoltas, apenas colocando obstáculos em seu caminho e garantindo a manutenção da estrutura social originada na escravidão (Bastide, 1971).

Passemos agora a tratar dos outros grupos raciais que constituem a sociedade brasileira. Além dos portugueses e dos negros, podemos identificar outras importantes correntes migratórias no contexto brasileiro, como as de italianos, alemães, espanhóis, holandeses, franceses, poloneses, ucranianos, árabes e japoneses. Esses grupos também foram pensados pelos autores brasileiros, em textos como *A aculturação dos alemães no Brasil* (1946) e *Assimilação e populações marginais no Brasil* (1940), ambos de Emilio Willems, e *O papel das associações juvenis na aculturação dos japoneses* (1959), de Ruth Cardoso.

Quanto aos indígenas, em especial na literatura do século XIX, eram vistos de modo romântico, como os heróis nacionais. O indígena idealizado e essencializado pode ser observado nos romances *O guarani* (1857) e *Iracema* (1865), de José de Alencar (2003, 2004), no poema "I-Juca-Pirama", publicado originalmente na obra *Últimos cantos* (1851), de Gonçalves Dias (1980), e, mais recentemente e com algum embasamento antropológico, na obra *Maíra*, de Darcy Ribeiro (1976).

No decorrer desse debate, houve também posições baseadas na biologia, na fisiologia, nos fenótipos e nas características ditas "naturais", que levaram a ideias de eugenia, racismo e branqueamento da população. No âmbito do Brasil, essas teses apareciam nos argumentos de que existiam raças melhores (europeus) e raças piores (negros) e de que os mestiços seriam um perigo para o desenvolvimento do país por sua "degenerescência". Com efeito, para além da biologia (e dos argumentos eugenistas), existem a história, a economia, a geografia, a psicologia, a sociologia e a antropologia que transformam as raças em povos; assim, as raças "se constituem, mudam, dissolvem ou recriam historicamente. É óbvio que tem algo a ver com categorias biológicas. Mas tem muito com as relações sociais que as constituem e modificam" (Ianni, 2004, p. 127).

## 4.4
### O processo de modernização da sociedade brasileira

Segundo Ianni (2004), historicamente, o Brasil esteve em um processo contínuo de modernização, ainda que tenha enfrentado reveses, fluxos e refluxos em seus tão variados ciclos sociais e econômicos. A definição de *modernidade* diz respeito ao processo que começou na Europa após o feudalismo, mudou as instituições, as formas de produção e o comportamento humano e cujo impacto se expandiu a partir do século XX. Para Anthony Giddens (2002, p. 9), esse processo se deu da seguinte maneira:

> As instituições modernas diferem de todas as formas anteriores de ordem social quanto ao seu dinamismo, ao grau em que interferem com hábitos e costumes tradicionais e a seu impacto global. No entanto, essas não são apenas transformações em extensão: a modernidade altera radicalmente a natureza da vida social cotidiana e afeta os aspectos mais pessoais de nossa existência.

Entretanto, será que esse processo de modernização da sociedade e da economia se realiza no Brasil? Como é o processo de industrialização nacional? Como a modernização brasileira pode ser comparada à dos demais países? Para respondermos a essas questões, precisamos examinar o passado e compreender as três idades do Brasil – Colônia, Monarquia e República, conforme propõe Ianni (2004) – e as características que elas trazem para a modernidade brasileira.

As duas principais marcas do **Brasil Colônia** (1500-1822) são o regime de trabalho escravo e o colonialismo português. Nessa época, a sociedade colonial organizava-se em torno de um modelo mercantilista, em que havia trabalho compulsório para extrair riquezas ou produzir mercadorias que seriam enviadas a Portugal, para movimentar a economia dos colonizadores. Outra característica importante dessa fase é a hierarquia entre os diferentes povos, que produziu formas de sociabilidade em que havia senhores (os brancos, europeus e seus descendentes) e escravos (os negros, os índios, os não brancos), em uma espécie de sociedade de castas (Ianni, 2004).

A segunda idade é o **Brasil Monárquico** (1822-1889), em que o país migrou do colonialismo português para o imperialismo inglês. Nesse período, começaram a surgir as empresas agropecuárias, mineradoras e extrativistas, sendo a cafeicultura amplamente expandida. Além de mudanças políticas e econômicas, segundo Ianni (2004), houve mudanças sociais, com o declínio do regime de trabalho escravo e a forte imigração de trabalhadores livres (em sua maioria, europeus), que transmutaram a sociedade brasileira em uma sociedade de classes sociais, divididas entre burgueses e operários. Apesar de não existirem mais senhores e escravos, pouca coisa mudou em relação à posição dos negros, que passaram a fazer parte das classes sociais mais baixas.

No **Brasil República** (a partir de 1889), intensificaram-se as atividades sociais, econômicas e políticas no país, que começou a ter as características de uma economia de mercado ou capitalista. Nessa fase, o Brasil se consolidou como uma sociedade baseada no trabalho livre, estruturada em classes sociais e com resquícios de preconceito de cor advindos da época da escravidão.

Somente assim, olhando a história e as características específicas de cada fase que nos trouxe ao século XX, é que poderemos compreender a modernização do Brasil, ou melhor, compreender as diferentes interpretações sobre a modernização, uma vez que não há consenso sobre esse processo. Desse modo, na sequência, passaremos a apresentar as principais linhas de interpretação do Brasil moderno, segundo os autores do pensamento social brasileiro.

Em nossa análise, vamos destacar três diferentes correntes que visam explicar a modernidade brasileira, conforme as proposições de Sergio Tavolaro (2005):

- **Brasil como semimoderno**: Para essa corrente, existem características patriarcais e patrimoniais na sociedade brasileira, advindas da época colonial, que a impedem de se modernizar completamente, ficando em um limbo entre o tradicional e o moderno. Além disso, não haveria no Brasil contemporâneo uma diferenciação plena entre Estado, economia e sociedade civil, o que é uma característica-chave das nações que se modernizaram completamente, em especial as europeias. Entre os representantes dessa interpretação estão Gilberto Freyre, Sérgio Buarque de Holanda, Raimundo Faoro e Roberto DaMatta.
- **Brasil como uma modernidade periférica**: Para os representantes dessa posição, o Brasil passou por mudanças profundas nos últimos dois séculos que foram capazes de varrer os elementos de tradição do país; entretanto, isso não foi suficiente para construir uma modernidade como a dos países centrais, sendo o Estado ainda chamado para agir na economia e na política. Essa posição

é fortemente influenciada pela sociologia da dependência*. Caio Prado Júnior, Fernando Henrique Cardoso, Otávio Ianni e Florestan Fernandes são alguns dos partidários dessa corrente.

- **Brasil como modernidade singular**: Para os autores que defendem essa posição, não existe um único caminho para a modernidade; assim, não há sentido em comparar o Brasil com os países europeus ou centrais, a fim de fazer sua avaliação como moderno ou não. Para essa corrente de pensamento, o Brasil representaria uma das muitas faces que a modernidade pode assumir. Os representantes dessa interpretação são Renato Ortiz e José M. Domingues.

A tarefa de tentar compreender e explicar a modernidade no Brasil sempre foi central para os autores nacionais. Muitos caminhos foram tomados e diferentes interpretações foram produzidas; os mais reconhecidos sociólogos brasileiros se dedicaram a essa questão e, ainda que não se tenha chegado a uma resposta definitiva para esse dilema, todas as contribuições foram importantes para clarear o caminho em busca do Brasil moderno.

## 4.5
## A institucionalização da sociologia no Brasil

*Para contextualizar a* institucionalização da sociologia no Brasil, é preciso pensar em dois momentos distintos: o primeiro deles, que chamaremos

---

\* A sociologia da dependência surgiu na ciência social latino-americana e discute o imperialismo, buscando compreender por que alguns países são dependentes e outros são dominantes. Para os teóricos dessa linha, desenvolvimento e subdesenvolvimento são posições funcionais dentro da economia mundial, e não estágios em uma escala de evolução. Esses dados foram extraídos do verbete *dependência* escrito por José Guilherme Merquior (1996) para o *Dicionário do pensamento social do Século XX*.

de *pré-científico*, trata de uma tradição sociológica baseada em análises sócio-históricas, com preocupações morais, filosóficas e jurídicas, elaboradas na forma de ensaio; a outra corrente aparece em um momento posterior e traz os contornos de uma disciplina científica, que se preocupa em realizar pesquisas e trabalhos de campo, divulgados na forma de monografias. A partir deste ponto, detalharemos esse percurso da sociologia no Brasil, bem como apresentaremos um panorama contemporâneo dessa ciência no país.

A década de 1930 pode ser vista como o marco divisor entre essas duas tradições sociológicas. Antes, os escritos de cunho sociológico eram de autoria de historiadores, cronistas, políticos, juristas, economistas, críticos de literatura, e não somente de sociólogos de carreira. Os principais temas dessa época eram o Estado e sua organização, a cultura e as raças (Ianni, 2004).

Gilberto Freyre é um dos principais nomes do processo de institucionalização da sociologia no Brasil nos primeiros tempos. Ao assumir a condição de cientista social e de professor de Sociologia, Freyre realizou um primeiro esforço de sistematização do conhecimento sociológico brasileiro, que acabou por originar seu compêndio *Sociologia,* publicado originalmente em 1945 (Meucci, 20015). Por assumir um estilo ensaístico e a defesa de uma artesania intelectual, seu trabalho passou a ser questionado pela tradição científica da sociologia.

Nesse primeiro momento da institucionalização da sociologia no território nacional, também ocorreram as reformas educacionais, em meados da década de 1920, quando foram criadas as primeiras cátedras de Sociologia das escolas normais, como uma disciplina auxiliar da Pedagogia. A partir desse período, a sociologia saiu dos museus e das universidades e foi também para as salas de aula, onde a sociologia escolar assumiu um importante papel para a constituição da sociologia como uma disciplina científica (Meucci, 2011, 2015).

Somente a partir da década de 1930, no entanto, é que a sociologia brasileira se estruturou como uma atividade intelectual de cunho científico, com problemas, método e linguagem próprios, naquilo que Ianni (2004, p. 309) identifica como um "sistema significativo". Desse modo, a sociologia era agora um campo de reflexão em que existia uma convergência básica em relação a temas, análises, explicações e métodos.

Os marcos mais significativos do momento fundacional da sociologia científica são a criação da Escola Livre de Sociologia e Política de São Paulo, em 1933, e da Seção de Sociologia e Ciência Política da Faculdade de Filosofia da Universidade de São Paulo, em 1934. Nesses espaços, a pesquisa científica e o ensino da sociologia se institucionalizam (Liedke Filho, 2005).

Nesse momento em que a sociologia chegou à universidade, um nome que se destacou foi o do sociólogo norte-americano radicado no Brasil Donald Pierson (1900-1995), discípulo da Escola de Chicago e defensor da pesquisa de campo em sociologia. Com estudos como *Cruz das Almas*, que analisa o cotidiano de um pequeno povoado, Pierson (1951) inaugurou uma das primeiras agendas de pesquisa científica nessa área no Brasil: o estudo de comunidades.

Apesar das disputas entre a tradição pré-científica e a científica, entre a narrativa ensaística e a linguagem objetiva, não podemos deixar de considerar que ambas desempenharam um papel fundamental para a institucionalização da sociologia no Brasil. Simone Meucci (2015) ressalta que só existiu esse confronto de perspectivas sociológicas distintas porque elas foram engendradas em ambientes sociais e contextos históricos distintos.

Com o passar dos anos, a perspectiva científica da sociologia foi ganhando terreno, e muitos outros autores surgiram, não sendo possível aqui citarmos todos. Esse aumento do espaço da sociologia na universidade também pode ser notado na ampliação do número de cursos superiores e de pós-graduação em Ciências Sociais no Brasil\* e nas referências teóricas cada vez mais numerosas.

Enno Liedke Filho (2005) destaca ainda o fato de que a sociologia foi se diversificando e ganhando novos temas. Ao investigar as linhas de pesquisa em sociologia no Brasil, o autor percebeu que, ao lado daquelas que dizem respeito à pesquisa em sociologia geral, existem outras, chamadas *sociologias específicas*, como sociologia do conhecimento, sociologia urbana, sociologia rural, sociologia do desenvolvimento, sociologia da saúde, sociologia do trabalho, sociologia política, sociologia da cultura e sociologia da educação, o que demonstra a pluralidade do pensamento social brasileiro.

Esse é o quadro que caracteriza a sociologia hoje no Brasil: com presença na universidade e um grande número de áreas de conhecimento específicas que desenvolvem pesquisas; com um grande número de formados (e formandos) em curso superior nessa área, os quais atuam como sociólogos ou professores de Sociologia; e, ainda, nas salas de aula das escolas, como disciplina de formação dos estudantes.

---

\* Conforme Liedke Filho (2005, p. 428): "dados da Federação Nacional dos Sociólogos indicam que, ao longo dos setenta anos transcorridos desde a implantação do primeiro curso de Ciências Sociais no Brasil, foram formados cerca de 40.000 licenciados e bacharéis, sendo que atualmente a estrutura acadêmica da área é constituída por 132 habilitações (bacharelados e licenciaturas) sediadas em 84 instituições (MEC), com cerca de 13.000 alunos".

## Síntese

Como afirma Ianni (2004, p. 63), o Brasil "é um país que se pensa contínua e reiteradamente", fato que faz com que exista um grande número de interpretações e teorias que se dedicam a problematizar as questões nacionais. Assim, diferentes temas – identidade nacional, questão racial, processo de modernização etc. – são trabalhados por diversos autores – Gilberto Freyre, Sérgio Buarque de Holanda, Caio Prado Júnior, Florestan Fernandes, entre outros – sob diferentes perspectivas – socialista, weberiana, liberal etc. –, o que gera um grande quebra-cabeça no qual várias peças-explicações precisam ser unidas para que seja possível formar uma imagem do quadro maior, o Brasil.

## Indicações culturais

### Filme

JECA Tatu. Direção: Milton Amaral. Brasil, 1959. 95 min.
Nesse filme de 1959, Amácio Mazzaropi interpreta o personagem principal, inspirado na obra de Monteiro Lobato. O Jeca Tatu seria um tipo ideal do caipira brasileiro, que vive no interior e pode ajudar a compreender a identidade nacional, se olharmos de maneira crítica para as qualidades atribuídas a ele, como ser simplório, preguiçoso e ignorante.

VISTA minha pele. Direção: Joel Zito Araújo. Brasil, 2003. 24 min.
Como seria o cotidiano no Brasil se os padrões de cor fossem invertidos? É esse o cenário imaginado pelo diretor negro Joel Zito Araújo nesse curta-metragem. Ao pensar um mundo colonizado pelos negros, em que os brancos foram escravizados, o cineasta consegue explorar (e fazer a crítica) os padrões culturais de nossa sociedade e o preconceito de cor vigente.

*Poema*

CASTRO ALVES, A. F. de. **O navio negreiro**. Disponível em: <http://www.dominiopublico.gov.br/download/texto/bv000068.pdf>. Acesso em: 28 nov. 2017.

Esse poema, do escritor baiano Castro Alves, busca denunciar as mazelas pelas quais os africanos escravizados passavam na travessia do Oceano Atlântico. Tendo sido escrito na segunda metade do século XIX, o poema retrata o contexto histórico e social do Brasil na época do sistema escravagista e desvela a crueldade desse sistema.

## Atividades de autoavaliação

1. O pensamento social brasileiro começou a se desenvolver a partir do século XIX, diante dos diversos acontecimentos que modificaram a realidade brasileira e precisam ser interpretados pelos autores. Entre esses importantes acontecimentos estão:

    a) Descoberta do Brasil e chegada da Família Real Portuguesa à Colônia.

    b) Primeira Guerra Mundial, Guerra do Paraguai e Segunda Guerra Mundial.

    c) Proclamação da Independência, Abolição da Escravatura e Proclamação da República.

    d) Ditadura militar e Estado Novo no Brasil.

2. Assinale a alternativa que corretamente representa o entendimento sobre a democracia racial brasileira:

    a) Não há conflito entre as raças no Brasil.

    b) É inspirada no modelo norte-americano de relação entre raças.

- c) Existe um conflito aberto entre as raças no Brasil.
- d) Explicita a existência de preconceito de cor no território nacional.

3. Por muitas vezes, o indígena foi um personagem romantizado pelos autores nacionais, que o consideravam o "verdadeiro brasileiro". Essa visão essencialista pode ser identificada em obras como:
    - a) *Jeca Tatu* e *Sítio do Picapau Amarelo*, de Monteiro Lobato.
    - b) *Iracema*, de José de Alencar, e *I-Juca-Pirama*, de Gonçalves Dias.
    - c) *Navio negreiro*, de Castro Alves, e *Broquéis*, de Cruz e Sousa.
    - d) *Os sertões*, de Euclides da Cunha, e *Vidas secas*, de Graciliano Ramos.

4. Autores como Gilberto Freyre e Sérgio Buarque de Holanda acreditam que existem características no contexto brasileiro que impedem o país de se modernizar completamente. Que características são essas?
    - a) Economia terciária e trabalho livre.
    - b) Liberalismo e livre mercado.
    - c) Leis trabalhistas e mercado globalizado.
    - d) Patriarcalismo e patrimonialismo.

5. Uma das principais correntes do pensamento sociológico no Brasil tinha como marca registrada o estilo ensaístico. Indique o representante desse movimento:
    - a) Florestan Fernandes.
    - b) Gilberto Freyre.
    - c) Donald Pierson.
    - d) Fernando Henrique Cardoso.

## Atividades de aprendizagem

### Questões para reflexão

1. A música pode ser uma linguagem importante para emitir uma mensagem ou fazer um protesto, como o que acontece na canção *A carne**, de autoria de Seu Jorge e interpretada por Elza Soares, em cuja letra se equipara a carne dos negros à carne vendida para alimentação, tratando aquela como a mais barata do mercado. Com base nos conteúdos trabalhados neste capítulo sobre a questão racial no Brasil, analise a mensagem que os compositores quiseram transmitir com a referida metáfora.

2. Durante muito tempo, pensou-se o Brasil com base em teorias vindas da Europa ou da América do Norte, que foram desenvolvidas para pensar a realidade desses locais especificamente e que depois eram aplicadas ao contexto brasileiro. Somente no século XIX surgiu a preocupação entre os pensadores brasileiros de criar teorias novas – ou, ao menos, novas interpretações – que retratassem as especificidades do Brasil. Nesse sentido, reflita sobre a importância de haver uma produção nacional de ciências sociais, capaz de pensar as vicissitudes do contexto brasileiro.

---

\* Para conhecer a canção na íntegra, acesse: <https://www.letras.mus.br/seu-jorge/a-carne/>.

## Atividade aplicada: prática

1. Com o processo de institucionalização da sociologia, essa disciplina passou a constar nos currículos das escolas de ensino básico e, em função disso, houve uma grande proliferação de publicações na área, inclusive de manuais de Sociologia voltados para o ensino médio. Nesse contexto de ensino, é muito importante que o professor da disciplina de Sociologia conheça os materiais que estão à sua disposição para ministrar as aulas. Desse modo, pesquise nas escolas próximas a sua casa quais são os livros e manuais usados nessa disciplina. Procure saber também quem são os autores, quais são os temas ensinados e se existe algum conteúdo específico sobre autores do pensamento social brasileiro.

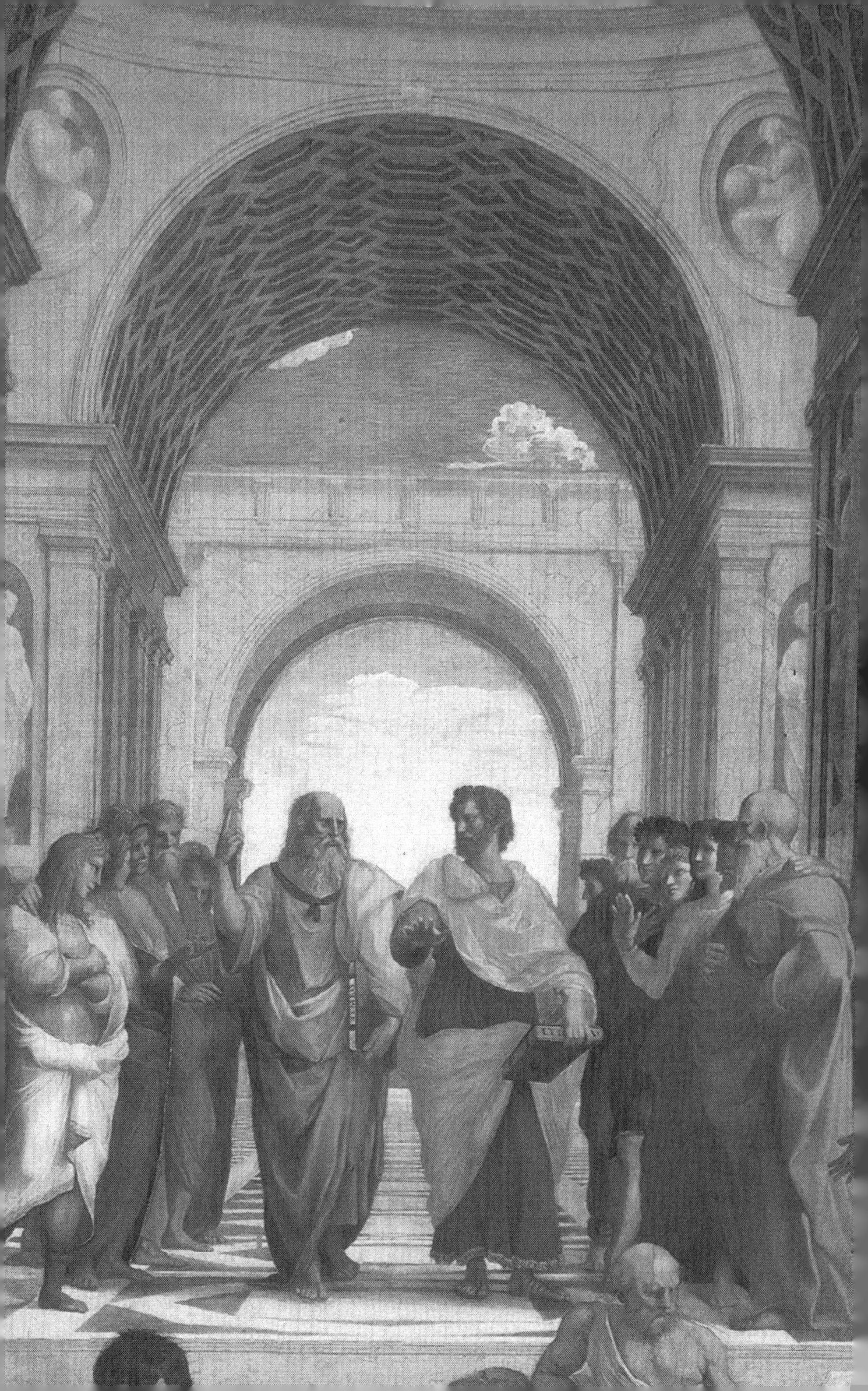

# 5

*Antropologia e as diferentes perspectivas da cultura*

Neste capítulo, trataremos da antropologia, em que ela se diferencia da sociologia e qual é seu objeto privilegiado de reflexões. Vamos buscar esclarecer o que é o etnocentrismo e quais são as perspectivas do relativismo cultural. Abordaremos os principais métodos da antropologia, assim como suas correntes teóricas mais evidentes. Por fim, retomaremos o debate sobre a dualidade entre natureza e cultura e destacaremos uma nuance interpretativa baseada na antropologia simétrica, no âmbito da qual recorreremos a diferentes perspectivas para problematizar a própria história da ciência.

## 5.1
## A especificidade da antropologia nas ciências sociais

Podemos afirmar, seguramente, que a antropologia é a área mais complexa de se definir entre as ciências sociais e é, ao mesmo tempo, em nossa perspectiva, a mais fascinante das três que apresentamos. O fascínio reside justamente na complexidade, na dificuldade de definição e na discussão incessante acerca da distinção entre a sociologia e a antropologia. A ciência política está solidamente delimitada em suas investigações sempre pertinentes; a sociologia amadureceu e suas revoluções são sua força; já a antropologia permaneceu desestabilizada durante algum tempo no século XX e agora parece se reestabilizar em sua "volta para casa" (Peirano, 2006).

Vamos retomar a discussão da relação entre sociologia e antropologia, porque quem está lendo este livro de forma sequencial acaba de sair de uma discussão das transformações do pensar e fazer sociológico. Passar assim, de pronto, do estudo de uma ciência para outra pode causar algum estremecimento. Então, qual é a diferença entre essas duas ciências? Temos lido e ouvido autores das duas áreas, e mesmo da filosofia, tentando iluminar uma diferença substancial, mas produzindo cada vez menos explicações razoáveis. Existem os que defendem que se trata de uma diferença de método, por exemplo, já que o objeto seria o mesmo. Outros, ao contrário, argumentam que o objeto difere. Aceitamos, com reservas, que possa existir uma diferença de método, mas defendemos que a diferença essencialmente está na **outridade cultural** que os estudos antropológicos buscam.

É nesse ponto que a antropologia se distingue da sociologia com maior força. É claro que o objeto não está separado de seu método e, por isso, alguns o evidenciam como principal diferença. Se formos a fundo nas metodologias apresentadas aqui, poderemos constatar, entretanto, que não existe essa exclusividade e um sociólogo poderia fazer uso do método etnográfico da antropologia em uma pesquisa. O que muda não é a forma de olhar, e sim o olhar, o pano de fundo da pesquisa. A sociologia busca perscrutar as estruturas e seus arranjos (ação), enquanto a antropologia visa revelar a especificidade do **outro cultural** para a análise comparativa, questionando desde sua fundação e perguntando por que e em que esse coletivo é diferente. Retomaremos esse aspecto mais adiante.

Enquanto a ciência política se concentra nas investigações das relações permeadas de poder e a sociologia na tensa relação dual entre indivíduo e sociedade, a antropologia passou por um processo distinto de consolidação. Talvez estejamos presenciando uma transição à maioridade da ciência. Mariza Peirano, em *A teoria vivida* (2006), mostra-nos como essa transformação intradisciplinar foi delicada: das investigações além-mar, ou seja, "a saída de casa", em que estudiosos dos países de centro investigavam a cultura dos outros povos nos estudos de alteridade – mais tarde, acusadas de colonizadoras –, para as investigações antidisciplinares dos chamados *studies\* (feminist studies, media studies, cyborg studies, science and technology studies* etc.) (Peirano, 2006; Boivin; Rosato; Arribas, 2004).

Retomando a história das ciências, podemos considerar que o pensamento que anima as ciências sociais como um todo existe desde a Antiguidade. Sempre que uma reunião de pessoas acontece, formam-se as relações de poder, um questionamento da liberdade dos indivíduos sobre seus valores absolutos e sobre as diferenças entre elas (Eriksen; Nielsen, 2007). Institucionalmente, porém, na forma de ciência como

---

\* Os estudos feitos no âmbito das investigações antidisciplinares incluem estudos de gênero, ciborgue e tecnologia, estudos da comunicação e mídia de massa e estudos de comunicação científica.

a produzimos e reproduzimos hoje, só podemos dizer que as ciências sociais existem a partir da Idade Moderna. Nesse sentido, a antropologia como ciência data do final do século XIX, e as três vertentes das ciências sociais (antropologia, sociologia e ciência política) são um produto da modernidade.

A verdade é que as trajetórias de produção do conhecimento das diversas áreas da ciência ajudaram a formular o conhecimento antropológico. As investigações da biologia, da psicologia, da história e, mais tarde, da sociologia contribuiram para a composição desse objeto de conhecimento que investiga as distâncias sociais e culturais. Quem nos auxilia a iluminar o escopo da antropologia, uma vez realizada essa tessitura científica, é Franz Boas, quando afirma que "talvez possamos definir melhor nosso objetivo como uma tentativa de compreender os passos pelos quais o homem tornou-se aquilo que é biológica, psicológica e culturalmente" (Boas, 2006, p. 88).

As investigações sobre o humano (ou cultura) e a natureza atravessam os vários momentos da ciência. Entretanto, temos de observar que, mesmo quando a antropologia gira o compasso da perspectiva e centra a investigação no humano, apesar de constituir um "evento considerável na história do pensamento", como observou François Laplantine (2007, p. 9), ela continua reproduzindo a separação entre natureza e cultura. Esse tema será examinado em mais detalhes na Seção 5.5 deste capítulo.

No momento em que a ciência antropológica surgiu, a investigação centrou-se em sociedades longínquas – consideradas, então, de dimensões restritas, com poucos vizinhos e inferiores tecnologicamente –, que provocavam a curiosidade de pensadores europeus e posteriormente norte-americanos – econômica e culturalmente mais desenvolvidos – interessados em buscar maior conhecimento sobre os processos internos de suas próprias sociedades, por meio de comparação. Aos poucos, essas investigações foram se reinventando e, atualmente, muitas perspectivas atuam ainda em consonância com esse modelo inicial, porém convivendo com outras, como mencionamos anteriormente, nas quais os *studies*, por exemplo, ganharam espaço, no contexto do que chamamos *corrente pós-estruturalista*.

São esses dois processos que estamos chamando ao longo deste texto de *sair de casa* e *voltar para casa*. No primeiro momento, em que os antropólogos "saíram de casa" e foram aos trópicos realizar suas pesquisas, o desejo era encontrar o diferente e retratá-lo, fazendo-se isso de modo comparativo e tomando-se a própria cultura do pesquisador como padrão. Esse processo ganhou o nome de *etnocentrismo*, o qual vamos abordar na Seção 5.2. Já o que chamamos de *volta para casa* tem base na percepção de que o antropólogo pode estranhar a própria cultura, o que lhe é familiar, e assim desenvolver pesquisas sobre a alteridade na própria sociedade de que faz parte.

A especificidade da antropologia, portanto, está em sua busca pela diferença por meio das observações culturais que foram realizadas, desde seu estabelecimento como ciência. É na perseguição desse objeto nada estático que o antropólogo encontra seu fazer, sua teoria e sua prática.

Não enfocaremos as tensões específicas que permeiam o conceito de *cultura* neste capítulo, pois fugiria ao assunto proposto. Optamos por apresentar os temas gerais que animam a ciência antropológica, como as relações entre etnocentrismo e relativismo cultural, os métodos da antropologia e suas perspectivas teóricas principais, e por fim examinaremos uma das perspectivas do sensível debate entre cultura e natureza.

## 5.2
### Etnocentrismo e relativismo cultural

Nesta seção, vamos apresentar sucintamente algumas perspectivas relacionadas ao etnocentrismo e ao relativismo cultural, apontando alguma conceituação no âmbito dessas correntes teóricas e, ao mesmo tempo, algumas posturas morais. Não pretendemos fazer uma longa e profunda discussão sobre as potencialidades e consequências dessas posturas epistêmicas, mas apenas dar algumas pistas fundamentais para quem queira aprofundar-se nas questões epistemológicas e ontológicas aqui envolvidas.

A noção etnocêntrica do mundo parece ultrapassada, porém, no limite, marca forte presença no campo científico. As reações a essa forma de preconceito e dominação, presente em algumas produções científicas, podem ser encontradas na discussão das perspectivas pós-coloniais, apresentadas no Capítulo 3. O **etnocentrismo**, de modo geral, "consiste em rejeitar as formas culturais mais distintas e distantes das que nos são próprias ou familiares" (Sánchez Durá, 2013, p. 30, tradução nossa).

Essa leitura de mundo que marcou e marca presença no campo an-tro-po-lógico é a que classifica o "outro" como selvagem, excluindo-o do chamado *meio cultural* e afastando-o para a natureza, animalizando-o. Com essa concepção de **centro de referência ideal-típico**, o etnocentrismo determina, às vezes de maneira inconsciente, as formas de ser, aquilo que é considerado válido e correto para todas as formas de manifestações culturais alheias. Nesse sentido, busca evidenciar exageradamente o exótico, objetivando transformá-lo em algo próximo ao ridículo.

A postura etnocêntrica tem como pilar um pensamento de base evolucionista, que acredita que todas as sociedades passam pelos mesmos estágios de desenvolvimento e devem chegar a um mesmo destino evolutivo. Assim, quando os antropólogos dessa vertente realizavam suas viagens de estudos, levavam consigo os padrões ocidentais (em geral, os europeus) e chegavam à conclusão de que as novas sociedades estudadas eram primitivas ou atrasadas.

Podemos, assim, perceber variações e o alcance do etnocentrismo, por exemplo, se pensarmos nas colonizações inglesa, espanhola e portuguesa sobre os povos ameríndios, porém podemos ainda vê-los presentes nas formas de produção de conhecimento e em sua difusão. Devemos também pensar nos modelos de concorrência acadêmica, nas divisões de gênero, raça e etnia presentes na academia e mesmo no formato da produção, que privilegiam os moldes europeus e norte-americanos. Ou seja, tanto o indígena ou o negro das colônias quanto o subalterno descrito por Gayatri Spivak (2010) são impedidos de falar. Nessa mesma linha, não podemos desconsiderar a hierarquia entre formas de saber que posicionam o racionalismo em um patamar superior ao do senso comum. Ainda pensando sobre as manifestações atuais de etnocentrismo, a globalização também pode ser compreendida como colonizadora.

Uma alternativa à visão determinista de uma cultura "ciumenta" de si, que se revela no etnocentrismo, é a relativização das culturas. Podemos definir o **relativismo cultural** como a perspectiva que considera relativas as formas de ser humano do "outro", suas racionalidades, suas verdades, seus valores, suas linguagens, suas teorias, seus esquemas conceituais e seus contextos de referência (Sánchez Durá, 2013). O avanço do conceito de *cultura* abriu as portas para o relativismo. Quando foi possível transcender o que se entendia por *distinção cultural* – ou seja, quando se aceitou o conceito de que práticas culturais específicas devem ser respeitadas e quando se admitiu a noção de *eterno projeto cultural* –, abriram-se as portas à alteridade, que é a chave da especificidade antropológica (Laplantine, 2007). Ressaltemos que, tanto no etnocentrismo quanto no relativismo cultural, a diferença é o que orienta a produção do conhecimento antropológico.

Sánchez Durá (2013, p. 45, tradução nossa), ao problematizar as duas visões, afirma que "o relativismo, além de ser uma tese teórica, é uma atitude pragmática e moral recomendável". Desse modo, fica evidente qual a posição ideal na teoria antropológica e nas demais correntes, dentro e fora das ciências sociais. O caso é que não podemos nos deixar enganar quanto ao alcance do etnocentrismo e aos limites do relativismo em nossas próprias práticas e avaliações. Não podemos esquecer que o etnocentrismo envolve dominação sobre o diferente a partir de um referencial de superioridade, e isso não tem exclusivamente uma direção unilateral. Talvez as questões que se coloquem com base nessas tensões sejam se a abertura do conceito fluido de cultura, da eterna construção de uma população, é sempre clara e dada e se em todos os momentos o relativista se mantém relativista.

## 5.3
### Dimensões teórico-metodológicas da pesquisa antropológica

*Antes de nos* voltarmos para a apresentação dos principais métodos de pesquisa da antropologia, gostaríamos de enfatizar as palavras da professora Mariza Peirano, da Universidade de Brasília: "A teoria é o par inseparável da etnografia, e o diálogo íntimo entre ambas cria as condições indispensáveis para a renovação e sofisticação da disciplina" (Peirano, 2006, p. 7). No âmbito das ciências sociais, essa é a única área em que poderíamos assegurar que o conhecimento não é produzido em separado de seu objeto, ou melhor, dos estudos de campo ou da pesquisa propriamente dita.

Vejamos mais uma leitura possível nesse sentido, formulada por Laplantine (2007, p. 149, grifo do original):

*A abordagem antropológica de base [...] provém de uma ruptura inicial em relação a qualquer modo de conhecimento abstrato e especulativo, isto é, que não estaria baseado na* OBSERVAÇÃO DIRETA DOS COMPORTAMENTOS SOCIAIS A PARTIR DE UMA RELAÇÃO HUMANA *[...] só se pode fazê-lo [produzir a reflexão antropológica]* COMUNICANDO-SE COM ELES, *o que supõe que se compartilhe sua existência de maneira durável.*

No Capítulo 1, apresentamos os principais fundamentos metodológicos das ciências sociais. Assim como assinala Bela Feldman-Bianco (2010), esses métodos são válidos para todas as áreas aqui discutidas, inclusive a antropologia, porém a particularidade da necessária teoria vivida é característica essencial desta última.

Em vista da necessidade primeira de a investigação antropológica envolver a prática de campo em diálogo com a teoria, atribuindo maior importância à primeira e considerando que os métodos já foram descritos anteriormente, vamos nos deter aqui nessa essencialidade da antropologia, com maior atenção ao método etnográfico e suas relações com a etnologia.

A etnografia, explica Carmem Lúcia Guimarães de Mattos (2011), surgiu na transição do século XIX para o século XX com a perspectiva de uma observação dialética e holística dos diferentes modos de vida das pessoas – lembramos que a palavra *diferença* é o pano de fundo da ciência antropológica. Assim, Mattos (2011, p. 53) define a etnografia como a "especialidade da antropologia que tem por fim o estudo e a descrição dos povos, sua língua, raça, religião, e manifestações materiais de suas atividades, é parte ou disciplina integrante da etnologia".

Em Laplantine (2007), os termos *etnografia* e *etnologia* podem ser confundidos como se tivessem a mesma definição. Julgamos importante, apesar da proximidade entre as práticas, mapear a distinção entre os termos, para que não incorramos em possível erro de definição. Em Mattos (2011) encontramos essa diferença pormenorizada e suas sutis perspectivas epistemológicas explanadas.

A palavra *etnografia* é de origem grega e significa "descrever uma sociedade". Nesse caso, a etnografia é uma especialidade da ciência antropológica, já que esta ciência objetiva descrever os povos em suas características peculiares. Neste ponto, não podemos escapar de nos remeter a Clifford Geertz, o qual afirma que "em antropologia [...] o que os praticantes fazem é a etnografia", sublinhando mais adiante: o que define a etnografia "é o tipo de esforço intelectual que ele representa: um risco elaborado para uma 'descrição densa'" (Geertz, 1989, p. 15). Essa descrição é um risco porque nunca retrata com perfeição a realidade social. A descrição densa exige boa capacidade de observação, conhecimento amplo do contexto e da situação envolvidos no estudo, sensibilidade e imaginação científica de quem realiza o relato – outra menção à imaginação sociológica de Wright Mills, que citamos anteriormente.

Já a palavra *etnologia*, também originária do grego, significa "estudo de outros povos" – a palavra grega *elenoe* (helenos) se referia ao povo grego, enquanto *etnoe* (etnia) se referia a todos os outros povos. Dessa forma, "etnologia é o termo usado para o estudo sistemático ou científico sobre o outro. O estudo comparativo sistemático da variedade de outros povos diferentes do nosso" (Mattos, 2011, p. 52). É importante perceber que essa diferença epistemológica não implica separação entre os dois processos metodológicos. Eles são diferentes, sim, em essência, mas um etnólogo possivelmente tem condições de realizar etnografia e vice-versa.

Para clarearmos as definições de *etnografia* e *etnologia*, bem como a relação entre elas, apresentaremos um estudo realizado por pesquisadores brasileiros para cada caso. Vamos começar com a etnografia desenvolvida por Verena Sevá Nogueira (2013), que buscou investigar o trabalho assalariado entre famílias camponesas. Para tal, a pesquisadora fez uso de uma etnografia realizada nos anos de 2007, 2008 e 2009 em Aracatu (Bahia), na qual conseguiu observar e descrever as relações das famílias que precisavam migrar durante parte do ano (cerca de quatro meses) para trabalhar nas lavouras de café na Região Sudeste do Brasil. Foi por meio da imersão etnográfica que Nogueira conseguiu observar o processo de fechar a casa, tomar um ônibus para o "tempo do café" e depois retornar, tendo a vida assim dividida em dois tempos e dois lugares, que não respeitam o tempo do relógio, mas somente o tempo das plantações.

Como exemplo de etnologia, destacamos a problematização feita por João Pacheco de Oliveira (1998) sobre uma possível etnologia dos "índios misturados". Em seu texto, o autor apresenta o fato de que os índios do Nordeste brasileiro foram pouco estudados, não havendo trabalhos especializados disponíveis sobre o assunto, pois eram considerados um objeto menor. Assim, Oliveira busca subsídios para lidar com esse objeto, reunindo textos dos cânones da antropologia, assim como estudos etnográficos realizados com esses povos, formando um conjunto de informações que constituiria uma etnologia dos índios do Nordeste.

Como podemos perceber, não há como separar inteiramente etnografia e etnologia, sendo ambas fundamentais para atingir o objetivo da antropologia de conhecer os eventos, os fatos, os acontecimentos, os textos dos quais o campo de pesquisa é feito. Mas como alcançar o campo pesquisado? Como realizar uma etnografia? Peirano (2014) responde a essa questão apontando três condições que devem estar presentes em uma boa etnografia:

1. Considerar as comunicações no contexto da situação em que ocorreram.
2. Passar para a linguagem escrita tudo o que foi vivido na pesquisa de campo, transformando-se a experiência em texto.
3. Detectar a eficácia social das ações nas análises.

Entretanto, não há receita a seguir, e realizar uma pesquisa etnográfica é sempre um desafio para o antropólogo que entra em campo para pesquisar.

## 5.4
### Principais perspectivas teóricas da antropologia

Nesta seção, vamos abordar algumas das principais perspectivas teóricas da antropologia. Para realizarmos essa tarefa, fizemos a opção de tomar a obra de François Laplantine (2007), *Aprender antropologia*, como referência. Nessa obra, o autor faz uma discussão ampla da antropologia, em busca de proporcionar uma boa introdução para quem deseja compreender as perspectivas antropológicas. O autor apresenta um pouco da história da antropologia, destacando suas tensões em suas principais fases.

Vale ressaltar que nunca é possível descrever uma perspectiva teórica em sua totalidade ou com o rigor que ela merece. Para isso, seria necessário um ou mais livros dedicados exclusivamente a cada vertente – na linha da máxima "um tema, um texto". Assim, com a tranquilidade de que não podemos esgotar as correntes de pensamento antropológico, vamos abordá-las com algumas referências de apoio.

Laplantine (2007) opta por organizar as perspectivas teóricas nestas cinco categorias: antropologia simbólica; antropologia social; antropologia cultural; antropologia estrutural e sistêmica; e, por fim, antropologia dinâmica. A essa classificação acrescentaremos uma sexta, para dar conta dos debates atuais na área: a antropologia simétrica.

## 5.4.1 Antropologia simbólica

A perspectiva da antropologia simbólica tem como objeto a "região da linguagem que chamamos símbolo e que é o lugar de múltiplas significações, que se expressam em especial através das religiões, das mitologias e da percepção imaginária do cosmos" (Laplantine, 2007, p. 105). Trata-se da compreensão da cultura dos povos e suas mudanças com base nos significados peculiares dos símbolos que organizam as práticas sociais particulares e universais, o que se chama *inconsciente coletivo*.

Busca-se, portanto, a compreensão do objeto do ponto de vista do sentido (Laplantine, 2007). É na observação da sociedade que, com base nessa perspectiva, se apreende o significado das instituições que dela fazem parte, por meio dos símbolos que elas produzem. A corrente simbólica se volta, assim, para a vida mental, para as representações coletivas, sob a noção de imaginário por meio das produções materiais. Dessa maneira, ela se constitui em uma corrente ampla de "tendências e tópicos em que as noções de *símbolo* e *interpretação* são centrais ou, ao menos, têm um lugar importante nos esquemas analíticos e metodológicos" (Wright; Cernadas, 2007, p. 326, tradução nossa, grifo do original).

Tomando a posição de defesa da interdependência entre as pessoas e os símbolos, o antropólogo estadunidense Clifford Geertz (1926-2006) foi um dos grandes nomes da antropologia simbólica. Em obras como *A interpretação das culturas* (1989) e *Nova luz sobre a antropologia* (2001), Geertz mostra como a cultura pode ser entendida como um texto no qual os humanos estão imersos e que pode ser lido pelos antropólogos em seus estudos.

Essa escola que se formou ao redor de Geertz – ainda que o autor rejeitasse o papel de cânone –, além de receber a alcunha de *simbólica*, às vezes também é conhecida como *antropologia interpretativa*.

Lilia Schwarcz (2001) identifica como grande trunfo desse grupo a capacidade de revelar a singularidade de outros povos, ao examinar a estrutura e o alcance da experiência humana, tendo como base a ideia de que o significado se dá sempre em contexto.

### 5.4.2 Antropologia social

A antropologia social tem muitas similitudes com o conhecimento e a investigação próprios da sociologia. Trata-se de um segmento de investigação e análise que objetiva conhecer "a organização interna dos grupos, a partir da qual podem ser estudados o pensamento, o conhecimento, a emoção e a linguagem" (Laplantine, 2007, p. 106). Por meio da antropologia social, busca-se apreender as razões de certo costume e como funcionam as instituições, como igreja ou família, ou, mais ainda, como a classe social atua estruturalmente no conjunto contextual e também global.

No entanto, explica Laplantine (2007, p. 116, grifo do original), "as produções simbólicas são simultaneamente produções sociais que sempre decorrem de práticas sociais. Não devem ser estudadas em si, mas enquanto **representações** do social". Em vista da proximidade com as investigações sociológicas, vários autores de peso da antropologia defendem que, quando se investiga com essa perspectiva, não é possível distinguir as duas ciências.

Um dos autores da antropologia social que se aproxima bastante da sociologia é o britânico Alfred Radcliffe-Brown (1881-1955), que defende um projeto de antropologia como ciência de análise comparativa das sociedades com base em noções como função e estrutura social. Para esse autor, o antropólogo deve buscar compreender os processos de manutenção da forma de vida social de um grupo humano, bem como as modificações que podem vir a ocorrer nesse mesmo grupo (Radcliffe-Brown, 2013).

Outro nome que podemos citar nessa perspectiva é Bronislaw Kasper Malinowski (1884-1942), um antropólogo polonês que desenvolveu estudos nos quais buscava descrever todos os aspectos da vida nativa, como a economia, as instituições, a organização social e as cerimonias, pois compreendia a cultura como um todo, sendo impossível destacar algum aspecto. Nessa perspectiva, Malinowski (1978) escreveu um dos clássicos da antropologia, o livro *Os argonautas do Pacífico Ocidental*, na qual relata a cultura nas Ilhas Trobiand.

### 5.4.3 Antropologia cultural

Os autores que forjaram a perspectiva da antropologia cultural para produção de conhecimento se empenharam para escapar do sociologismo que era atribuído à antropologia social e dedicaram seus esforços ao estudo do comportamento dos próprios indivíduos, superando a análise institucional e girando sua lente em direção da manifestação da cultura. Laplantine (2007, p. 120) observa que, para essa corrente, a cultura de um grupo deve ser considerada "sob o ângulo dos caracteres distintivos que apresentam os comportamentos individuais dos membros desse grupo, bem como suas produções originais (artesanais, artísticas, religiosas...)".

Nesse caso, a análise etnográfica exige do observador atenção aos comportamentos particulares dos membros, às maneiras específicas de pensar e a toda forma de ação social inserida no código de uma cultura específica. Assim, o antropólogo investiga os traços que são distintivos dentro de uma mesma cultura, por meio dos comportamentos de seus indivíduos, em busca da identificação das normas que vão se modificando e também das permanências.

A antropologia cultural tem como grande nome o teuto-americano Franz Boas (1858-1942), que, em uma viagem de estudos ao Canadá, para estudar os esquimós, descobriu-se antropólogo quando percebeu a importância da cultura no processo de adaptação das pessoas ao ambiente. A partir de então, a antropologia do autor se voltou ao estudo de grupos específicos e suas respectivas culturas.

Assumindo uma posição crítica em relação às teorias evolucionistas e aos grandes esquemas explicativos, Boas (2006) propõe uma metodologia que se dedique ao estudo da dinâmica e das mudanças em uma única sociedade. Na coletânea *Antropologia cultural* (Boas, 2006), fica clara a proposição do autor de que essa corrente deveria preocupar-se em esclarecer os processos de um grupo cultural, com sua história única e singular, em vez de estabelecer leis gerais que expliquem toda a civilização.

### 5.4.4 Antropologia estrutural e sistêmica

No âmbito do esquema teórico de produção e investigação da antropologia estrutural e sistêmica, a busca é pela lógica de funcionamento da cultura. Isso significa que "as culturas são apreendidas, ou melhor, tratadas, em um nível que não é mais dado, e sim construído: o do sistema" (Laplantine, 2007, p. 129). Apesar de existirem variações de escolas de pensamento dentro dessa corrente, vamos tratá-las aqui de um modo geral, como que traçando um fio que unifica a antropologia da comunicação, a etnopsiquiatria e o estruturalismo francês.

É preciso registrar que essa busca de unidade é uma instrumentalização nossa e é muito sintética – em toda síntese, perde-se um mundo de coisas. No entanto, entendemos que a descrição de cada corrente foge aos princípios de um livro de fundamentos, em que é mais adequado concentrar-se no pano de fundo se cada uma, que é a base na qual o pensamento em questão se apoia. Os estudiosos mais ortodoxos certamente não concordariam com essa opção e esse é um risco que, desde já, assumimos.

Em nossas investigações, para tratarmos dessa linha condutora da corrente estrutural, verificamos que a comunicação entre indivíduos certamente é um elo, porém, mais que isso, que os traços inconscientes dessa comunicação são de interesse dessas correntes (cada uma a seu modo). É na estrutura da linguagem (vocalizações, gestos, expressões corporais, silêncios etc.) e no modo como é forjada e mobilizada que se concentra essa corrente, com o objetivo de identificar traços específicos que estruturam determinada organização social.

Essa corrente busca investigar, por meio desses traços característicos, como uma sociedade específica organiza suas relações de trocas comerciais e amorosas, como organiza e considera suas relações de parentesco e como estrutura, por fim, suas concepções de mundo, que, em uma retomada do pensamento durkheimiano, fazem parte de um sistema no qual as estruturas estão postas e orientam aquelas interações culturais e sociais, desde um inconsciente universal (Laplantine, 2007).

No contexto dessa corrente, destacamos dois autores, pela importância e fecundidade do pensamento: Marcel Mauss (1872-1950) e Claude Lévi-Strauss (1908-2009). O francês Mauss recebeu influência direta em sua obra de seu tio, Émile Durkheim, sendo que eles chegaram a trabalhar juntos, como no texto *Algumas formas primitivas de classificação*, em que discutem as formas de organização de uma sociedade em clãs totêmicos.

Mauss desenvolve também a noção de *aliança*, que é um dos fundamentos das relações na sociedade. Nessa perspectiva, apresentada na obra *Ensaio sobre a dádiva* (Mauss, 2011), o autor retrata a vida social das pessoas como atos de dar e retribuir, tendo esses atos caráter obrigatório na sociedade. Apesar de cada grupo constituir essas trocas e alianças de modo particular, elas estão presentes em todas as sociedades – seja em forma de presentes, de sacrifícios ou mesmo de relações de hospitalidade.

Quanto a Lévi-Strauss, esse autor tem uma importante obra dedicada aos estudos de parentesco, com embasamento na linguística e na teoria freudiana do inconsciente. Philippe Descola (2009) demarca quatro características importantes do trabalho de Lévi-Strauss:

1. abandono do plano consciente dos fenômenos investigados com o objetivo de privilegiar a observância des suas estruturas inconscientes;
2. foco, por parte do pesquisador, não nos termos em si como objeto, mas nas relações que os unem;
3. demonstração de como essas relações formam um sistema;
4. busca por leis gerais.

Com base nessas características, a antropologia estrutural e sistêmica desenvolve um método capaz de possibilitar o conhecimento de qualquer fenômeno social e cultural.

## 5.4.5 Antropologia dinâmica

Para Laplantine (2007, p. 140), o que diferencia as correntes anteriores dessa "antropologia, que qualificamos aqui de dinâmica, é sua reação comum frente à orientação, do seu ponto de vista conservadora", que, como mencionamos, pode ser percebida nas outras tendências. Na verdade, a premissa dessa corrente é sair da discussão acerca de povos primitivos e povos civilizados e procurar dar um passo adiante, buscando horizontalizar essas concepções e conectar as análises desde as relações de dependência religiosa, militar, tecnológica, linguística etc. das sociedades.

A principal virtude dessa corrente de pensamento foi contribuir com uma direção nova de pesquisa, que escapa das preocupações tradicionais dos etnólogos e etnógrafos com os povos ditos *tradicionais*, e realizar um movimento de interesse de investigação voltado a outras sociedades, outros lugares de interação. Nesse sentido, "a cidade, em especial, [torna-se um] lugar privilegiado de observação dos conflitos, das tensões sociais e das reestruturações em andamento" (Laplantine, 2007, p. 146). Isso quer dizer que, nessa perspectiva, o antropólogo passa a se preocupar com questões de sua própria sociedade.

Essa corrente, por surgir em um momento temporal posterior ao das outras, consegue fazer a crítica às teorias clássicas em antropologia, problematizando, tornando mais complexa e reorientando sua agenda. Assim, ao levar o pesquisador a se interessar por sua própria sociedade, a antropologia dinâmica opera uma transformação no objeto de estudo e na prática de pesquisa nesse campo.

No contexto dessa corrente, podemos citar o trabalho de Max Gluckman (2011) intitulado *Rituais de rebelião no sudoeste da África*. Nessa obra, o autor apresenta diversos rituais e cerimônias que acontecem na Zululândia, na Suazilândia e em Moçambique, como os de início da época do plantio ou na colheita, para demonstrar as tensões sociais presentes no grupo. Assim, delineia-se a preocupação de Gluckman com a dinâmica que envolve os papéis cerimoniais das pessoas, as categorias dessas pessoas e os grupos sociais, além das relações de uns com os outros.

## 5.4.6 *Antropologia simétrica*

A antropologia (e a ciência como um todo), a partir da modernidade, lida com uma divisão em pares irreconciliáveis, como cultura e natureza, ou humano e não humano, sendo que a ciência antropológica se dedica a pensar os primeiros termos desses pares, ou seja, pensa a cultura em detrimento da natureza, estuda o humano e deixa de lado o não humano. Diante desse cenário, surgiu a antropologia simétrica, para fazer a reconciliação e equilibrar os dois lados da balança, estudando, pesquisando e problematizando também os termos que não eram tratados.

Eduardo Viveiros de Castro (2012) salienta que não se trata de um processo de igualar os pares, encontrando-se semelhanças entre os nativos e os antropólogos, por exemplo. A diferença existe e precisa ser resguardada. O processo de simetrização consiste em uma operação descritiva que visa tornar contínuas as diferenças entre todos os termos analíticos e, na antropologia especialmente, revelar a diferença entre a cultura do antropólogo (teoria) e a cultura do nativo (vida), sem privilegiar epistemologicamente nenhuma das duas.

Bruno Latour (1947-) é um dos grandes representantes dessa corrente da antropologia. Na obra *A vida de laboratório*, Latour, ao lado de Steve Woolgar (1997), busca desenvolver uma pesquisa simétrica sobre os cientistas em ação e a produção de fatos científicos. A simetria aparece nesse estudo em duas frentes:

1. quando os autores demonstram que, para fazer ciência (cultura), os objetos (natureza) são agentes também, seja esse objeto um microscópio, seja um simples béquer de vidro;
2. ao ressaltarem a existência dos erros nas pesquisas científicas, os quais nunca são citados – somente os acertos aparecem publicados nas páginas das revistas científicas.

O ponto de mutação, nessa perspectiva, é perceber como a ciência foi apreendida e como está sendo reproduzida. Vamos além: é perceber como o sistema de pensamento opera desde as estruturas que lhe foram estabelecidas. O que os teóricos da simetria defendem é que se reconecte aquilo que usualmente não se considera. Relembramos que o mexicano Enrique Leff (2012) afirma que o ambiente (a Natureza) foi lançado para o extraterritório da ciência e que a crise ambiental advém disso, desse esquecimento, dessa ausência do outro ambiental no horizonte do pensamento. Se concordarmos com Leff, que a crise ambiental é resultado disso e que, portanto, é uma crise do conhecimento, podemos nos perguntar o motivo da relutância em reconectar a produção de conhecimento às coisas que traçam nossas linhas de vida.

## 5.5
## *Relações dialéticas entre natureza e cultura*

Nesta seção, *não* pretendemos fazer uma revisão exaustiva sobre a metamorfose dos conceitos de *natureza* e *cultura* em qualquer episteme. O que desejamos demonstrar, neste ponto, é uma das várias perspectivas que abordam as tensões entre natureza e cultura para estudos da vida social. É importante assinalar que não é incomum encontrar múltiplas definições desses conceitos, sobretudo quando o pesquisador se volta à análise dos textos que discutem as questões socioambientais.

Contrariamente, é bastante frequente encontrar a definição de *natureza*, por exemplo, como algo claro e certo, inexorável, que aparece de um modo ideal-típico como um ambiente preservado ou conservado com pouca interferência humana, muitas árvores, rios e animais. O socioambiente estaria constituído, dessa forma, na separação entre seres humanos e natureza e, mesmo quando os textos se dedicam a analisar os sujeitos do campo, da zona rural, essa assimetria é observável, ainda que latente.

Essa forma de pensar as coisas em separado provém, sobretudo, do modelo cartesiano de fazer ciência, que separa, de modo abissal, humanos e todas as outras coisas, considerando-se benefício do pensar (Ingold, 2012). Esse modelo gerou crises na epistemologia moderna e já foi discutido e criticado em demasia pelos estudiosos da ciência, como Thomas Kuhn (1962) e Karl Popper (1986), entre muitos outros. É dessa forma que o processo de fazer ciência relegou várias coisas ao limbo, as quais, uma vez assim naturalizadas e estabelecidas, foram esquecidas. Esse é o caso, por exemplo, das discussões de gênero e das questões ambientais (Leff, 2012).

É, portanto, na corrente simétrica que essa discussão se abre para duas perspectivas, que serão abordadas aqui de maneira breve, já que no momento não passam de apontamentos epistêmicos que orientam nossas inquietações teóricas, políticas, filosóficas e sociais:

1. A primeira é questionar a ciência moderna, que estabelece essa separação.
2. A segunda, como saída da primeira, é mobilizar um arcabouço epistemológico antimoderno (antidualista), ou seja, que lance as bases reflexivas para essa reunião entre humanos e não humanos, entre cultura e natureza.

Vale ressaltar que existem esforços no âmbito da sociologia e da antropologia, principalmente, no sentido de não desvincular o humano de seu ambiente, de seu contexto, de suas condições de possibilidade, nas quais seu comportamento é pautado, encenado por ele, como bem frisou o britânico Anthony Giddens (2009). Porém, esse ponto de partida, apesar de ser indispensável ao analista socioambiental, vem, na maioria das vezes, carregado de dualismos e separações, ou, como diriam Latour e Woolgar (1997), a produção em laboratório dos fatos científicos vem sempre permeada de assimetrias entre o ator humano e o ambiente em que se produzem esses fatos.

Apesar de os cientistas sociais considerarem o ambiente em que se encena a ação dos agentes, dos sujeitos, dos atores, dos indivíduos – quer dizer, o conceito concernente à epistemologia sociológica do analista –, o ambiente acaba, muitas vezes, aparecendo como inativo ante um humano que age sobre ele. Basta observar a agenda do *Relatório Brundtland* (Lago, 2007), por exemplo, em que se discute o conceito de *sustentabilidade* essencialmente pensando-se em atores humanos e seus efeitos sobre o planeta Terra – ainda que se apele para a noção de interdependência.

Nessa esteira é que nesta obra nos dedicamos a expor o argumento geral de que a natureza pode ser pensada como ator, ou melhor, como actante viva nas relações e decisões de deslocamentos humanos, ou seja, que os fenômenos culturais podem ser pensados desde a agência de elementos não humanos, que, de modo geral, não se consideram como presentes análises.

As ciências sociais, como produto da modernidade, não levam em conta a interpenetração entre natureza e cultura. É importante notar que a noção de *natureza* que os autores da corrente pós-estruturalista utilizam é um conceito amplo, que, em uma definição seguida, considera a ação de tudo aquilo que não é humano, coisas e objetos, como mostraremos mais adiante.

Assim, de partida, podemos pensar da mesma maneira que Latour (1994, 2012), para quem a natureza é compreendida como as coisas-em-si, já que ele se furta a adentrar a distinção entre objetos ditos *naturais* e objetos transformados pelo ser humano. Por exemplo, quando Latour e Woolgar (1997) analisam a dinâmica de um laboratório científico e sua produção de fatos, constatam as **assimetrias da ciência** na produção e elaboração desses fatos.

Para apresentar de modo rápido uma tradução do que é proposto em *Vida de laboratório*, utilizamos a obra *Jamais fomos modernos*, na qual Latour (1994) demonstra essa assimetria com base em três princípios. O primeiro é aquele em que se constroem e descrevem os fatos científicos, momento no qual só o resultado aparece, nunca o processo ou os elementos e objetos que possibilitaram a experimentação (ou invenção) do fato científico comprovado. Isso quer dizer que o fenômeno demonstrado só aparece como fato científico na etapa final, em que venceu, por assim dizer, por meio do acerto na condução dos procedimentos e nunca carregando consigo os erros produzidos no processo de descoberta.

O segundo princípio de assimetria consiste na proposta de Latour (1994) para que se estudem, ao mesmo tempo, a produção dos humanos e a dos não humanos em qualquer relação social. Ou seja, o autor considera que em qualquer interação se deve observar a interdependência entre humanos e objetos, entre natureza e cultura, e que os estudos sobre a sociedade desconsideram a presença da natureza (coisas-em-si), que para ele são indissociáveis. O mesmo princípio se encontra em Donna Haraway (2009) quando utiliza a noção de *ciborgue* para descrever a junção de humanos com máquinas e acessórios (como *chips* eletrônicos, óculos, pinos metálicos etc.) e também produtos que ingerimos quando nos alimentamos, nos drogamos ou nos medicamos, sem o que não sobreviveríamos, mas que carregam consigo inúmeros componentes que nem imaginamos. Lembramos que essa discussão aparece indiretamente em Ulrick Beck (1997), quando trata da sociedade de risco, em que consumimos cada vez mais coisas sem nos darmos conta nem de seus componentes nem de sua origem.

O terceiro princípio trata da não distinção entre os ocidentais e os outros povos quando objeto de estudos das ciências sociais. Nesse sentido, o autor faz uma crítica ao fato de antropólogos fazerem pesquisas nos trópicos de um modo distinto daquele empregado nos estudos efetuados nas comunidades ocidentais, ou seja, em suas próprias sociedades. Essa é a razão pela qual Latour e Woolgar (1997) realizaram estudos em laboratório nos Estados Unidos, por exemplo. Essa é a defesa de uma antropologia que "volta para casa".

Nessa mesma direção, a de derrubar as trincheiras entre natureza e cultura, Jacques Derrida (2011) chama a atenção para o fato de que a natureza foi dominada pelos homens desde a religião, passando pelo mito, até a constituição da ciência. Em um belo texto filosófico, o autor reflete profundamente sobre o domínio do humano sobre as plantas e os animais, não obstante o ser humano ter sido criado depois de tudo – isso tomando o criacionismo como referência de análise. Desde esse ponto, do domínio autorizado ao humano pelo Criador sobre todas as coisas, a natureza entristece e emudece. Derrida (2011) argumenta que a natureza não é triste porque muda, e sim muda porque é triste, dominada, sem o direito de nomear-se a si. Nas palavras do autor,

> *ser nomeado [...], e mesmo quando aquele que nomeia é um igual dos deuses, um bem-aventurado, ver-se dar seu próprio nome, é talvez deixar-se invadir pela tristeza, a tristeza mesmo (que teria então por origem essa passividade do ser-nomeado, essa impossibilidade de se reapropriar de seu próprio nome) ou ao menos por uma espécie de pressentimento obscuro da tristeza [...].* (Derrida, 2011, p. 42)

Notadamente, Derrida se refere a Adão, o primeiro homem, quando se refere ao domínio do humano com autorização divina. Mas ele vai além e recorre também aos gregos para demonstrar, segundo sua interpretação, como ao animal tudo foi dado, enquanto o humano foi colocado nu ante todas as coisas. Derrida defende que é em razão de sua carência ou defeito que o humano, segundo o mito de Prometeu, se constitui dono da natureza e das demais coisas. É com base nessa carência que o humano "instaura ou reivindica de uma só vez sua **propriedade** (o próprio do homem que tem efetivamente como próprio o não ter um próprio), e sua **superioridade** sobre a vida dita animal" (Derrida, 2011, p. 44, grifo do original).

Quando apelamos ao princípio de simetria de Latour e nos remetemos, de passagem, a Haraway (2009) ou Derrida (2011), intentamos esclarecer que o humano ganha nas ciências, na religião e nos mitos um lugar peculiar, de centro, de superioridade. Por meio da epistemologia que estamos mobilizando e apresentando, questionamos o conceito de *natureza* (não só aquele presente nos estudos socioambientais de cunho sociológico e antropológico) que privilegia o humano em detrimento do espaço e das coisas que o constituem, relegados a uma mera descrição literária de seus aspectos físicos, como texturas, formas, tamanhos e cores – situação que representa parte daquilo que Arturo Escobar (2010) chamou de *colonialismo da natureza*.

Colocando-se à prova a mera descrição literária, alguém poderia questionar: Como então proceder à análise das coisas de modo simétrico? Que antropologia seria essa que não se concentra somente no comportamento social dos humanos? Antes de tudo, gostaríamos de ressaltar que não se trata de apontar ou defender uma ciência melhor ou mais completa. A ciência como construção é dependente das escolhas e dos arranjos que o pesquisador é capaz de estabelecer criativamente.

Então é compreensível que, desde o *cogito* cartesiano ("Penso, logo existo") e seu princípio de razão natural pura, pensemos de modo a separar as coisas e frequentemente de modo binário: corpo e mente, indivíduo e sociedade, natureza e espírito, como bem assinalam os autores aqui citados.

A melhor forma de exemplificar como proceder metodológica e epistemologicamente é concentrando a atenção no método de análise. Novamente dialogamos com Latour (1994), que nos dá pistas importantes para a apreensão simétrica do objeto. Lembremos que, para esse autor, não existe distinção entre objetos e humanos – os dois são uma mistura heterogênea de natureza e cultura e, assim, estão conectados por redes, que variam conforme o momento e a intensidade. Com essas premissas, o autor enfatiza que se devem seguir os atores para verificar quais conexões estes executam. Isso é o que o autor chama de *princípio de simetria generalizada* (apresentado anteriormente); para ele, não existem cultura e natureza separadas, e sim naturezas-culturas (Latour, 1994). O social seria "uma rede heterogênea, constituída não apenas de humanos, mas também de não humanos, de modo que ambos devem ser igualmente considerados" (Freire, 2006, p. 49).

Quando se afirma que a rede é heterogênea, é preciso ressaltar que não se trata, de modo algum, de alguma similitude com as redes cibernéticas, em que a informação vai de um ponto ao outro da rede sem alteração. Na proposta de Latour (1994), na perspectiva da teoria ator-rede (TAR), ao contrário, as informações são fluxos que interferem e sofrem interferências a todo momento (Latour, 1994; Freire, 2006). Isso significa dizer que, a todo instante, essas redes heterogêneas de humanos e não humanos, de naturezas-culturas, vão se constituindo e conectando cada vez mais pontos. Ou, de outro modo, como provoca Latour (1994), estaria Deus ausente na reunião de pessoas que frequentam as igrejas? Deus nesse caso é natureza ou cultura? Respondemos: é um híbrido!

O conceito de *simetria* então nos serve para esclarecer o conceito de *natureza*, que é o centro de gravidade nesta fase do texto. Mas Latour fala em *objetos*, ou, considerando as conexões híbridas, em *quase-objetos* ou *quase-humanos* – nesse sentido, podemos pensar como Haraway (2009), quando se refere aos ciborgues. Contudo, essa ideia de objetos, ainda que implique aquilo que se coloca em relação, suscita a imagem de uma natureza morta, estática, que aguarda algo que a conecte à vida, ao seu agenciamento. É aqui que, concordando com o antropólogo inglês Tim Ingold, neste texto nos afastamos de Latour para buscar um conceito vivo, de pulsão e interação fluida.

O ponto de partida de Ingold é epistemologicamente similar ao de Latour; porém é claro que, entre os dois, existe uma tensão de campo de conhecimento que deve ser considerada e, nesse sentido, é importante ressaltar que, para Ingold, ao contrário da visão do autor francês, a natureza deve ser considerada como fonte de vida e, mais precisamente, de nascimentos que são propiciados a cada conexão, a cada relação, diríamos nós como cientistas sociais.

Para compreendermos essa noção de nascimentos, devemos apreender o movimento que Ingold (2012) executa em suas análises. Ele refuta fortemente a utilização latouriana do termo *objeto*. Para ele, não existem objetos – cada coisa deve ser concebida como um "parlamento de fios" (Ingold, 2012, p. 29). O autor se apoia em Heidegger, ao sugerir que conceitualmente o termo *coisa* conversa melhor com seus pressupostos. Para ele, coisa "é um acontecer, ou melhor, um lugar onde vários aconteceres se entrelaçam" (Ingold, 2012, p. 29).

A fim de nos tornarmos mais claros, devemos mencionar que, em Ingold (2015), há uma crítica à noção de modos de vida como manifestos pela cultura, tendo em vista a concepção de que os humanos transformam seu ser social com base na capacidade de transformação que possam operar em seu ambiente. Para ele, essa é a contradição fundadora do edifício do pensamento social. Essa condição é fornecida aos humanos pelo ambiente (natureza) e, portanto, eles estão imersos nessa inter-relação. Conforme Ingold (2015, p. 39),

> *vários não humanos contribuem, em ambientes específicos, não apenas para o seu próprio crescimento e desenvolvimento, mas também para o desenvolvimento dos seres humanos. Segue-se que a vida social humana não é dividida em um plano separado do resto da natureza, mas faz parte do que está acontecendo em todo o mundo orgânico.*

Por essa visão, segundo o argumento de Ingold (2012, 2015), as coisas são conexão de vidas, reuniões de vida e, quando nos deparamos com os inúmeros objetos em nosso cotidiano – o computador que permitiu a redação deste texto ou a cadeira em que nos apoiamos, por exemplo –, estamos participando de modo ativo dessa reunião. Com esses argumentos, Ingold rejeita a noção de *objeto* e chama a atenção para a agência das coisas que nos cercam e nos conectam. Afirma o autor: "habitar o mundo [...] é se juntar ao processo de formação. E o mundo que se abre aos habitantes é fundamentalmente um ambiente sem objetos – numa palavra, **ASO**" (Ingold, 2012, p. 31, grifo do original).

Devemos notar que, em Ingold, a noção de *naturezas-culturas* permanece. No entanto, de forma contrária a Latour, Ingold conceitua o mundo vivo como "ambiente sem objetos (ASO)". Além disso, para Latour, a **rede** é constituída de objetos heterogêneos, enquanto, para Ingold (2015), o fluxo é constituído por linhas de vida, por um emaranhado de coisas que se somam em força e despertam seu agenciamento, o que ele chama de **malha**. Nas palavras do autor, "a ação não é o resultado de uma agência que seja disseminada pela rede, mas sim que emerge da interação de forças que são conduzidas ao longo das linhas da malha" (Ingold, 2015, p. 148). Esse é um significativo avanço em relação à teoria do autor francês, a qual já fornece elementos para que pensemos em conexões além do humano, e mais, seguindo nossa hipótese aqui, que não humanos participam do agenciamento dos humanos.

Esperamos que, com essa brevíssima introdução ao debate entre natureza e cultura, tenha sido possível esclarecer as conexões envolvidas na construção do pensamento com o qual iniciamos esta obra. É importante perceber que essas teorias – desde o racionalismo, passando pelo pós-modernismo, até as teorias pós-estruturalistas – fazem parte deste movimento de eterna reconstrução do conhecimento científico, que anima as várias áreas do conhecimento. Estamos sempre construindo, desconstruindo e reconstruindo com base em novas evidências e novas perspectivas.

## Síntese

*Neste capítulo, apresentamos* as principais noções que orientaram e ainda hoje orientam as discussões antropológicas. Destacamos que a especificidade da antropologia é a busca pelo outro cultural e que essa busca envolve sempre tensões que perpassam o etnocentrismo e o relativismo cultural. Existe uma forte crítica ao etnocentrismo, mas, como mostramos, a saída pela relativização não é suficiente para a não colonização do diferente. Mais que em outras ciências, a antropologia não respira sem a investigação de campo, sem o contato real com seu objeto de estudo. Por fim, discutimos a tensão entre natureza e cultura na história do pensamento e descrevemos como autores da antropologia simétrica atuam para reconciliar o social.

## Indicações culturais

### Filmes

ELA. Direção: Spike Jonze. EUA: Sony Pictures, 2014. 126 min.
Esse filme conta a história de um escritor que, em face da solidão, acaba se apaixonando pelo sistema operacional de seu computador. Apesar de inusitada, essa estranha história de amor permite refletir sobre as relações entre humano e não humanos a partir da perspectiva de Bruno Latour: "O que nos conecta?".

TERRA dos índios. Direção: Zelito Viana. Brasil, 1979. 105 min.
Ao tratar de um dos temas mais caros à antropologia brasileira, a etnologia indígena, esse documentário, além de retratar a história recente dos indígenas, em especial o conflito de terras, também dá voz a eles e lhes permite falar de seus próprios problemas, como em relação ao contato com o homem branco.

*Livro*

CAFFÉ, C.; HIKIJI, R. S. **Lá do leste**: uma etnografia audiovisual compartilhada. São Paulo: Humanitas, 2013.

Em sua "volta para casa", os antropólogos passam a olhar para a cultura de sua própria sociedade. Esse livro, e também um documentário com o mesmo título, de 2010, foram produzidos nesse cenário. Eles retratam uma região periférica no Brasil, a Cidade Tiradentes, e sua população que, com práticas de *rap*, grafite e *street dance*, se apropria desse território antes marcado pela exclusão.

## Atividades de autoavaliação

1. Assinale a alternativa que indica a especificidade da antropologia:
   a) Busca compreender as relações entre indivíduos e sociedade, mapeando as estruturas.
   b) Interessa-se pelas relações de poder e pelo Estado.
   c) Analisa os efeitos e as consequências da modernidade sobre os povos.
   d) Busca identificar a diferença por meio das observações culturais.

2. O que é o etnocentrismo?
   a) Rejeição das formas culturais mais distintas e distantes daquelas que nos são familiares.
   b) Junção de dois termos importantes para a antropologia: *etnografia* e *etnologia*.
   c) Acolhimento das formas culturais diferentes daquelas que nos são familiares.
   d) Método de pesquisa da antropologia que significa fazer observação participante.

3. Assinale a alternativa que apresenta corretamente a noção de *relativismo cultural*:
   a) Ensino de hábitos culturais a um povo específico.
   b) Respeito às práticas culturais específicas.
   c) Rejeição das diferentes formas e práticas culturais existentes no mundo.
   d) Comparação entre as formas culturais civilizadas e primitivas.

4. A etnografia é a grande força da pesquisa antropológica e consiste em um método baseado em:
   a) uso de estatísticas e métodos matemáticos.
   b) descrição dos povos, de suas manifestações e de suas atividades.
   c) identificação da média e do comportamento típico de um povo.
   d) desenvolvimento de uma análise com base em tipos-ideais.

5. O que é a teoria ator-rede (TAR), desenvolvida por Bruno Latour?
   a) É uma metáfora das redes computacionais e busca identificar como a informação sai de um ponto e chega a outro.
   b) Parte do princípio de que o humano é central no mundo e busca desvelar sua relação com as demais redes.
   c) Busca compreender as redes heterogêneas de humanos e não humanos, como se constituem e se conectam.
   d) Também conhecida como *teoria ciborgue*, essa teoria busca mostrar as interações entre humanos e aparatos eletrônicos.

## Atividades de aprendizagem

### Questões para reflexão

1. A antropologia é a ciência que se dedica à observação das diferenças culturais e da alteridade, que podem ser identificadas nas diferentes sociedades ou mesmo dentro de uma só sociedade. Com base nessa noção, reflita sobre as diferenças culturais que você consegue perceber em sua própria comunidade.

2. Neste capítulo, destacamos duas posturas distintas que um antropólogo pode assumir: o etnocentrismo e o relativismo cultural. Compare-as e reflita sobre as possibilidades e os limites de cada uma.

### Atividade aplicada: prática

1. Uma das grandes forças da antropologia é o método etnográfico, o qual, aliando observação e descrição, permite conhecer determinada realidade. Assim, coloque-se na posição de pesquisador e realize uma investigação etnográfica sobre uma situação de seu cotidiano, como um momento em sala de aula ou em seu trabalho. Lembre-se de que, para alguém ser um bom antropólogo, é preciso estranhar as coisas que lhe parecem familiares e conhecidas.

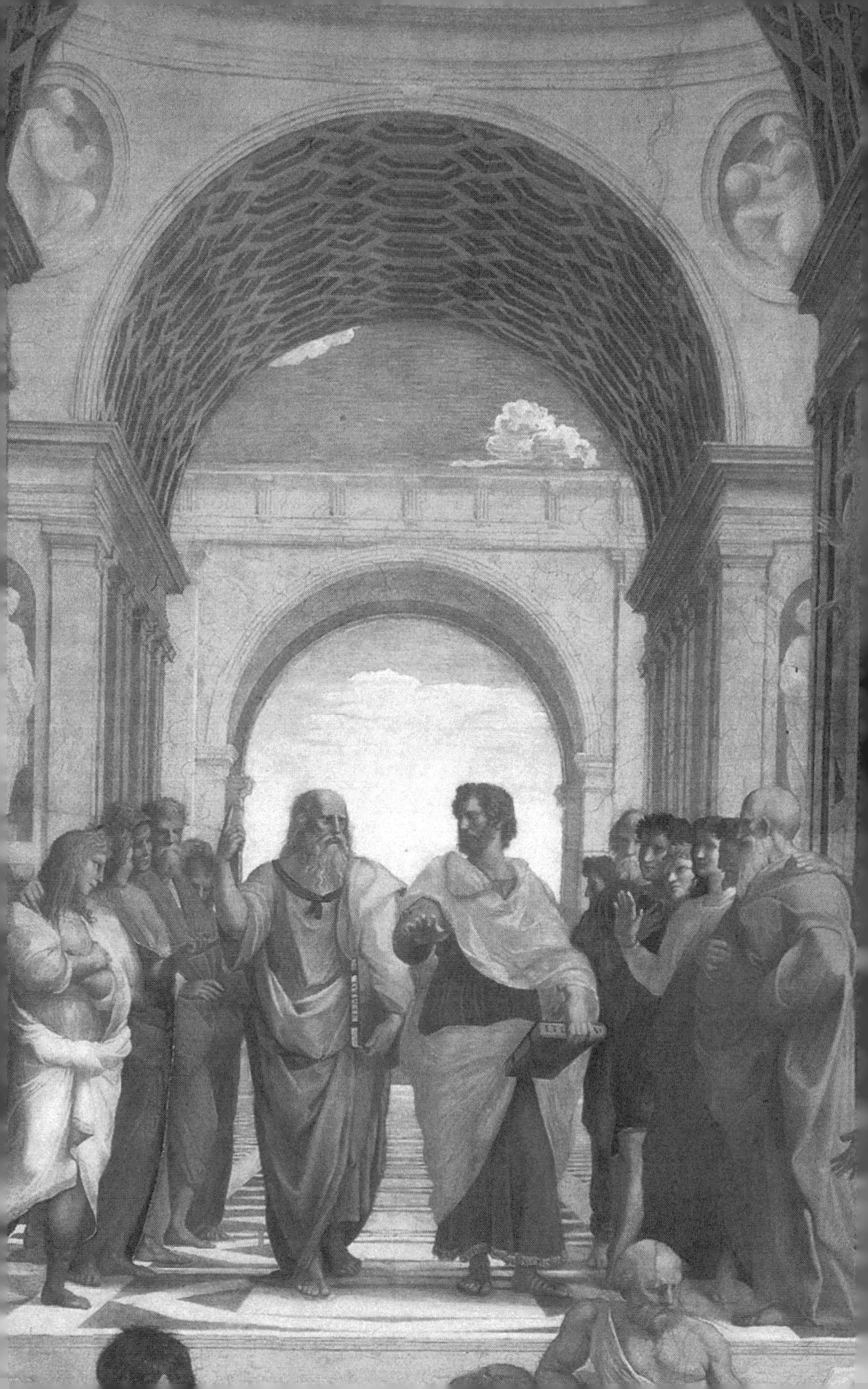

# 6

*Ciência política:
análise das
dinâmicas de poder*

*Todas as pessoas, em algum momento de sua vida, ocupam-se com a política, o que podem fazer de diferentes formas – votando nas eleições municipais, estaduais e federais, participando de um sindicato, sofrendo o impacto de alguma nova lei, organizando um abaixo-assinado com os moradores de um bairro, fazendo uma análise de um político eleito nas redes sociais, entre outras possibilidades. Então, alguém poderia perguntar: Se todos desenvolvem ações políticas e têm capacidade de análise política, são todos cientistas políticos? Como uma opinião sobre política se distingue do fazer do cientista político? As respostas a essas questões envolvem vários aspectos a serem examinados ao longo deste capítulo, no qual trataremos do quanto a análise desenvolvida pela ciência política precisa ser fundamentada, amparada em uma teoria, testada em pesquisas de campo, confrontada (possivelmente refutada) pelos pares e comprovada cientificamente.*

Assim, neste capítulo, percorreremos um caminho que passa pela constituição da ciência política e por sua definição. Apresentaremos alguns conceitos básicos, como os de *poder*, *dominação*, *Estado* e *formas de governo*, assim como as principais correntes metodológicas e teóricas que podem ser adotadas pelos cientistas políticos. Esperamos que esta introdução ao tema *política* sirva de incentivo para o aprofundamento da pesquisa sobre o assunto.

## 6.1
## *A especificidade da ciência política*

Buscando desvendar um objeto de estudo bastante controverso, que a é política, a ciência política é, ela também, uma incógnita. Muitos autores já procuraram defini-la e outros tantos escreveram sobre a dificuldade de fazê-lo. Assim, cientes da tarefa paradoxal que se impõe ao tentarmos desvelar a especificidade dessa ciência, no decorrer deste texto apresentaremos conceitos e problematizações acerca da ciência política e da política em si, bem como perspectivas históricas e convergências históricas e com outras ciências que possibilitarão alguma aproximação a esse campo de estudos.

Como ponto de partida para a reflexão sobre a ciência política, tomamos o conceito formulado por Paulo Bonavides (2000, p. 42):

> *A ciência política, em sentido lato, tem por objeto o estudo dos acontecimentos, das instituições e das ideias políticas, tanto em sentido teórico (doutrina) como em sentido prático (arte), referido ao passado, ao presente e às possibilidades futuras. Tanto os fatos quanto as instituições e as ideias, matérias desse conhecimento, podem ser tomados como foram ou deveriam ter sido (consideração do passado), como são ou devem ser (compreensão do presente) e como serão ou deverão ser (horizontes do futuro).*

Com base nesses apontamentos, podemos compreender a ciência política como uma disciplina que se dedica ao estudo das ideias e dos fatos políticos, ou seja, ela se preocupa tanto com as questões teóricas, como as ideologias ou doutrinas, quanto com as questões práticas, como as ações e o fazer político. Essa área do saber também se estende a diversas perspectivas temporais, podendo tanto analisar o passado como refletir sobre o presente ou fazer projeções para o futuro.

Cabe ainda salientar que fazer análise da política é diferente de fazer política. Apesar de muitas vezes essas posições se sobreporem, o cientista político, ao realizar seus estudos, não está desenvolvendo uma prática política propriamente dita; igualmente, a capacidade de fazer análise política precisa não garante que o cientista seja eficaz nas ações políticas. O fazer político e o fazer do cientista político são distintos (Dahl, 1981).

A próxima pergunta que precisamos fazer então é: O que é a política? Isso porque esta é, como afirma Robert Dahl (1981, p. 30), "uma experiência antiga e universal", um fato inevitável na vida das pessoas. Novamente aqui nos deparamos com uma multiplicidade de conceitos e definições que se modificam no decorrer do tempo e nos aspectos que são descritos como políticos. Vamos, então, passar a algumas dessas noções, para que possamos colocar a política em perspectiva.

Dahl, ao se perguntar o que é político, conclui que um sistema político é "*qualquer estrutura persistente de relações humanas que envolva controle, influência, poder ou autoridade, em medida significativa*" (1981, p. 4, grifo do original). Essa definição abrange todos os aspectos institucionais relativos à política, como o Estado e os partidos políticos, e também envolve outras esferas consideradas políticas, como tribos primitivas, associações religiosas ou sindicatos. A ressalva é que, nesse segundo grupo de sistemas políticos, a faceta política representa apenas um aspecto da associação; por exemplo, em um clube recreativo, o fator político está associado à administração do clube e à eleição dos dirigentes e não necessariamente com as atividades de lazer ofertadas.

Nesse sentido, podemos entender que, quando se fala em *política*, fala-se em *poder*. Ao afirmarmos que uma decisão é política, que uma pessoa tem uma ação política ou que uma questão é política, estamos designando processos que têm relação com a divisão, a transferência e a manutenção do poder, independentemente de esses processos ocorrem no nível estatal ou no nível de algum outro agrupamento político.

A preocupação com a política, ou o interesse em entendê-la e explicá-la, sempre motivou os pensadores, desde a Grécia Antiga, quando foi pensada por Platão e Aristóteles, por exemplo. Platão pode ser considerado um dos pais da ciência política, já que em sua obra, em especial no diálogo *A república*, ele se preocupou em discutir o Estado, os governantes e como eles deveriam ser, em seu tipo ideal (Platão, 2000; Azambuja, 2005).

Aristóteles também se preocupou em pensar os governantes e a autoridade, defendendo que era um dos aspectos fundamentais da pólis (cidade) como uma associação política. Assim, explica Sartori (1981), por viver na pólis, o humano é apresentado por Aristóteles como um **animal político**, que tem um viver político e que só assim realiza sua essência. Da mesma maneira, o ser humano não político seria um ser inferior.

Na Idade Média, as obras dos pensadores cristãos, como Santo Agostinho e São Tomás de Aquino, ampliaram grandemente o alcance da disciplina, ao consagrarem suas observações à ciência política. Já na transição entre a Idade Média e o período moderno, surgem dois textos fundamentais para pensarmos a política: *O príncipe*, de Maquiavel (2001), e *Leviatã*, de Hobbes (2009).

É popularmente atribuída a Nicolau Maquiavel (1469-1527) a ideia de que os fins justificam os meios, porém é preciso que nos debrucemos sobre sua obra para percebermos que ela é bem mais complexa do que o adjetivo *maquiavélico* pode fazer supor. Para Maria Tereza Sadek (1991), a vicissitude do pensamento de Maquiavel que o diferencia dos pensadores anteriores é que ele está preocupado com a realidade, em saber como as coisas são, e não como elas deveriam ser. Assim, ele se dedica à questão de como manter um Estado estável, pensando os ciclos de estabilidade e caos de seu tempo: Florença, durante o governo dos Médici. Foi com base nessa análise que o autor elaborou seu conceito de *política* como arte de conquistar, manter e exercer o poder.

Passemos agora a Thomas Hobbes (1588-1679). Renato Janine Ribeiro (1991) identifica esse autor como um dos contratualistas, ou seja, aqueles que defendiam que o Estado só surgiria de um contrato, um pacto firmado entre as pessoas, no qual se estabeleceriam regras para o convívio social e para a política. Para Hobbes, apenas com a presença de um Estado forte e de um governante com poderes ilimitados é que se evitaria uma situação de guerra de todos contra todos.

Como podemos perceber, os fatos e as práticas políticas vêm sendo pensados desde a Antiguidade, porém ainda sem constituir uma disciplina, sendo problematizados por escritores, filósofos e poetas no contexto das discussões acerca da moral, do direito e da filosofia. A delimitação de uma ciência política só aconteceu no século XIX, quando ela passou a ser um ramo do conhecimento científico, mas que continuava a se relacionar com todos esses outros saberes (Azambuja, 2005).

Sendo a política um objeto de estudo tão complexo, seria muito difícil delimitá-la em apenas um campo de estudo. Assim, a ciência política se alia e se complementa – porém sempre mantendo a sua autonomia – com os estudos realizados pela filosofia, pelo direito, pela sociologia, pela economia, pela história, pela psicologia, entre outros, que ajudam a compreender o **fenômeno político** (Bonavides, 2000).

A filosofia e a ciência política estão intrinsicamente ligadas desde suas origens, sendo difícil, em algumas circunstâncias, separar os temas e os autores entre os cientistas e os filósofos políticos. Podemos afirmar que, sem deixar de compartilhar o interesse em desvendar o fenômeno do poder, as instituições políticas e o Estado, a filosofia política aborda os fenômenos políticos em sua idealidade, problematizando como eles **deveriam ser**; já a ciência política se dedica ao estudo deles na realidade, ou seja, preocupa-se em **como eles são**.

Outra área do saber indissociável da ciência política é o direito. O Estado e a organização do poder são regulamentados por leis; assim, o direito aparece como um saber privilegiado no que diz respeito ao entendimento das normas vigentes nos diferentes sistemas políticos. Podemos entender, portanto, que o bom funcionamento do Estado é o bom funcionamento do direito e a eficácia das normas jurídicas.

As atividades econômicas e as ações políticas também apresentam relações íntimas em uma sociedade e fazem com que as ciências que as estudam – economia e ciência política – precisem estar próximas também. É nesse sentido que Bonavides (2000, p. 54) afirma: "Sem o conhecimento dos aspectos econômicos em que se baseia a estrutura social, dificilmente se poderia chegar à compreensão dos fenômenos políticos e das instituições pelas quais uma sociedade se governa". Essa íntima associação pode ser notada, por exemplo, nos países com sistema de produção capitalista que combinam o liberalismo econômico com um Estado não intervencionista.

As contribuições da sociologia à ciência política também são bastante expressivas, havendo, aliás, uma área de conhecimento que as reúne: a sociologia política. No âmbito do conhecimento sociológico, há diversos autores que trabalham com aspectos políticos, entre os quais podemos citar Max Weber (1864-1920), que escreveu sobre a vocação de ser político, sobre a burocracia e sobre as formas de dominação (legal, tradicional e carismática); Gaetano Mosca (1858-1941) e Vilfredo Pareto (1848-1923), que desenvolveram a teoria das elites, referente às classes ou grupos que governam; e Talcott Parsons (1902-1979), com seus estudos sobre o poder e o sistema social.

Além das já citadas contribuições da filosofia, do direito, da economia e da sociologia à ciência política, ainda podemos apontar contribuições da história e da psicologia. O historiador ajuda a identificar as origens dos sistemas políticos, bem como das ideias e doutrinas que existiram (e existem) sobre esse tema no decorrer dos séculos. Já a psicologia contribui para o debate político apresentando as motivações e a previsibilidade dos comportamentos das pessoas no âmbito das ações políticas.

Neste texto inicial sobre a ciência política, convém destacar temas preferenciais de estudo: Estado, poder, democracia, participação política, partidos políticos, formas de governo, instituições, elites, confronto político, representatividade, políticas públicas, políticas internacionais, cultura política, comunicação política, entre outros. Esses temas são abordados por diversas perspectivas teóricas, entre elas o comportamentalismo, o culturalismo, o funcionalismo, o institucionalismo e o pluralismo. Passaremos agora a examinar alguns deles com maior profundidade.

## 6.2
## O que é o poder?

*Já identificamos na* Seção 6.1 que política e poder estão entrelaçados, sendo difícil delimitar-lhes as fronteiras. Mas que poder é esse do qual estamos falando? Qual é o conceito de *poder* para a ciência política e por que ele é tão importante? Qual é a relação entre poder e dominação? A partir deste ponto, vamos buscar responder a essas perguntas, mas não sem as dificuldades inerentes a essa tarefa.

A primeira dificuldade já aparece ao tentarmos propor uma conceituação, já que, para Weber (1979), o conceito de *poder* é sociologicamente amorfo, sendo um desafio para os próprios autores chegarem a um acordo sobre ele. Assim, diante das diversas definições e dos muitos caminhos históricos desse conceito, optamos por utilizar o conceito weberiano e problematizá-lo com base em outras perspectivas.

Para Weber (1979, p. 16), o "poder significa a possibilidade de impor a própria vontade dentro de uma relação social, ainda que contra qualquer resistência, e qualquer que seja o fundamento dessa possibilidade". Desse modo, assim como a política, o poder pode referir-se tanto às relações políticas institucionais, como o Estado e os partidos políticos, como a outras relações, como a família ou um sindicato.

Quanto à origem do poder, esta também é difusa. Há os que defendem que seja a força, outros que seja a vontade de Deus, ou o hábito, ou o medo, ou uma necessidade natural, e há ainda quem defenda que ele provenha de circunstâncias comuns a todas as sociedades humanas. Independentemente da variável escolhida como origem do poder, é importante destacar que as pessoas subordinadas a esse poder precisam ser aquiescentes. Desse modo, o poder é também aquilo que as pessoas desejam ou aceitam (Azambuja, 2005).

Ainda sobre o poder, é preciso esclarecer dois pontos. O primeiro deles diz respeito ao fato de o poder ser uma mercadoria rara: para alguém possuir o poder, é necessário que as outras pessoas não o possuam. Isso quer dizer, nas palavras de Gérard Lebrun (2004, p. 18), que "o poder de A implica o não poder de B".

Outro ponto de esclarecimento necessário é relativo à diferença entre ter influência sobre o poder e possuir o poder. Assim, condicionar e influenciar o poder político não é a mesma coisa que exercê-lo. Como exemplo desse fato, podemos citar os grandes sindicatos, que podem até exercer influência sobre o governo, mas não conseguem se sobrepor ao poder político (Sartori, 1981).

Esclarecimentos feitos, podemos afirmar que o poder gira em redor de dois pontos, assinalados por Talcott Parsons (1979): generalização e legitimidade. **Generalização** porque a capacidade de garantir anuência precisa ser generalizada, e não unicamente em função de um ato de sanção particular que o dominante está em condição de impor sobre o dominado. Já a **legitimidade** do poder é a contrapartida da confiança dada, é a promessa de que o conjunto de expectativas do dominante e do dominado será cumprido.

Dessa forma, se de um lado da moeda está o poder, do outro está a dominação. Lebrun (2004) defende que nenhuma organização política moderna poderia funcionar sem haver dominação, devendo os políticos encontrar o melhor modo de determiná-la e executá-la. Fala-se em *melhor modo* porque existem várias maneiras de exercer essa dominação. Vejamos o que afirma Weber (2001, p. 349):

> A dominação, isto é, a probabilidade de encontrar obediência a uma ordem, pode ter o seu fundamento em diversos motivos de submissão: pode ser determinada diretamente de uma constelação de interesses, ou seja, de considerações racionais de vantagens e desvantagens (referentes a meios e fins) por parte daquele que obedece; mas também pode depender de um mero "costume", ou seja, do hábito cego de um comportamento inveterado; ou pode, finalmente, ter o seu fundamento no puro afeto, ou seja, na mera inclinação pessoal do dominado.

Nessa passagem, são apresentados dois pontos fundamentais para nossa discussão: a definição de *dominação* e os tipos em que ela se apresenta. A **dominação**, para Weber (1979), é um estado em que uma vontade manifesta da pessoa que exerce a dominação é executada pelas pessoas que são dominadas em um grau socialmente relevante, em que tais atos de obediência sejam tomados pelos dominados como se tivessem sido adotados por si mesmos.

Quanto às possibilidades, Weber identifica três tipos puros de dominação legítima: dominação legal, dominação tradicional e dominação carismática. Lembremos que Weber trabalha em sua teoria social com tipos ideais, por meio dos quais ele extrapola certas características para criar uma tipologia de análise, sendo os tipos em si uma ficção, não necessariamente encontrados na realidade, na pureza ou isolados como Weber os descreve; pelo contrário, muitas vezes, em uma mesma situação (neste caso, uma situação de dominação), estão presentes características de mais de um dos tipos ideais. Ressalva feita, passemos à descrição dos três tipos mencionados (Weber, 2001):

1. **Dominação legal**: Ocorre em virtude de ser um estatuto legal. Nesse tipo de dominação, a obediência é à lei ou a um regulamento; alguém obedece a uma pessoa não porque esta tem direito a isso, mas porque ela representa uma regra instituída. O tipo mais puro de dominação legal é a dominação burocrática, e alguns exemplos dessa dominação seriam o Estado, a estrutura de administração de um município ou ainda uma empresa capitalista hierarquicamente organizada.

2. **Dominação tradicional**: Existe em função da crença de ordenações e poderes senhoriais há muito estabelecidos, porque assim, a obediência está ligada a um senhor, ou seja, a uma pessoa que, por sua dignidade, é santificada pela tradição. O tipo puro de dominação tradicional é a dominação patriarcal, e como exemplos podemos citar o poder que o chefe de família exerce sobre seus familiares ou o que o papa exerce sobre os católicos.

3. **Dominação carismática**: Ocorre em função da devoção afetiva que se nutre por uma pessoa, seja por seu poder intelectual ou

de oratória, seja por seu heroísmo ou suas faculdades mágicas. Assim, a obediência se estabelece em relação à pessoa que exibe características de liderança e qualidades excepcionais, sendo que isso só se mantém enquanto essas qualidades perdurarem. A dominação carismática se apresenta em seu tipo mais puro no profeta, no herói guerreiro e no grande demagogo. Assim, podemos identificar esse tipo de dominação no político que se elege não por sua plataforma política, mas por seu carisma, por sua habilidade de lidar com as pessoas.

Dessa forma, dentro da perspectiva weberiana, o poder é a possibilidade de impor a própria vontade sobre a conduta alheia, e a dominação é a possibilidade de encontrar obediência a uma ordem, em que determinadas pessoas seguem o conteúdo da ordem dada. Assim, o poder e a dominação são exercidos independentemente dos motivos que levam a pessoa dominada a aceitar e cumprir o mandato: por retidão, por sentimento de dever, por temor ou por mero costume (Weber, 1979).

## 6.3
### Estado, governo e sociedade

*Para muitos autores,* o Estado é o componente principal a ser analisado pela ciência política; entretanto, ele não é um componente isolado ou total, é interdependente de outros, em especial da sociedade e do governo.

Não vamos nos deter em apenas uma definição de *sociedade*, porque diferentes autores e vertentes propõem um variado leque de definições para esse conceito (tendo sido algumas delas já apresentadas neste livro). Partimos, então, de um entendimento genérico de *sociedade* como a teia das relações entre as pessoas, que cria as condições para o aparecimento do Estado.

De nossa perspectiva, a **sociedade** é como a trama de um tecido, em que vários fios – cultura, idioma, território, Estado – se entrecruzam para dar-lhe sustentação. O **Estado** seria um dos fios que compõem a sociedade, o fio jurídico e político, que exerce a **faculdade de governar**. Assim, segundo o entendimento de Bonavides (2000), a sociedade vem primeiro, é anterior, e o Estado e o governo vêm depois.

Partindo de um ponto de vista generalista, Azambuja (2005) afirma que o Estado pode ser visto como uma sociedade política organizada, com o poder que lhe é próprio e um território delimitado. Um exemplo de Estado seria o Estado brasileiro, que é politicamente organizado por meio de normas jurídicas, tem o monopólio do uso da força e tem fronteiras demarcadas.

Essas características de Estado são discutidas por vários autores, entre eles Weber (1979, p. 18), que define *Estado* como "um instituto político, de atividade contínua, quando e na medida em que seu quadro administrativo mantenha, com êxito, a pretensão ao monopólio legítimo da coação física, para a manutenção da ordem vigente". Assim, pela perspectiva weberiana, são características do Estado:

- quadro administrativo (membros que se dediquem a manter a ordem jurídica e administrativa);
- instituto territorial (um território sobre o qual estende sua dominação);
- monopólio do uso da força (poder de coação para manter a ordem estatal).

O Estado passa a ser distinguido por alguns traços que lhe dão a fisionomia, o caráter que lhe permite ser assim reconhecido. Esses traços são apresentados por Bonavides (2000):

- **Natureza integrativa:** O Estado não é visto como uma ou mais pessoas físicas, ele é visto como uma unidade, uma pessoa jurídica.
- **Capacidade de auto-organização:** O Estado apresenta um direito próprio e autonomia constitucional para se autodeterminar.
- **Unidade e indivisibilidade do poder:** Só existe um único titular desse poder, não podendo haver dois Estados em um mesmo território.
- **Legalidade e legitimidade:** O Estado apresenta essa qualidade quando está em observância às leis e aos valores do poder legal.
- **Soberania:** O Estado tem o domínio sobre determinado território e população.

Com base em suas características e em seus traços, o Estado tem a supremacia sobre as demais instituições e sobre todas as formas de atividade dos grupos que o compõem. Assim, segundo Azambuja (2005), o Estado é o supremo e legal depositário da vontade social e aparece aos indivíduos como dominação (que já definimos na Seção 6.2) e governo (que discutiremos a seguir).

Para o Estado exercer seu poder de mando, é necessário que alguém o faça, devendo esse exercício ter legitimidade para contar com a obediência dos governados. Dessa maneira, são estabelecidas as formas de governo, que são os modos pelos quais o governo se organiza e é exercido e que mostram a situação jurídica e social dos indivíduos em relação à autoridade.

Existem diversos esquemas de modelos de governo. Aqui, optamos por apresentar as formas de governo pensadas por Aristóteles e Montesquieu, por serem modelos amplos e de grande importância histórica.

Para Aristóteles (1998, p. 105), "o governo é o exercício do poder supremo do Estado" e pode ser desempenhado por uma única pessoa, por uma minoria ou por uma maioria. Quando a pessoa ou grupo que exerce o governo o faz em busca do bem comum, esse governo é considerado justo e, quando o faz em benefício próprio, é considerado um desvio. No Quadro 6.1, apresentamos o modelo descrito por Aristóteles.

Quadro 6.1 – As formas de governo em Aristóteles

|  | Governo de um só | Governo da minoria | Governo da maioria |
|---|---|---|---|
| Forma Pura | Monarquia | Aristocracia | Democracia |
| Forma Impura | Tirania | Oligarquia | Demagogia |

Fonte: Elaborado com base em Aristóteles, 1998; Azambuja, 2005*.

É possível notar que, no desenvolvimento das ideias de Aristóteles sobre as formas de governo, está presente um forte **conteúdo moral**, já que, além de tratar do número de governantes, também se refere aos objetivos e às finalidades de um governo. Salientamos também que, apesar de o autor apresentar formas puras e impuras, nem sempre a política dos Estados se encaixa nesses moldes, a exemplo da Inglaterra, que tem tanto uma rainha (monarquia) como um parlamento (democracia), constituindo-se como uma forma mista (Azambuja, 2005).

O outro modelo de formas de governo que optamos por apresentar é o de Montesquieu (1991), que destaca duas dimensões do funcionamento político das instituições: a natureza e o princípio de governo. Por **natureza do governo** o autor entende quem detém o poder, e o **princípio de governo** diz respeito a como o poder é exercido, as paixões que o movem. Essas duas dimensões são identificadas nas formas de governo republicano, monárquico e despótico, como mostra o Quadro 6.2.

---

* Ressaltamos o fato de que é necessário fazer ajustes na linguagem em relação aos termos utilizados por Aristóteles, já que atualmente eles apresentam significados diferentes. Para mais informações, consulte Azambuja (2005).

Quadro 6.2 – Relação entre as formas, a natureza e os princípios de governo segundo Montesquieu

| Governo republicano | O povo (ou a maior parte dele) tem poder soberano. | Sua paixão é a virtude. |
|---|---|---|
| Governo monárquico | Governo de um por meio de leis estabelecidas. | Sua paixão é a honra. |
| Governo despótico | Governo de um só que impõe sua vontade. | Sua paixão é o temor. |

Fonte: Elaborado com base em Montesquieu, 1991.

Montesquieu tinha uma grande preocupação em compreender como os governos mantinham sua estabilidade, como as instituições políticas funcionavam e como o poder era mantido. Foi para responder a essas questões que ele desenvolveu sua tipologia das formas de governo, a qual, apesar de fazer parte dos clássicos da ciência política, ainda é capaz de trazer reflexões importantes para o mundo contemporâneo (Albuquerque, 1991).

Sintetizando nossa discussão até aqui, podemos definir que o Estado é uma ordem política organizada, que advém da sociedade, sob a forma de governantes e governados, em um território próprio, sobre o qual dispõe de poder e de monopólio do uso da força, e que estabelece as normas e regras para a ação dos indivíduos que o compõem.

## 6.4
### Considerações sobre a pesquisa em ciência política

No primeiro capítulo desta obra, apresentamos as duas tradições distintas em ciências: as ciências naturais e as ciências humanas. Um dos autores pioneiros em tratar dessa diferença foi Wilhelm Dilthey (2008), que buscou demonstrar como essas áreas tinham problemas de pesquisa e métodos de investigação distintos. As ciências naturais buscam a explicação dos fenômenos, por isso empregam métodos quantitativos, buscando, sempre que possível, a causalidade. Já as ciências humanas e sociais (ou *do espírito*, como Dilthey chamava) preocupam-se com a compreensão e a interpretação dos fenômenos e, para tal, utilizam-se de métodos qualitativos. O autor vai além e defende que não existe hierarquia entre as ciências e que o uso de um ou de outro método de investigação deve ser feito conforme a necessidade determinada pelo objeto de pesquisa. Há também a possibilidade de as duas tradições serem combinadas de modo a favorecer a abordagem do problema investigado.

Essa é uma separação entre ciências que se constituiu na virada do século XIX para o século XX, e muito já foi produzido em ciência e sobre ciência depois disso, porém queremos nos valer aqui da perspectiva de Dilthey para fazer um paralelo com as ciências sociais, que podem fazer uso de métodos de pesquisa quantitativos, qualitativos e também mistos em seus estudos. Na sequência, vamos apresentar cada uma dessas categorias, bem como suas aplicações em pesquisas de ciência política.

### 6.4.1 *Pesquisa qualitativa em ciência política*

Quando a ciência política se propõe a compreender as formas de participação política, as percepções do eleitor sobre a eleição ou os candidatos, a avaliação sobre agendas de governo, o processo decisório do voto, enfim, as atitudes das pessoas ou grupos em relação à política, a pesquisa qualitativa com suas técnicas específicas mostra-se um instrumento adequado.

Mas quando o pesquisador deve optar por uma pesquisa qualitativa? Toda vez que seu objeto de estudo versar sobre crenças, valores, aspirações, atitudes e comportamentos das pessoas, ou seja, sobre um universo de significados cuja explicação não é evidente e precisa ser analisada e interpretada pelo pesquisador que realiza o estudo (Minayo, 2008).

Vejamos a seguir algumas técnicas de pesquisa que podem ser usadas com esse viés.

### 6.4.1.1 *Entrevista em profundidade*

Entrevista é uma técnica de investigação em que pesquisador e participante estão frente a frente e na qual, por meio de perguntas e respostas, o pesquisador tenta recolher informações do participante. O objetivo dessa técnica é conhecer e acessar a subjetividade e a realidade específica da pessoa que está sendo entrevistada. Trata-se de um "diálogo assimétrico em que o pesquisador busca coletar dados e o interlocutor se apresenta como fonte de informação. As entrevistas procuram explorar o que as pessoas sabem, creem, esperam, sentem e desejam" (Veiga; Gondim, 2001, p. 5).

A entrevista pode ocorrer de várias formas, desde a mais fechada, em que há um roteiro de perguntas que deve ser estritamente seguido, até as mais abertas, em que se utiliza apenas uma pergunta disparadora e se deixa o entrevistado guiar os conteúdos que serão abordados. Independentemente da forma de entrevista escolhida, o grande benefício dessa técnica é que, por meio do contato interpessoal, o pesquisador pode coletar informações com base não só nas respostas dadas, mas também nos gestos, nos silêncios e no comportamento do participante.

Um exemplo de pesquisa em que se poderia usar a técnica da entrevista em profundidade é uma investigação sobre a percepção que os eleitores têm dos candidatos em um processo eleitoral. Nesse contexto, seria possível acompanhar determinado grupo de eleitores que votarão na próxima eleição municipal, podendo-se fazer uma entrevista inicial antes de começar a campanha e depois entrevistas sequenciais, no decorrer dela, para investigar se as percepções sobre os candidatos mudam e qual é o impacto da campanha na decisão do voto.

### 6.4.1.2 Grupo focal

O grupo focal é um grupo de discussão. Essa técnica é indicada para investigar como se dá a construção das percepções, atitudes e representações de um grupo sobre um tema específico, partindo-se da premissa de que as pessoas constroem suas opiniões e representações sociais com base nos processos interativos em que se engajam, influenciando e sendo influenciadas pelas relações interpessoais nas quais estão inseridas (Veiga; Gondim, 2001).

Os grupos focais podem variar em relação ao número de participantes e ao tempo de duração, porém é importante que o mediador do grupo deixe bastante claro qual é o objetivo da pesquisa ali desenvolvida, já que se trata de um grupo que tem foco, um objeto de discussão definido. A habilidade de mediação do grupo é muito importante para o sucesso da pesquisa, pois, ao mesmo tempo que o mediador deve fazer poucas intervenções para observar e escutar o máximo de tempo possível o grupo, não pode deixar que se fuja do assunto da discussão. As discussões devem ser gravadas, para que depois seja feita sua análise.

Esse tipo de técnica pode ser utilizado na avaliação de agendas e planos de governo. O procedimento de uma investigação desse tipo poderia contemplar a exibição de um vídeo para o grupo sobre uma política pública específica, como saúde ou educação, e depois a solicitação de que o grupo discuta suas percepções sobre o vídeo, em que o mediador tenta incentivar que todas as pessoas presentes deem sua opinião.

### 6.4.1.3 Estudo de caso

Estudo de caso é uma técnica de pesquisa que faz um corte histórico-comparativo. Por meio dele, o pesquisador demarca critérios, premissas e propriedades que vai observar em instâncias e agentes situados historicamente. O estudo de caso aparece como uma redução analítica em que são testadas teorias, hipóteses e conceitos utilizados pelos cientistas políticos (Rezende, 2011).

O uso de estudo de caso em ciência política é bastante questionado, já que ele não produz conhecimento do tipo causal. Em contrapartida, há um número cada vez maior de autores que vêm defendendo a utilização dessa técnica, acreditando que ela é capaz de produzir um conhecimento válido para o campo.

Para usar o estudo de caso de uma forma frutífera, é preciso saber se ele é adequado ao objeto e ao desenho da pesquisa. Por exemplo, se um investigador desejasse pesquisar sobre o fenômeno que leva artistas a se elegerem com um grande número de votos, como o caso do deputado federal por São Paulo Francisco Everardo Oliveira Silva (o Tiririca), que foi o deputado mais votado nas eleições de 2010, poderia escolher um desses artistas-políticos para fazer um estudo de caso e verificar as condições históricas que levaram à sua eleição.

## 6.4.2 Pesquisa quantitativa em ciência política

Vejamos inicialmente uma reflexão proposta por Marília Ramos (2013, p. 58): "Cada método e técnica de pesquisa fornece uma perspectiva diferente do mundo social, e alguns aspectos do mundo social só podem ser atingidos com um método". O que isso quer dizer? Que não há como definir se o método quantitativo é melhor que o qualitativo, ou vice-versa, porque eles servem a propósitos distintos e possibilitam que se alcancem resultados diferentes, ou seja, um problema de pesquisa construído para ser investigado por um método quantitativo dificilmente poderia ser investigado mediante uma abordagem qualitativa. Assim, desfazendo a falsa polêmica sobre um conflito entre os métodos, passemos a tratar das características da pesquisa quantitativa em ciência política.

Quando o cientista político usa um método quantitativo, ele está preocupado em fornecer resultados gerais e coletivos, em encontrar a causalidade dos fenômenos e em poder realizar comparações. Para tanto, o pesquisador faz uso de mensuração, de estatísticas e de probabilidade. Vejamos com mais detalhes os propósitos do uso da pesquisa quantitativa:

> *Resumidamente o uso dos métodos quantitativos para análise de problemas da realidade social serve para três propósitos básicos, os quais podem estar presentes num mesmo estudo ou separadamente em estudos diferentes:*
>
> *1) Descrever e/ou comparar características de grupos sociais, realidades, contextos ou instituições.*
>
> *2) Estabelecer relações causais. Isto é, verificar os efeitos de variáveis em outras, suas magnitudes particulares e o efeito em bloco de uma série de variáveis independentes em outra que é a dependente.*
>
> *3) Inferir resultados para uma população a partir de resultados obtidos em uma amostra (estatisticamente representativa).* (Ramos, 2013, p. 61)

Esclarecidos os objetivos e contornos de um método quantitativo em ciência política, é preciso considerar como se deve fazer a coleta desses dados com o rigor científico e metodológico necessário. Uma técnica bastante utilizada para esse tipo de levantamento de dados é o *survey*, descrito a seguir.

### 6.4.2.1 Pesquisa de survey

As pesquisas de *survey* empregam a técnica de aplicação de questionários fechados para se obterem informações sobre conhecimento, opinião, avaliação, intenção, comportamento, valores e atitudes das pessoas em relação a um tema específico. As respostas a essas perguntas constituem a base de dados sobre a qual a pesquisa será realizada (Lameirão, 2014).

Nesse tipo de pesquisa, os questionários devem ser elaborados como uma série ordenada de questões, que podem ser perguntas que exijam respostas fechadas, como "sim" ou "não", "brasileiro" ou "estrangeiro", "empregado" ou "desempregado", ou ainda afirmações em relação às quais a pessoa deve assinalar seu grau de concordância, por meio de uma escala de números ou por meio de respostas como "concordo", "discordo" e "indiferente". As perguntas ou afirmações devem ser claras e diretas, para evitar interpretações dúbias, que podem enviesar os resultados da pesquisa.

Outro fator importante para o sucesso de uma pesquisa de *survey* é a amostra dos respondentes. Adriana Lameirão (2014) afirma que, independentemente da técnica utilizada para selecionar as pessoas que vão responder ao questionário – seja uma amostra do tipo probabilístico, em que é feito um sorteio das pessoas, seja uma amostra não probabilística, como a amostra por cotas –, o importante é que essa amostra seja representativa daquela população.

O *survey* é muito utilizado em pesquisas de opinião ou pesquisas eleitorais. Assim, ele pode ajudar a responder em que candidato para vereador da cidade X as pessoas pretendem votar ou ainda a conhecer a opinião dos brasileiros sobre a corrupção no país. Salientamos, porém, que a obtenção do dado estatístico ao final da aplicação do questionário não é o fim da pesquisa, uma vez que o dado estatístico precisa passar pela análise do pesquisador.

### 6.4.3 *Métodos mistos de pesquisa*

Os métodos mistos são empregados na ciência política como uma forma de conjugar os pontos fortes dos métodos qualitativos e quantitativos em um mesmo estudo. Ao aliar os distintos métodos, o pesquisador busca enriquecer as análises e explicações dos fenômenos políticos.

Glauco Silva (2015) defende que é preciso ter clareza em relação às questões epistemológicas e ontológicas que subjazem à combinação dos métodos. Assim, não basta que o pesquisador queira usar métodos mistos em sua práxis, é necessário que o objeto estudado aceite essa metodologia, ou seja, que exista uma vinculação entre as questões epistemológicas, ontológicas e metodológicas da pesquisa.

Uma aplicação de métodos mistos em uma pesquisa poderia ser feita em relação a um projeto de lei polêmico. Vamos imaginar que esteja tramitando no Congresso uma lei sobre liberação do porte de arma e um grupo de pesquisadores deseje investigar a percepção da população sobre a referida lei; para tal, eles poderiam usar um *survey* para investigar se as pessoas são a favor ou contra e também realizar um grupo focal para entender as motivações de quem é contrário ou favorável ao projeto, enriquecendo, assim, os achados de pesquisa.

## 6.5
### *Perspectivas teóricas da ciência política*

*Podemos afirmar que* a ciência política se dedica ao objeto de estudo *política*, entendido como o denominador comum das investigações na área; entretanto, nem todas as perspectivas teóricas o fazem da mesma maneira. Assim, temos diferenças na maneira como esse objeto é abordado, ou seja, o problema que se quer investigar ou compreender, e também na maneira de abordá-lo, isto é, os métodos e as ferramentas de análise que se utilizam para explicá-lo ou compreendê-lo (Leite, 2010).

Na sequência, vamos examinar algumas dessas diferentes abordagens teóricas em ciência política, apontando as idiossincrasias na forma de abordar o objeto, bem como as diferenças de problema, método e análise em cada perspectiva. Diante da impossibilidade de apresentarmos todas as correntes, optamos por selecionar as mais significativas, seja por seu caráter histórico, seja pelo impacto que tiveram na ciência política brasileira: comportamentalismo, culturalismo, funcionalismo, institucionalismo, neoinstitucionalismo, pluralismo e teoria dos sistemas.

## 6.5.1 Comportamentalismo

A corrente comportamentalista na ciência política parte do behaviorismo norte-americano, desenvolvido a partir do início do século XX, que buscava ser uma ciência objetiva e experimental, capaz de prever e controlar o comportamento. A adoção do comportamentalismo representou uma rejeição às análises e aos métodos que vinham sendo empregados na ciência política, a saber, os do institucionalismo. Assim, como um movimento acadêmico de rejeição, o paradigma comportamentalista foi adotado pelos cientistas políticos (Peres, 2008).

Nesse contexto, aconteceu o que se chamou de *revolução comportamentalista* da ciência política (Peres, 2008), a qual se estabeleceu com base em dois pontos fundamentais:

1. a proposição de uma teoria positiva e empírica, rigorosa em termos conceituais.
2. a possibilidade de usar abordagens de outras ciências comportamentais, como a sociologia, a antropologia e a psicologia.

Com esses dois pontos fixados, o comportamentalismo começou sua busca por maior cientificidade e maior reconhecimento social. Para os autores dessa corrente, somente uma ciência política com orientação positivista e empírica, que se dedicasse aos fenômenos observáveis e quantificáveis, seria capaz de explicar cientificamente os fenômenos políticos de uma sociedade. Para tal, seria necessário acessar as seguintes ferramentas metodológicas: "(a) descrições objetivas, (b) generalizações empíricas, (c) métodos sistemáticos e diferenciais, (d) material empírico, (e) quantificação e (f) multidisciplinaridade teórica e metodológica" (Peres, 2008, p. 59).

### 6.5.2 Culturalismo

A vertente culturalista pretende a proposição de uma análise mais completa dos fenômenos políticos e, para tal, acrescenta a dimensão cultural à análise das instituições políticas. Segundo Bruno Fagundes (2008), a dimensão cultural atribui verdade e legitimidade aos processos em que os atores sociais estão envolvidos. Algumas obras importantes nessa perspectiva são *A democracia na América*, de Alexis de Tocqueville, e *The Civic Culture*, de Gabriel Almond e Sidney Verba.

Considerando-se seus conceitos primordiais, a teoria da cultura política alarga a noção de costumes de um povo, entendendo que se trata tanto dos modos de sentir-agir quanto da dimensão intelectual e moral-valorativa, ou seja, as relações entre as pessoas e a política também passariam pelos costumes e pela instância cultural. Assim, a cultura política é internalizada, e nela, "por processos interpretativos de conferência de sentido, vetores valorativos, afetivos e cognitivos jogam com motivos e sentimentos de aceitação e adesão aos formatos institucionais propostos às pessoas" (Fagundes, 2008, p. 139).

Os autores dessa corrente contornam a cultura política como o conjunto de orientações subjetivas de uma população, sendo esse conjunto resultado da socialização na infância, do processo escolar, dos meios de comunicação, das experiências adultas, entre outros aspectos. Partindo desse ponto, os estudos dos culturalistas têm como principal tema a importância dos valores, dos sentimentos, das crenças e do conhecimento no comportamento político das pessoas (Rennó, 1998).

### 6.5.3 Funcionalismo

A perspectiva funcionalista está voltada à realização de macroanálises e à identificação de aspectos globais e estruturais do fenômeno político.

Assim, às vezes, o funcionalismo aparece associado ao estruturalismo, adotando-se a nomenclatura de *funcional-estruturalismo*.

A análise funcional se concentra na análise das relações de uma parte da sociedade com as outras ou de uma parte da sociedade com a sociedade inteira. Com esse olhar, busca identificar as funções, disfunções e consequências das diferentes instâncias presentes na sociedade. Para alcançar esse objetivo, a opção é seguir uma orientação teórica e metodológica baseada no empírico (Coser, 1996).

A necessidade de um olhar funcionalista na ciência política surge diante da complexidade do Estado moderno – em que as questões políticas se multiplicam –, em razão de essa perspectiva fornecer uma base de comparação sólida e conceitual para a investigação acerca dos sistemas reais. Diferentemente de outras abordagens, o funcionalismo propicia "instrumentos para a análise de várias atividades políticas informais e não institucionais, além de se preocupar preferencialmente com os fatos, e não muito com os motivos e julgamentos éticos" (Belo, 2003, p. 54).

## 6.5.4 *Institucionalismo e neoinstitucionalismo*

A perspectiva institucionalista parte da premissa de que as instituições têm uma importância decisiva na produção dos resultados políticos. Historicamente, podemos identificar os estudos institucionalistas desde Aristóteles, John Locke, Montesquieu e os federalistas norte-americanos e, posteriormente, Thorstein Veblen, John Commons e Wesley Mitchell, com a defesa das instituições sociais (Peres, 2008).

Como, muitas vezes, o institucionalismo foi acusado de não ter cientificidade, surgiu o neoinstitucionalismo, que buscou preencher essa lacuna, revitalizando alguns conceitos do institucionalismo e propondo outros novos. O neoinstitucionalismo defende uma análise política preocupada em como as preferências manifestas dos atores se relacionam com as instituições políticas (Perissinotto, 2004). Como explica Peres (2008, p. 65),

> *a ideia básica que serve de núcleo epistemológico e metodológico das análises atuais acerca dos fenômenos políticos é a de que os atores respondem estratégica ou moralmente a um conjunto de regras formais ou informais que são circunscritas às instituições. Estas moldam, condicionam ou induzem os atores a agirem e a decidirem de determinada maneira e acabam, assim, explicando grande parte do que ocorre na dinâmica da política.*

No interesse pelos fenômenos institucionais, estabeleceram-se três vertentes:

1. **Institucionalismo histórico**: Preocupa-se com o conflito entre os grupos políticos rivais para pensar as situações políticas nacionais e a distribuição do poder.
2. **Institucionalismo da escolha racional**: Considera que os indivíduos sempre agem para maximizar sua satisfação e a satisfação de suas preferências e que eles o fazem ainda que em detrimento da coletividade; nessa perspectiva, a vida política aparece como uma sequência de dilemas de ação coletiva em que os indivíduos precisam agir.
3. **Institucionalismo sociológico**: Preocupa-se com a escolha e difusão de símbolos organizacionais e tem como problema compreender por que as organizações adotam um conjunto específico de procedimentos e determinados símbolos (Hall; Taylor, 2003).

### 6.5.5 Pluralismo

O pensamento pluralista surgiu diante da observação da realidade e da constatação de que as teorias existentes não eram capazes de explicá-la. Um retrato dessa realidade é apresentado por Daniela Mussi (2012) como sendo constituído pela instabilidade da esfera pública dos Estados Unidos, em especial na vida associativa, em que os grupos de interesse (sindicatos, organizações, associações comerciais etc.) que tinham grande importância internamente no país atuavam como grupos de pressão para a política nacional.

Foi desse problema advindo da realidade que o pluralismo se desenvolveu: Como entender as instituições que, para além do Estado, têm os recursos de poder e controle? Essa corrente tem o objetivo de "compreender o caráter político do universo associativo das sociedades industriais, que escapa às análises centradas no monopólio do poder pelo Estado e da política pelos partidos" (Mussi, 2012, p. 231).

Ao se aplicarem os conceitos pluralistas aos governos democráticos modernos, é possível chegar a uma fórmula em que um cidadão que esteja integrado em um grupo de interesses tem a possibilidade de fazer representar seus interesses no processo político, e assim a democracia participativa pode ser exercida plenamente. Essas ideias podem ser encontradas na obra de Robert Dahl (1915-2014), um dos principais nomes desse movimento (Costa, 2007).

### 6.5.6 Teoria dos sistemas

A análise sistêmica dos fatos políticos consiste no estudo tanto da hierarquia e da fundamentação do poder quanto do sistema constituído pelas ações e interações dos agentes políticos (Belo, 2003). O principal nome dessa corrente na ciência política foi o canadense David Easton (1917-2014).

Com base nessa perspectiva, passa-se a utilizar o termo *sistema político* para designar as instituições formais, as organizações informais e toda e qualquer estrutura capaz de influenciar o jogo político. Esse termo é então empregado no lugar de *Estado* ou *nação* e torna-se cada vez mais comum no campo da análise comparativa em ciência política (Belo, 2003).

Um sistema, *grosso modo*, é formado por um conjunto de elementos interdependentes que estão em interação; assim, os estudiosos da teoria dos sistemas não se preocupam com cada um desses elementos, mas com o todo que surge do conjunto e como esse conjunto/sistema interage com os outros, fugindo de uma possível fragmentação do objeto e do conhecimento. Ao adotarem essa perspectiva, os cientistas políticos buscam estudar o sistema político como uma totalidade e em relação aos outros sistemas (econômico, cultural etc.) que formam o sistema social.

Nosso objetivo ao apresentar cada uma dessas abordagens em ciência política especificamente foi esclarecer as características centrais de cada uma delas; entretanto, precisamos ressaltar que nem sempre essas teorias são usadas isoladamente, sendo muitas vezes combinadas para gerar análises mais globais. Por exemplo, é possível aliar a teoria dos sistemas e o funcionalismo e, assim, proceder a uma análise das funções e disfunções do sistema político em relação ao sistema social. Desse modo, a escolha por uma perspectiva ou por uma combinação deve ser feita pelo cientista político ao desenvolver seu trabalho, considerando suas preferências pessoais e o objeto de estudo.

## Síntese

A *ciência política* se dedica ao estudo das ideias e dos fatos políticos (questões teóricas e práticas), que têm forte relação com o exercício do poder. Assim, ela se vale de alguns conceitos-chave, entre os quais destacamos: poder, que é a possibilidade de impor a própria vontade sobre outrem; dominação, que é a possibilidade de encontrar obediência a uma ordem; Estado, um instituto político que detém o poder sobre um determinado território; e governo, a forma de organização do Estado em relação à autoridade.

Esses conceitos podem ser pensados e pesquisados por diversas perspectivas teórico-metodológicas, que, como mostramos, devem ser escolhidas de acordo com sua pertinência para gerar a melhor compreensão acerca do fenômeno político.

## Indicações culturais

### Filme

A ONDA. Direção: Dennis Gansel. Alemanha, 2009. 108 min.
Esse filme alemão conta a história de um professor que resolve fazer um experimento social com seus alunos, durante um curso sobre autocracia (poder concentrado em uma única pessoa ou grupo). Essa obra traz à tona importantes temas para a ciência política, como as formas de governo e a maneira como o poder é exercido, e propõe uma reflexão formidável sobre como surge o fascismo.

*Série*

> HOUSE of Cards. Criação: Beau Willimon; Frank Pugliese; Melissa James Gibson. EUA: Netflix, 2013-2017. Série televisiva.
> Nessa série estadunidense, são retratados os bastidores do alto escalão da política do país, pelo olhar do congressista fictício Francis Underwood. No enredo, é possível analisar as relações de poder, em especial o conflito entre as pessoas e os grupos que exercem o poder e aqueles que tentam influenciá-los.

## Atividades de autoavaliação

1. Assinale a alternativa que corretamente apresenta a definição de *ciência política*:
   a) Estudo da cultura e dos sistemas de parentesco.
   b) Estudo dos acontecimentos, das instituições e das ideias políticas.
   c) Estudo dos processos de aprendizagem humanos.
   d) Estudo do ser humano e de suas relações com a natureza.

2. Algumas áreas de estudo são fundamentais para pensar a política e apresentam grandes contribuições para a ciência política. Entre essas áreas estão:
   a) matemática, letras e artes.
   b) estatística, psicanálise, educação e ciências da religião.
   c) psicologia, biologia e teologia.
   d) filosofia, direito, sociologia e economia.

3. Weber define *dominação* como a probabilidade de encontrar obediência a uma ordem. Quais são as formas de dominação identificadas por Weber?

   a) Dominação patriarcal, dominação territorial e dominação financeira.

   b) Dominação religiosa, dominação laica e dominação agnóstica.

   c) Dominação legal, dominação tradicional e dominação carismática.

   d) Dominação jurídica, dominação histórica e dominação racional.

4. O que é Estado?

   a) Uma sociedade política organizada, com poder próprio e um território determinado.

   b) Conjunto formado por um número determinado de municípios.

   c) Uma das unidades federativas de uma república.

   d) Um território em que não há poder centralizado.

5. Assinale a alternativa que corretamente aponta as formas de governo identificadas por Montesquieu:

   a) Democracia, república e parlamento.

   b) Governo democrático e governo ditatorial.

   c) Tirania, oligarquia e demagogia.

   d) Governo republicano, governo monárquico e governo despótico.

## Atividades de aprendizagem

### Questões para reflexão

1. O poder pode ser entendido como a possibilidade de impor a própria vontade em uma relação social. Com base nesse conceito,

reflita sobre como o poder está presente em seu cotidiano e identifique três situações em que isso ocorre.

2. Em ciência política, utiliza-se, entre outros tipos, a pesquisa de opinião, muito comum em época de eleições. Assim, localize algumas pesquisas eleitorais realizadas na última eleição municipal em sua cidade e produza uma análise desse conteúdo com base no que você aprendeu sobre pesquisas de opinião.

*Atividade aplicada: prática*

1. O que você sabe sobre o Estado brasileiro? Realize uma pesquisa para identificar alguns dos elementos examinados neste capítulo: quem exerce o poder, qual é a forma de governo e qual das teorias da ciência política pode explicar seu funcionamento. Esse exercício é fundamental para que você possa compreender melhor a realidade nacional.

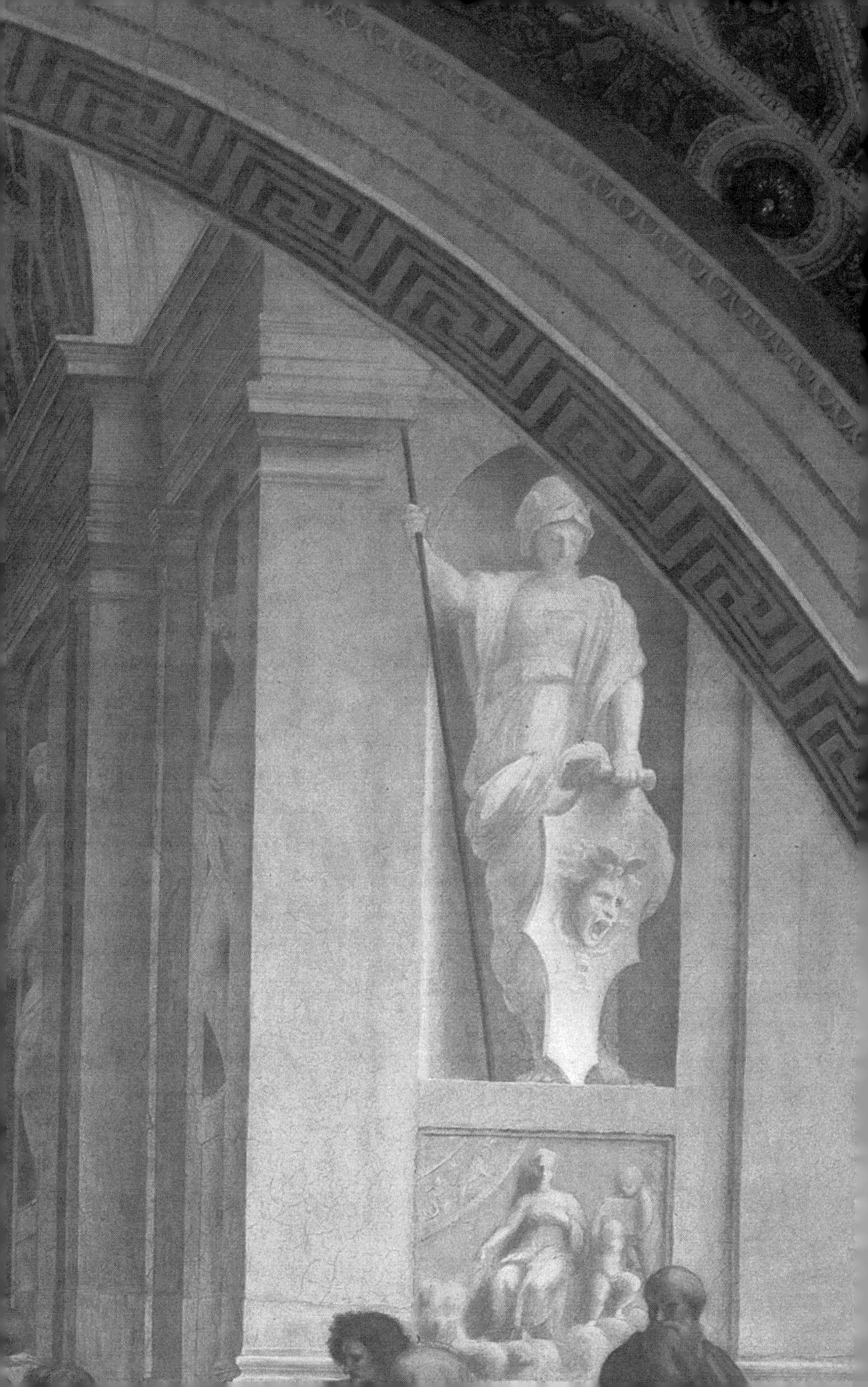

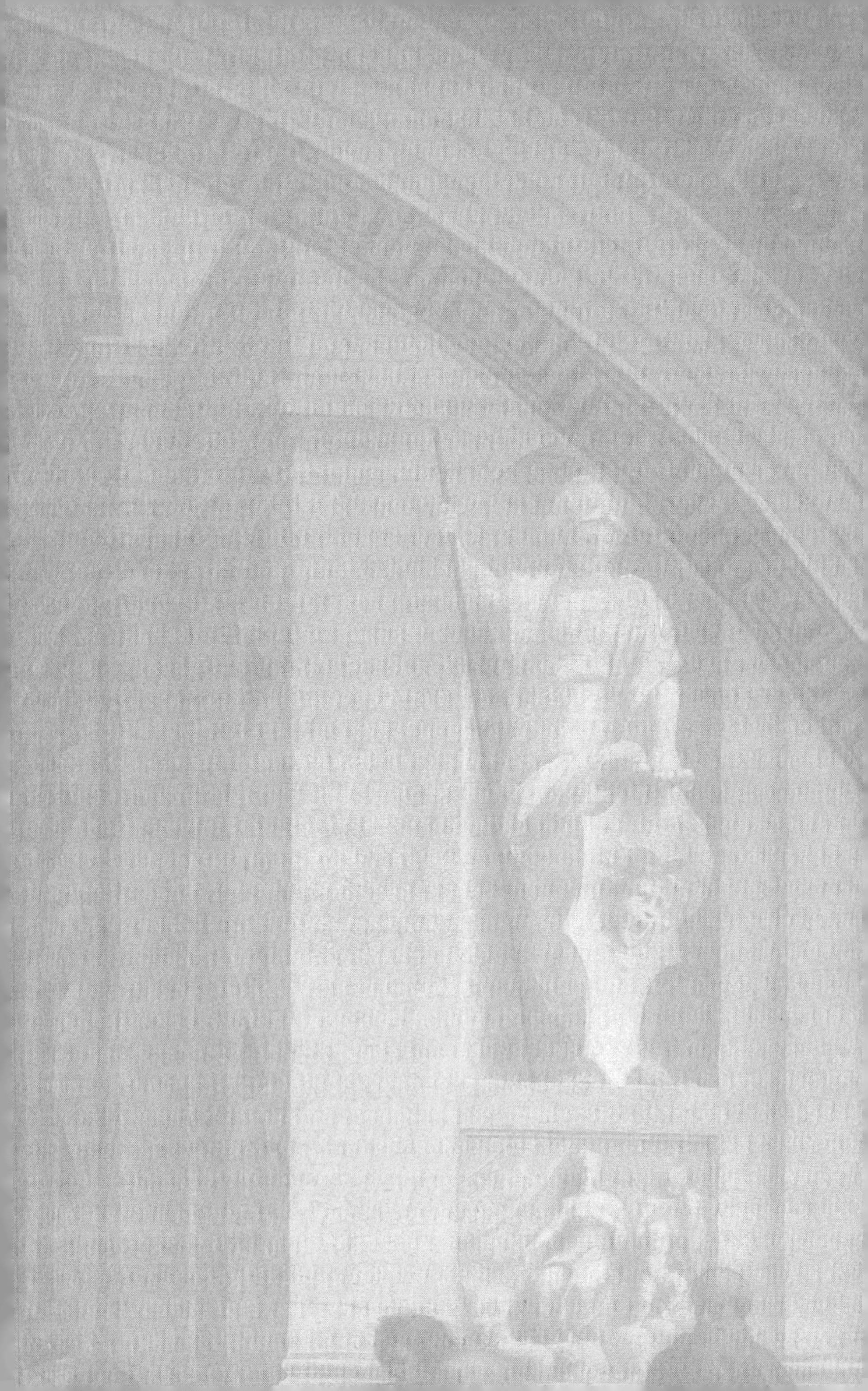

## *considerações finais*

*Muitos manuais e livros* já foram produzidos sobre as ciências sociais, e nesta obra quisemos avançar em alguns debates para contemplar as discussões atuais sobre pós-modernidade, pós-estruturalismo e pós-colonialismo observadas nesse campo do saber. Quando se entende a modernidade como responsável pelas dualidades, produzindo-se assim um conhecimento estrutural da sociedade, é necessário considerar o pós-moderno como uma fuga desse movimento, mas para a frente, ou seja, em que se avança e se localiza a fluidez das várias relações em face da destradicionalização causada pela globalização. O pós-estruturalismo, por representação, seria um movimento de fuga para trás, não na busca por uma reconexão romântica com as estruturas anteriores, mas como reconexão com aquilo que a modernidade esqueceu em seus processos.

Feita esta última revisão, julgamos que este não é um espaço de retomar o que foi exposto, como em um trabalho acadêmico, tendo em conta a diferença de espaço entre um livro e um artigo, por exemplo. Assim, vamos aproveitar este espaço para colocar em pauta o processo de produção desta obra, a primeira dos dois autores, razão pela qual se constitui em um empreendimento inovador em nossa rotina.

Nos últimos dois meses de produção deste livro, nós nos isolamos e começamos a discutir sua forma e seus conteúdos. Ao mesmo tempo, perseguiu-nos sonoramente uma obra de reforma de um edifício ao lado de nosso local de trabalho, de onde podíamos escutar também os diálogos, os acertos e os ajustes que iam sendo entretecidos enquanto a estrutura era levantada. O paralelo com a reforma e o aumento da estrutura do edifício é inegável. Construímos também uma estrutura nesses últimos meses que agora chega ao fim.

O processo de refletir e colocar no papel aquilo que se pensou nunca é fácil. Porém, a dificuldade é amenizada quando existe a possibilidade de discutir as ideias e colocá-las à prova antes de escrever; de voltar ao texto, corrigi-lo e, às vezes, apagar muitas linhas e reescrevê-las de outro modo; de alterar os parágrafos de lugar e, por vezes, até capítulos inteiros. Também ouvimos e respeitamos o silêncio e o espaço um do outro, assim como foi respeitado o autoexílio que cada um de nós se impôs, à sua maneira.

Enfrentamos assim essa condição de reclusão e de isolamento social e familiar que o processo de construção exigia. Nessa imersão que finda agora, foi possível pensar nosso papel como cientistas e o próprio ato de escrever, que se caracteriza como um tarefa obrigatória na carreira que escolhemos e em nosso papel como discentes de doutorado em Sociologia. O artesanato constituído nas ações de incluir e excluir, destruir e reconstruir, buscar inspiração na janela, remontar as notas nos pedaços de papéis que se amontoavam à mesa, no quadro da parede, no verso dos impressos que tínhamos em mãos e até no ímã da geladeira mostrou-se, agora no fim, divertido, necessário, essencial.

Escrever algo que exigiu esse fôlego demandou o desenvolvimento de algumas manias, como não escrever sem antes providenciar a água, o chimarrão e uma xícara de café, tudo ao mesmo tempo, ou sem antes verificar e responder todas as mensagens urgentes. A função de escrever e reconsiderar a todo instante o que escrevíamos desenvolveu em nós também o desapego e a abertura às críticas, porque o trabalho de quem externa o pensamento implica aceitar os questionamentos. Ao revelarmos nossa força, revelamos simultaneamente nossas fraquezas.

É nesse sentido que esperamos que entender o que se estuda e como se aproximar de seu objeto de estudo sejam algumas das questões que quem passou por estas linhas e deseja fazer ciência da sociedade possa responder agora, ao chegar ao final deste livro.

Por fim, devemos ressaltar que iniciamos esta obra citando Gilles Deleuze e Félix Guattari (1995) agarrando-nos à noção de *agenciamento* que o livro pode produzir. Concordamos assim com a ideia de que "num livro, como em qualquer coisa, há linhas de articulação ou segmentaridade, estratos, territorialidades, mas também linhas de fuga, movimentos de desterritorialização e desestratificação" (Deleuze; Guattari, 1995, p. 18). Este livro, a partir daqui, assim pensamos, ganha vida e caminhos que não controlamos mais. Ele responde por si.

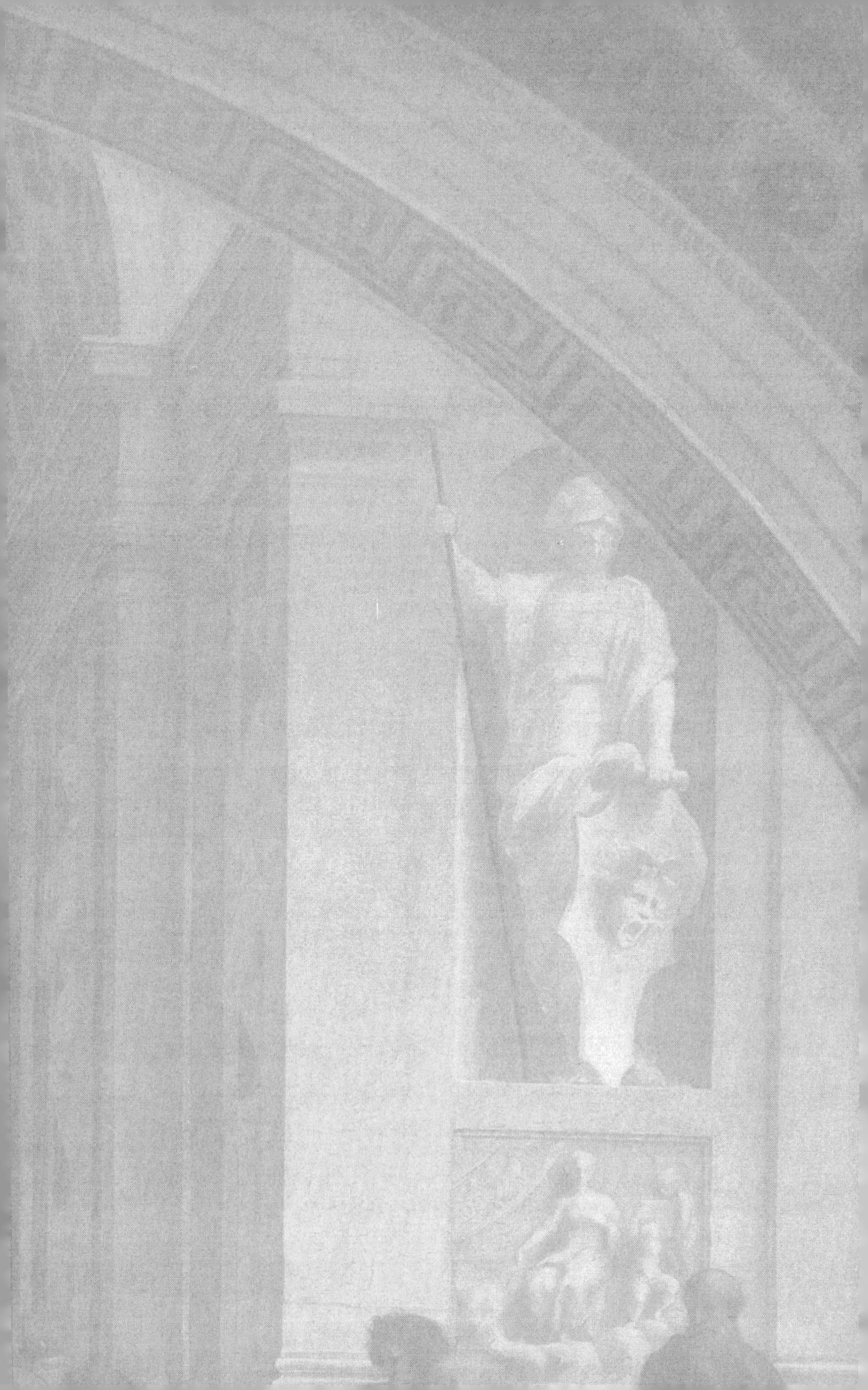

# referências

ADORNO, T. **Introdução à sociologia**. São Paulo: Ed. da Unesp, 2008.

ALBUQUERQUE, J. A. G. Montesquieu: sociedade e poder. In: WEFFORT, F. (Org.). **Os clássicos da política**. São Paulo: Ática, 1991. p. 111-120.

ALENCAR, J. de. **Iracema**. São Paulo: Ática, 2004.

ALENCAR, J. de. **O guarani**. São Paulo: Ática, 2003.

ALTHUSSER, L. Materialismo dialéctico y materialismo histórico. **Pensamiento Crítico**, Havana, Cuba, n. 5, p. 1-27, jun. 1967. Disponível em: <http://www.filosofia.org/rev/pch/1967/pdf/n05p003.pdf>. Acesso em: 23 nov. 2017.

AMARAL, F. B. **Indivíduo, sociedade e ambiente**: reflexões a partir da constituição de um bosque urbano. 89 f. Dissertação (Mestrado em Sociologia) – Universidade Federal do Paraná, Curitiba, 2015. Disponível em: <http://acervodigital.ufpr.br/handle/1884/41726>. Acesso em: 24 nov. 2017.

ARISTÓTELES. **A política**. São Paulo: M. Fontes, 1998.

ARRUDA, J. J. A.; PILETTI, N. **Toda a história**: história geral e história do Brasil. São Paulo: Ática, 2000.

AZAMBUJA, D. **Introdução à ciência política**. São Paulo: Globo, 2005.

BACHELARD, G. **A epistemologia**. São Paulo: M. Fontes, 1971.

BACHELARD, G. **A formação do espírito científico**: contribuição para uma psicanálise do conhecimento. Rio de Janeiro: Contraponto, 1996.

BADIE, B.; HERMET, G. El método comparativo. In: BADIE, B.; HERMET, G. **Política comparada**. México: Fondo de Cultura Económica, 1993. p. 7-59.

BÁRBARA, L. B. A vida e as formas da sociologia de Simmel. **Tempo Social**, São Paulo, v. 26, n. 2, p. 89-107, 2014. Disponível em: <http://www.scielo.br/pdf/ts/v26n2/v26n2a06.pdf>. Acesso em: 22 nov. 2017.

BASTIDE, R. Manifestações do preconceito de cor. In: BASTIDE, R.; FERNANDES, F. **Brancos e negros em São Paulo**: ensaio sociológico sobre aspectos da formação, manifestações atuais e efeitos do preconceito de cor na sociedade paulistana. São Paulo: Companhia Editora Nacional, 1971. p. 163-216.

BASTIDE, R. **Sociologia das doenças mentais**. São Paulo: Companhia Editora Nacional, 1967.

BAUMAN, Z. **Modernidade líquida**. Rio de Janeiro: Zahar, 2001.

BAUMAN, Z. **O mal-estar da pós-modernidade**. Rio de Janeiro: J. Zahar, 1998.

BECK, U. A reinvenção da política. In: BECK, U.; GIDDENS, A.; LASH, S. **Modernização reflexiva**: política, tradição e estética na ordem social moderna. São Paulo: Ed. da Unesp, 1997. p. 1-52.

BECK, U.; GIDDENS, A.; LASH, S. **Modernização reflexiva**: política, tradição e estética na ordem social moderna. São Paulo: Ed. da Unesp, 1997.

BELO, M. A. C. Funções, sistemas e grupamentos no quadro da ciência política contemporânea. **Prim@ Facie**, João Pessoa, ano 2, n. 2, p. 53-60, jan./jun. 2003. Disponível em: <http://periodicos.ufpb.br/index.php/primafacie/article/download/4409/3322>. Acesso em: 29 nov. 2017.

BHABHA, H. **O bazar global e o clube dos cavalheiros ingleses**. Rio de Janeiro: Rocco Digital, 2012.

BOAS, F. **Antropologia cultural**. Rio de Janeiro: Zahar, 2006.

BOIVIN, M.; ROSATO, A.; ARRIBAS, V. **Constructores de otredad**. Buenos Aires: Antropofagias, 2004.

BONAVIDES, P. **Ciência política**. São Paulo: Malheiros, 2000.

BORLANDI, M. Les faits sociaux comme produits de l'association entre les individus. In: BORLANDI, M.; MUCCHIELLI, L. **La sociologie et sa méthode**. Paris: L'Harmattan, 1995. p. 139-164.

BOTTOMORE, T. **Dicionário do pensamento marxista**. Rio de Janeiro: J. Zahar, 2012.

BOURDIEU, P. **Coisas ditas**. São Paulo: Ática, 1994.

BOURDIEU, P. **O poder simbólico**. Lisboa: Difel, 1989.

BOURDIEU, P. **Razões práticas**: sobre a teoria da ação. São Paulo: Papirus, 2006.

CARDOSO, R. C. L. O papel das associações juvenis na aculturação dos japoneses. **Revista de Antropologia**, São Paulo, v. 7, p. 101-122, 1959. Disponível em: <https://www.revistas.usp.br/ra/article/view/110393/108942>. Acesso em: 28 nov. 2017.

CASTRO, C. A. P de. **Sociologia geral**. São Paulo: Atlas, 2000.

CASTRO, E. V. de. "Transformação" na antropologia, transformação da "antropologia". **Mana**, Rio de Janeiro, v. 18, n. 1, p. 151-171, abr. 2012. Disponível em: <http://www.scielo.br/pdf/mana/v18n1/a06v18n1.pdf>. Acesso em: 29 nov. 2017.

COHN, G. **Crítica e resignação**: Max Weber e a teoria social. São Paulo: M. Fontes, 2003.

COMTE, A. Curso de filosofia positiva. In: COMTE, A. **Augusto Comte**. São Paulo: Abril Cultural, 1978. p. 33-113. (Coleção Os Pensadores).

CORCUFF, P. **As novas sociologias**: construções da realidade social. São Paulo: Edusc, 2001.

COSER, L. Funcionalismo. In: BOTTOMORE, T.; OUTHWAITE, W. **Dicionário do pensamento social do século XX**. Rio de Janeiro: J. Zahar, 1996. p. 326-328.

COSTA, H. de O. Democracia e participação na teoria pluralista. **Cronos**, Natal, v. 8, n. 1, p. 215-228, jan./jun. 2007. Disponível em: <https://periodicos.ufrn.br/cronos/article/viewFile/3175/2565>. Acesso em: 29 nov. 2017.

COSTA, S. Desprovincializando a sociologia: a contribuição póscolonial. **Revista Brasileira de Ciências Sociais**, São Paulo, v. 21, n. 60, p. 117-134, fev. 2006. Disponível em: <http://www.scielo.br/pdf/rbcsoc/v21n60/29764.pdf>. Acesso em: 28 nov. 2017.

DAHL, R. **Análise política moderna**. Brasília: Ed. da UnB, 1981.

DELEUZE, G.; GUATTARI, F. **Mil platôs**: capitalismo e esquizofrenia. São Paulo: Ed. 34, 1995. 5 v.

DERRIDA, J. **O animal que logo sou**. 2. ed. São Paulo: Ed. da Unesp, 2011.

DESCARTES, R. **Discurso do método**. In: DESCARTES, R. **Descartes**. São Paulo: Abril Cultural, 1996. p. 47-95. (Coleção Os Pensadores).

DESCOLA, P. Claude Lévi-Strauss por Philippe Descola. **Estudos Avançados**, São Paulo, v. 23, n. 67, p. 148-160, 2009. Disponível em: <http://www.scielo.br/pdf/ea/v23n67/a22v2367.pdf>. Acesso em: 29 nov. 2017.

DIAS, G. I-Juca-Pirama. In: DIAS, G. **Últimos cantos**. Rio de Janeiro: F. de Paula Brito, 1851. p. 12-35.

DÍAZ, E. A. **Metodología de las ciencias sociales**. Buenos Aires: Biblos, 2010.

DILTHEY, W. **A construção do mundo histórico nas ciências humanas**. São Paulo: Ed. da Unesp, 2010.

DILTHEY, W. **Ideias acerca de uma psicologia descritiva e analítica**. Covilhã: LusoSofia, 2008.

DURKHEIM, E. **As regras do método sociológico**. 3. ed. São Paulo: M. Fontes, 2007.

DURKHEIM, E. **Da divisão do trabalho social**. São Paulo: M. Fontes, 1999.

DURKHEIM, E. **O suicídio**: estudo sociológico. São Paulo: M. Fontes, 1977.

ELIAS, N. **O processo civilizador**: formação do Estado e civilização. Rio de Janeiro: J. Zahar, 1994. v. 2.

ERIKSEN, T. H.; NIELSEN, F. S. **História da antropologia**. Petrópolis: Vozes, 2007.

ESCOBAR, A. **Territorios de diferencia**: lugar, movimientos, vida, redes. Popayan: Envión, 2010.

FAGUNDES, B. F. L. Matrizes do pensamento culturalista: Tocqueville e Almond-Verba. **Lua Nova**, São Paulo, v. 74, p. 131-150, 2008. Disponível em: <http://www.scielo.br/pdf/ln/n74/06.pdf>. Acesso em: 29 nov. 2017.

FELDMAN-BIANCO, B. (Org.). **Antropologia das sociedades contemporâneas**: métodos. São Paulo: Ed. da Unesp, 2010. Disponível em: <https://edisciplinas.usp.br/pluginfile.php/2019427/mod_resource/content/1/Ci%C3%AAncias%20Sociais%20-%20FELDMAN-BIANCO%2C%20B.%20Antropologia%20das%20Sociedades.pdf>. Acesso em: 9 jan. 2018.

FERNANDES, F. Cor e estrutura social em mudança. In: BASTIDE, R.; FERNANDES, F. **Brancos e negros em São Paulo**: ensaio sociológico sobre aspectos da formação, manifestações atuais e efeitos do preconceito de cor na sociedade paulistana. São Paulo: Companhia Editora Nacional, 1971. p. 77-162. Disponível em: <http://www.brasiliana.com.br/obras/brancos-e-negros-em-sao-paulo-ensaio-sociologico-sobre-aspectos-da-formacao-manifestacoes-atuais-e-efeitos-do-preconceito-de-cor/preambulo/5/texto>. Acesso em: 28 nov. 2017.

FEYERABEND, P. **A ciência em uma sociedade livre**. São Paulo: Ed. da Unesp, 2011.

FOUCAULT, M. **As palavras e as coisas**: uma arqueologia das ciências humanas. São Paulo: M. Fontes, 1991.

FOUREZ, G. **A construção das ciências**: introdução à filosofia e à ética das ciências. São Paulo: Ed. da Unesp, 1995.

FRANCO, J. L. de A. et al. (Org.). **História ambiental**: fronteiras, recursos naturais e conservação da natureza. Rio de Janeiro: Garamond, 2012.

FREIRE, L. de L. Seguindo Bruno Latour: notas para uma antropologia simétrica. **Comum**, Rio de Janeiro, v. 11, n. 26, p. 46-65, jan./jun. 2006. Disponível em: <http://lemetro.ifcs.ufrj.br/pesquisadores/Leticia%20de%20Luna%20Freire/latour.pdf>. Acesso em: 29 nov. 2017

FREITAG, B. **A teoria crítica**: ontem e hoje. 5. ed. São Paulo: Brasiliense, 2004.

FREUND, J. **Sociologia de Max Weber**. 6. ed. Rio de Janeiro: Forense Universitária, 2006.

FREYRE, G. **Casa-grande & senzala**: formação da família brasileira sob o regime da economia patriarcal. 48. ed. São Paulo: Global, 2003.

GEERTZ, C. **A interpretação das culturas**. Rio de Janeiro: LTC, 1989.

GEERTZ, C. **Nova luz sobre a antropologia**. Rio de Janeiro: J. Zahar, 2001.

GIDDENS, A. **A constituição da sociedade**. 3. ed. São Paulo: WMF M. Fontes, 2009.

GIDDENS, A. **As consequências da modernidade**. São Paulo: Ed. da Unesp, 1991.

GIDDENS, A. **Modernidade e identidade**. Rio de Janeiro: J. Zahar, 2002.

GIDDENS, A. **Sociologia**. Porto Alegre: Penso, 2012.

GLUCKMAN, M. **Rituais de rebelião no sudeste da África**. Brasília: DAN/UnB, 2011. (Série Tradução, v. 3).

HABERMAS, J. **A lógica das ciências sociais**. Petrópolis: Vozes, 2011.

HABERMAS, J. **Conhecimento e interesse**. Rio de Janeiro: Zahar, 1982.

HABERMAS, J. **Teoria do agir comunicativo**. São Paulo: M. Fontes, 2012.

HALL, P. A.; TAYLOR, R. C. R. As três versões do neo-institucionalismo. **Lua Nova**, São Paulo, n. 58, p. 193-224, 2003. Disponível em: <http://www.scielo.br/pdf/ln/n58/a10n58.pdf>. Acesso em: 29 nov. 2017.

HALL, S. **A identidade cultural na pós-modernidade**. 11. ed. Rio de Janeiro: DP&A, 2006.

HARAWAY, D. Manifesto ciborgue: ciência, tecnologia e feminismo-socialista no final do século XX. In: HARAWAY, D.; KUNZRU, H.; TADEU, T. (Org.). **Antropologia do ciborgue**: as vertigens do pós-humano. 2. ed. Belo Horizonte: Autêntica, 2009. p. 33-118.

HOBBES, T. **Leviatã ou matéria, forma e poder de um Estado eclesiástico e civil**. São Paulo: M. Claret, 2009.

HOLANDA, S. B. de. **Raízes do Brasil**. 3. ed. Rio de Janeiro: J. Olympio, 1956.

HOPPER, P.; PEACOCK, M. Apêndice biográfico. In: BOTTOMORE, T.; OUTHWAITE, W. **Dicionário do pensamento social do século XX**. Rio de Janeiro: J. Zahar, 1996. p. 807-820

HUSSERL, E. **A crise da humanidade europeia e a filosofia**. Covilhã: Universidade da Beira Interior, 2008.

IANNI, O. **Pensamento social no Brasil**. Bauru: Edusc/Anpocs, 2004.

INGOLD, T. **Estar vivo**: ensaios sobre movimento, conhecimento e descrição. Petrópolis: Vozes, 2015.

INGOLD, T. Trazendo as coisas de volta à vida: emaranhados criativos num mundo de materiais. **Horizontes Antropológicos**, Porto Alegre, v. 18, n. 37, p. 25-44, jan./jun. 2012. Disponível em: <http://www.scielo.br/scielo.php?script=sci_arttext&pid=S0104-71832012000100002&lng=en&nrm=iso>. Acesso em: 8 set. 2017.

KALBERG, S. **Max Weber**: uma introdução. Rio de Janeiro: Zahar, 2010.

KUHN, T. S. **A estrutura das revoluções científicas**. São Paulo: Perspectiva, 1962.

LAGO, A. A. C. do. **Estocolmo, Rio, Joanesburgo**: o Brasil e as três conferências ambientais das Nações Unidas. Brasília: Instituto Rio Branco, Fundação Alexandre de Gusmão, 2007. Disponível em: <http://www.thesaurus.com.br/download.php?codigoArquivo=172>. Acesso em: 29 nov. 2017.

LAHIRE, B. **À quoi sert la sociologie?** Paris: Éditions La Découverte, 2004.

LAKATOS, E. M.; MARCONI, M. A. **Fundamentos de metodologia do trabalho científico**. 5. ed. São Paulo: Atlas, 2003.

LAMEIRÃO, A. P. O controle metodológico como meio para assegurar a credibilidade de uma pesquisa de survey. **Pensamento Plural**, Pelotas, v. 14, p. 41-63, jan./jun. 2014. Disponível em: <https://periodicos.ufpel.edu.br/ojs2/index.php/pensamentoplural/article/view/3881/3413>. Acesso em: 29 nov. 2017.

LAPLANTINE, F. **Aprender antropologia**. São Paulo: Brasiliense, 2007.

LATOUR, B. **Jamais fomos modernos**: ensaio de antropologia simétrica. Rio de Janeiro: Ed. 34, 1994.

LATOUR, B. **Reagregando o social**: uma introdução à teoria do ator-rede. São Paulo: Edusc, 2012.

LATOUR, B.; WOOLGAR, S. **A vida de laboratório**: a produção dos fatos científicos. Rio de Janeiro: Relume Dumará, 1997.

LEBRUN, G. **O que é poder**. São Paulo: Brasiliense, 2004. (Coleção Primeiros Passos).

LEFF, E. **Aventuras da epistemologia ambiental**: da articulação das ciências ao diálogo de saberes. São Paulo: Cortez, 2012.

LEFF, E. **Epistemologia ambiental**. 2. ed. São Paulo: Cortez, 2002.

LEFF, E. **Racionalidad ambiental**: la reapropiación social de la naturaleza. Buenos Aires, Argentina: Siglo XXI, 2004.

LEITE, F. B. Posições e divisões na ciência política brasileira contemporânea: explicando sua produção acadêmica. **Revista de Sociologia e Política**, Curitiba, v. 18, n. 37, p. 149-182, out. 2010. Disponível em: <http://www.scielo.br/scielo.php?pid=S0104-44782010000300011&script=sci_abstract&tlng=pt>. Acesso em: 29 nov. 2017.

LESSA, C. Nação e nacionalismo a partir da experiência brasileira. **Estudos Avançados**, São Paulo, v. 22, n. 62, p. 237-256, 2008. Disponível em: <http://www.scielo.br/pdf/ea/v22n62/a16v2262.pdf>. Acesso em: 28 nov. 2017.

LIEDKE FILHO, E. D. A sociologia no Brasil: história, teorias e desafios. **Sociologias**, Porto Alegre, ano 7, n. 14, p. 376-437, jul./dez. 2005. Disponível em: <http://www.scielo.br/scielo.php?pid=S1517-45222005000200014&script=sci_abstract&tlng=pt>. Acesso em: 28 nov. 2017.

LUKES, S. Anomia. In: BOTTOMORE, T.; OUTHWAITE, W. **Dicionário do pensamento social do século XX**. Rio de Janeiro: J. Zahar, 1996. p. 20-21.

MALINOWSKI, B. **Os argonautas do Pacífico Ocidental**. São Paulo: Abril Cultural, 1978. (Coleção Os Pensadores).

MAQUIAVEL, N. **O príncipe**. São Paulo: L&PM, 2001.

MARX, K. **Contribuição à crítica da economia política**. 2. ed. São Paulo: Expressão Popular, 2008.

MARX, K. **Grundrisse**: manuscritos econômicos de 1857-1858 – esboços da crítica da economia política. São Paulo: Boitempo, 2011.

MARX, K. **Manuscritos econômico-filosóficos**. São Paulo: Boitempo, 2004.

MARX, K.; ENGELS, F. **A ideologia alemã**. São Paulo: M. Fontes, 1998.

MARX, K.; ENGELS, F. **Manifesto do Partido Comunista**. Porto Alegre: L&PM, 2001.

MATTOS, C. L. G. de. A abordagem etnográfica na investigação científica. In: MATTOS, C. L. G.; CASTRO, P. A. (Org.). **Etnografia e educação**: conceitos e usos. Campina Grande: EDUEPB, 2011. p. 49-83.

MAUSS, M. **Ensaio sobre a dádiva**. Lisboa: Ed. 70, 2011.

MERQUIOR, J. G. Dependência. In: BOTTOMORE, T.; OUTHWAITE, W. **Dicionário do pensamento social do século XX**. Rio de Janeiro: J. Zahar, 1996, p. 187-189.

MEUCCI, S. **Artesania da sociologia no Brasil**: contribuições e interpretações de Gilberto Freyre. Curitiba: Appris, 2015.

MEUCCI, S. **Institucionalização da sociologia no Brasil**: primeiros manuais e cursos. São Paulo: Hucitec, 2011.

MILLS, W. C. **A imaginação sociológica**. Rio de Janeiro: Zahar, 1965.

MINAYO, M. C. de S. O desafio da pesquisa social. In: MINAYO, M. C. de S. (Org.). **Pesquisa social**: teoria, método e criatividade. Petrópolis: Vozes, 2008. p. 9-29.

MONTESQUIEU. Das leis que derivam diretamente da natureza do governo. In: WEFFORT, F. (Org.). **Os clássicos da política**. São Paulo: Ática, 1991. p. 121-186.

MUNANGA, K. **Rediscutindo a mestiçagem no Brasil**: identidade nacional versus identidade negra. Petrópolis: Vozes, 1999.

MUSSI, D. Pluralismo: origens de uma teoria para tempos de crise. **Perspectivas**, São Paulo, v. 42, p. 225-241, jul./dez. 2012. Disponível em: <http://seer.fclar.unesp.br/perspectivas/article/download/5946/4521>. Acesso em: 29 nov. 2017.

NÉSTOR OSORIO, S. La teoria crítica de la sociedad de la escuela de Frankfurt: algunos presupuestos teórico-críticos. **Revista Educación y Desarrollo Social**, v. 1, n. 1, p. 104-119, jul./dic.

2007. Disponível em: <http://www.umng.edu.co/documents/63968/80132/RevNo1vol1.Art8.pdf>. Acesso em: 29 nov. 2017.

NIETZSCHE, F. W. **Sobre verdade e mentira no sentido extramoral**. São Paulo: Hedra, 2007.

NIETZSCHE, F. W. **A gaia ciência**. São Paulo: Companhia das Letras, 2012.

NOGUEIRA, V. S. Trabalho assalariado e campesinato: uma etnografia com famílias camponesas. **Horizontes Antropológicos**, Porto Alegre, v. 19, n. 39, p. 241-268, jan./jun. 2013. Disponível em: <http://www.scielo.br/scielo.php?script=sci_arttext&pid=S0104-71832013000100010>. Acesso em: 29 nov. 2017.

OLIVEIRA, M. de. O conceito de representações coletivas: uma trajetória da divisão do trabalho às formas elementares. **Debates do NER**, Porto Alegre, ano 13, n. 22, p. 67-94, jul./dez. 2012. Disponível em: <http://seer.ufrgs.br/debatesdoner/article/view/30352>. Acesso em: 23 nov. 2017.

ORTIZ, R. **Cultura brasileira e identidade nacional**. São Paulo: Brasiliense, 1986.

ORTIZ, R. Imagens do Brasil. **Sociedade e Estado**, Brasília, v. 28, n. 3, p. 609-633, set./dez. 2013. Disponível em: <http://www.periodicos.unb.br/index.php/estado/article/view/18057>. Acesso em: 28 nov. 2017.

PAIXÃO, A. E. da. **Sociologia geral**. Curitiba: InterSaberes, 2012.

PARDO, R. H. La problemática del método en ciencias naturales y sociales. In: DÍAZ, E. A. **Metodología de las ciencias sociales**. 4. reimp. Buenos Aires: Biblos, 2010.

PARSONS, T. Sobre o conceito de poder político. In: CARDOSO, F. H.; MARTINS, C. E. (Org.). **Política e sociedade**. São Paulo: Companhia Editora Nacional, 1979. p. 352-404.

PEIRANO, M. **A teoria vivida**: e outros ensaios de antropologia. Rio de Janeiro: J. Zahar, 2006. (Coleção Antropologia Social).

PEIRANO, M. Etnografia não é método. **Horizontes antropológicos**, Porto Alegre, ano 20, n. 42, p. 377-391, jul./dez. 2014. Disponível em: <http://www.scielo.br/scielo.php?script=sci_arttext&pid=S0104-71832014000200015>. Acesso em: 29 nov. 2017.

PERES, P. S. Comportamento ou instituições? A evolução histórica do neo-institucionalismo da ciência política. **Revista Brasileira de Ciências Sociais**, São Paulo, v. 23, n. 68, p. 53-71, out. 2008. Disponível em: <http://www.scielo.br/scielo.php?script=sci_artt ext&pid=S0102-69092008000300005>. Acesso em: 29 nov. 2017.

PERISSINOTTO, R. Política e sociedade: por uma volta à sociologia política. **Política & Sociedade**, Florianópolis, v. 3, n. 5, p. 203-232, out. 2004. Disponível em: <https://periodicos.ufsc.br/index.php/politica/article/viewFile/1986/1735>. Acesso em: 29 nov. 2017.

PEZZODIPANE, R. V. Pós-colonial: a ruptura com a história única. **Simbiótica**, Vitória, ES, n. 3, p. 87-97, jun. 2013. Disponível em: <http://periodicos.ufes.br/simbiotica/article/view/5494/4012>. Acesso em: 29 nov. 2017.

PIERSON, D. **Cruz das almas**. Rio de Janeiro: J. Olympio, 1951.

PLATÃO. **A república**. São Paulo: M. Claret, 2000.

POPPER, K. **Conjecturas e refutações**. Brasília: Ed. da UnB, 1986.

PRADO JÚNIOR, C. **A revolução brasileira**. São Paulo: Brasiliense, 1966.

QUIJANO, A. Colonialidad del poder, eurocentrismo y América Latina. In: LANDER, E. (Comp.). **La colonialidad del saber**: eurocentrismo y ciencias sociales – perspectivas latinoamericanas. Buenos Aires: Clacso, 2000. Disponível em: <http://bibliotecavirtual.clacso.org.ar/ar/libros/lander/quijano.rtf>. Acesso em: 8 set. 2017.

RADCLIFFE-BROWN, A. R. **Estrutura e função na sociedade primitiva**. Petrópolis: Vozes, 2013.

RAMOS, M. P. Métodos quantitativos e pesquisa em ciências sociais: lógica e utilidade do uso da quantificação nas explicações dos fenômenos sociais. **Mediações**, Londrina, v. 18 n. 1, p. 55-65, jan./jun. 2013. Disponível em: <http://www.uel.br/revistas/uel/index.php/mediacoes/article/view/16447>. Acesso em: 29 nov. 2017.

RATTANSI, A. Divisão do trabalho. In: BOTTOMORE, T.; OUTHWAITE, W. **Dicionário do pensamento social do século XX**. Rio de Janeiro: J. Zahar, 1996. p. 218-221.

RENNÓ, L. Teoria da cultura política: vícios e virtudes. **BIB**, Rio de Janeiro, n. 45, p. 71-92, jan./jun. 1998. Disponível em: <http://www.anpocs.com/index.php/edicoes-anteriores/bib-45/486-teoria-da-cultura-politica-vicios-e-virtudes/file>. Acesso em: 29 nov. 2017.

REZENDE, F. da C. Razões emergentes para a validade dos estudos de caso na ciência política comparada. **Revista Brasileira de Ciência Política**, Brasília, n. 6, p. 297-337, jul./dez. 2011. Disponível em: <http://www.scielo.br/scielo.php?script=sci_arttext&pid=S0103-33522011000200012>. Acesso em: 29 nov. 2017.

RIBEIRO, D. **Maíra**. Rio de Janeiro: Civilização Brasileira, 1976.

RIBEIRO, R. J. Hobbes: o medo e a esperança. In: WEFFORT, F. (Org.). **Os clássicos da política**. São Paulo: Ática, 1991. p. 51-77.

RODRIGUES, J. A. (Org.). **Émile Durkheim**: sociologia. São Paulo: Ática, 2008.

SADEK, M. T. Nicolau Maquiavel: o cidadão sem fortuna, o intelectual de virtú. In: WEFFORT, F. (Org.). **Os clássicos da política**. São Paulo: Ática, 1991. p. 13-50.

SÁNCHEZ DURÁ, N. Actualidad del relativismo cultural. **Desacatos**, Cidade do México, n. 41, p. 29-48, enero/abr. 2013. Disponível em:

<http://www.redalyc.org/pdf/139/13925607009.pdf>. Acesso em: 29 nov. 2017.

SANTOS, B. de S. Ciência e senso comum. In: SANTOS, B. de S. **Introdução a uma ciência pós-moderna**. 6. ed. Porto: Afrontamento, 1989. p. 33-49.

SANTOS, B. de S. **Do pós-moderno ao pós-colonial**: e para além de um e outro. In: CONGRESSO LUSO-AFRO-BRASILEIRO DE CIÊNCIAS SOCIAIS, 8., 2004, Coimbra, Portugal.

SANTOS, B. de S. Para uma sociologia das ausências e uma sociologia das emergências. **Revista Crítica de Ciências Sociais**, Coimbra, Portugal, n. 63, p. 237-280, out. 2002. Disponível em: <https://rccs.revues.org/1285>. Acesso em: 28 nov. 2017.

SANTOS, B. de S. **Um discurso sobre as ciências**. 7. ed. São Paulo: Cortez, 2010.

SANTOS, B. de S. **Um discurso sobre as ciências**. São Paulo: Cortez, 1987.

SARTORI, G. **A política**. Brasília: Ed. da UnB, 1981.

SCHMIDT, A. História e natureza em Marx. In: COHN, G. **Sociologia**: para ler os clássicos. Rio de Janeiro: Azougue, 2005. p. 163-187.

SCHWANDT, T. A. Três posturas epistemológicas para a investigação qualitativa: interpretativismo, hermenêutica e construcionismo social. In: DENZIN, N. K.; LINCOLN, Y. S. (Org.). **O planejamento da pesquisa qualitativa**: teorias e abordagens. Porto Alegre: Artmed, 2006. p. 193-217.

SCHWARCZ, L. K. M. **Mercadores do espanto**: a prática antropológica na visão travessa de C. Geertz. **Revista de Antropologia**, São Paulo, v. 44, n. 1, p. 321-324, 2001. Resenha de: GEERTZ, C. Nova luz sobre a antropologia. Rio de Janeiro: J. Zahar, 2001. Disponível em: <http://www.scielo.br/pdf/ra/v44n1/5350.pdf>. Acesso em: 29 nov. 2017.

SELL, C. E. **Max Weber e a racionalização da vida**. Petrópolis: Vozes, 2013.

SILVA, G. P. da. Desafios ontológicos e epistemológicos para os métodos mistos na ciência política. **Revista Brasileira de Ciências Sociais**, São Paulo, v. 30, n. 88, p. 115-129, jun. 2015. Disponível em: <http://www.scielo.br/pdf/rbcsoc/v30n88/0102-6909-rbcsoc-30-88-0115.pdf>. Acesso em: 29 nov. 2017.

SIMMEL, G. Como as formas sociais se mantêm. In: MORAES FILHO, E. (Org.). **Georg Simmel**: sociologia. São Paulo: Ática, 1983. p. 46-58. (Coleção Grandes Cientistas Sociais, v. 34).

SKOCPOL, T. A imaginação histórica da sociologia. **Estudos de Sociologia**, Araraquara, SP, v. 9, n. 16, p. 7-29, 2004. Disponível em: <http://seer.fclar.unesp.br/estudos/article/view/140/138>. Acesso em: 21 nov. 2017.

SPIVAK, G. C. **Pode o subalterno falar?** Belo Horizonte: Ed. da UFMG, 2010.

TAVOLARO, S. B. F. Existe uma modernidade brasileira? Reflexões em torno de um dilema sociológico brasileiro. **Revista Brasileira de Ciências Sociais**, São Paulo, v. 20, n. 59, p. 5-22, out. 2005. Disponível em: <http://www.scielo.br/pdf/rbcsoc/v20n59/a01v2059.pdf>. Acesso em: 28 nov. 2017.

THIRY-CHERQUES, H. R. O primeiro estruturalismo: método de pesquisa para as ciências da gestão. **Revista de Administração Contemporânea**, Curitiba, v. 10, n. 2, p. 137-156, jun. 2006. Disponível em: <http://www.scielo.br/pdf/rac/v10n2/a08.pdf>. Acesso em: 21 nov. 2017.

VEIGA, L.; GONDIM, S. A utilização de métodos qualitativos na ciência política e no marketing político. **Opinião Pública**, Campinas, v. 7, n. 1, p. 1-15, 2001. Disponível em: <http://www.scielo.br/scielo.php?script=sci_arttext&pid=S0104-62762001000100001>. Acesso em: 29 nov. 2017.

WEBER, M. A dominação. In: CARDOSO, F. H.; MARTINS, C. E. (Org.). **Política e sociedade**. São Paulo: Companhia Editora Nacional, 1979. p. 9-20.

WEBER, M. **A ética protestante e o "espírito" do capitalismo**. São Paulo: Companhia das Letras, 2004.

WEBER, M. **Conceitos básicos de sociologia**. São Paulo: Centauro, 2010.

WEBER, M. **Economia e sociedade**: fundamentos da sociologia compreensiva. Brasília: Ed. da UnB, 1991. v. 1 e 2.

WEBER, M. **Ensaios sobre a teoria das ciências sociais**. São Paulo: Centauro, 2003.

WEBER, M. **Metodologia das ciências sociais**. 2. ed. São Paulo: Cortez, 1995. Partes 1 e 2.

WEBER, M. **Metodologia das ciências sociais**. São Paulo: Cortez, 2001. Parte 1.

WILLEMS, E. **A aculturação dos alemães no Brasil**: estudo antropológico dos imigrantes alemães e seus descendentes no Brasil. São Paulo: Companhia Editora Nacional, 1946. Disponível em: <http://www.brasiliana.com.br/obras/a-aculturacao-dos-alemaes-no-brasil-estudo-antropologico-dos-imigrantes-alemaes-e-seus-descendentes-no-brasi>. Acesso em: 28 nov. 2017.

WILLEMS, E. **Assimilação e populações marginais no Brasil**: estudo sociológico dos imigrantes germânicos e seus descendentes. São Paulo: Companhia Editora Nacional, 1940. Disponível em: <http://www.brasiliana.com.br/obras/assimilacao-e-populacoes-marginais-no-brasil-estudo-sociologico-dos-imigrantes-germanicos-e-seus-descendentes>. Acesso em: 28 nov. 2017.

WRIGHT, P.; CERNADAS, C. C. Antropología simbólica: pasado y presente. **Relaciones de la Sociedad Argentina de Antropología**, Buenos Aires, Argentina, v. 32, p. 319-348, 2007. Disponível em: <http://sedici.unlp.edu.ar/handle/10915/21043>. Acesso em: 29 nov. 2017.

ZAGO, L. H. O método dialético e a análise do real. **Kriterion**, Belo Horizonte, v. 54, n. 127, p. 109-124, jun. 2013. Disponível em: <http://www.scielo.br/pdf/kr/v54n127/n127a06.pdf>. Acesso em: 24 nov. 2017.

# *bibliografia comentada*

BASTIDE, R.; FERNANDES, F. **Brancos e negros em São Paulo**: ensaio sociológico sobre aspectos da formação, manifestações atuais e efeitos do preconceito de cor na sociedade paulistana. São Paulo: Companhia Editora Nacional, 1971. Disponível em: <http://www.brasiliana.com.br/obras/brancos-e-negros-em-sao-paulo-ensaio-sociologico-sobre-aspectos-da-formacao-manifestacoes-atuais-e-efeitos-do-preconceito-de-cor/preambulo/5/texto>. Acesso em: 28 nov. 2017.

Esse livro é fruto de uma pesquisa encomendada pela Organização das Nações Unidas para a Educação, a Ciência e a Culura (Unesco) para entender as relações raciais no Brasil. Os achados de pesquisa dos autores revolucionaram essa discussão à sua época, já que desmontam o imaginário da democracia racial brasileira e mostram como o preconceito de cor está enraizado em nossa sociedade.

BERAS, C. **Democracia, cidadania e sociedade civil**. Curitiba: InterSaberes, 2013.

Esse livro apresenta alguns dos temas mais caros à ciência política, ao tratar dos fenômenos da democracia, da cidadania e da sociedade civil. Partindo de uma perspectiva histórica, o autor traz importantes reflexões sobre a política e suas consequências na vida das pessoas.

BOAS, F. **Antropologia cultural**. Rio de Janeiro: Zahar, 2006.

Essa obra reúne cinco ensaios de Boas sobre cultura, autor que pode ser considerado um dos mais importantes nomes da antropologia. Em sua obra, ele busca mostrar como a cultura é um fator explicativo das diversidades sociais, bem como trata da posição que o investigador deve adotar no campo antropológico.

BOURDIEU, P. **Razões práticas**: sobre a teoria da ação. São Paulo: Papirus, 2006.

Bourdieu pode ser considerado um dos mais importantes autores de sociologia contemporânea, e sua obra tem grande disseminação no Brasil. Nesse livro, estão presentes alguns dos mais conhecidos conceitos do autor, como os de *campo, habitus, capital* e *capital simbólico*.

CHINAZZO, S. S. R. **Epistemologia das ciências sociais**. Curitiba: InterSaberes, 2013.

A discussão sobre a epistemologia é fundamental durante a formação acadêmica, já que é esse estudo que permite pensar o conhecimento. No âmbito das ciências sociais, essa discussão é ainda mais necessária, tendo em vista as várias vertentes de pensamento existentes, por isso consideramos essa obra fundamental. Nela, a autora explora as possibilidades do conhecimento, bem como as possibilidades da ciência.

CODATO, A.; PERISSINOTTO, R. **Marxismo como ciência social**. Curitiba: Ed. da UFPR, 2011.

Como utilizar a obra de Marx no contexto das ciências sociais? É essa questão que provocou os autores a escrever essa obra, buscando garimpar na obra do pensador, entre os aspectos econômicos, políticos, revolucionários etc., o material que pode fundamentar uma operação analítica nas ciências sociais. Esse livro foi considerado a melhor obra científica de ciências sociais em 2012 pela Associação Nacional de Pós-Graduação e Pesquisa em Ciências Sociais (Anpocs).

DURKHEIM, E. **As regras do método sociológico**. São Paulo: 3. ed. M. Fontes, 2007.

Trata-se de uma obra fundamental de Durkheim, na qual ele sistematiza seu pensamento e seu método. Nesse livro, é apresentado o conceito de *fato social* e sua caracterização como geral, externo e coercitivo, sendo então um ponto de aproximação importante com a obra do autor e com a escola funcionalista da sociologia.

ELIAS, N. **A sociedade dos indivíduos**. Rio de Janeiro: Zahar, 1994.

Esse livro busca discutir um dos grandes problemas da sociologia: a relação (e a dicotomia) entre indivíduo e sociedade. Ao se deparar com os abismos e as oposições que marcam essa discussão, Elias sugere uma abordagem nova, em que indivíduos e sociedades estão entrelaçados, propondo, assim, uma sociedade dos indivíduos.

ERIKSEN, T. H.; NIELSEN, F. S. **História da antropologia**. Petrópolis: Vozes, 2007.

Quando começamos a estudar uma disciplina, é sempre interessante conhecer sua história, e essa obra oferece um bom relato do desenvolvimento histórico da antropologia como ramo científico. O objetivo dos autores ao longo dos capítulos é apresentar aos leitores as principais tradições da antropologia, de forma clara e objetiva.

GEERTZ, C. **A interpretação das culturas**. Rio de Janeiro: LTC, 1989.

Esse livro pode ser considerado um clássico da antropologia. Nessa obra, Geertz busca esclarecer sua posição em relação à cultura, em especial sua conceitualização, o papel que ela desempenha na vida social e os procedimentos que os antropólogos devem adotar para estudá-la.

GIDDENS, A. **As consequências da modernidade**. São Paulo: Ed. da Unesp, 1991.

É fato notável que a modernidade ocasionou muitas transformações no mundo, mas como essas transformações podem ser interpretadas sociologicamente? É a essa análise que Giddens dedica essa obra, tanto descrevendo o processo que começa na Europa no século XVII quanto analisando o momento atual, que é identificado pelo autor como *sociedade de risco*.

IANNI, O. **Pensamento social no Brasil**. Bauru: Edusc/Anpocs, 2004.

Nesse livro, organizada pela Associação Nacional de Pós-Graduação e Pesquisa em Ciências Sociais (Anpocs), foram compilados diversos textos do autor como forma de criar um panorama sobre sua obra. Sendo um dos mais importantes nomes do pensamento social brasileiro, Ianni apresenta de forma bastante acessível alguns temas importantes para se problematizar o Brasil: identidade nacional, modernização, cultura, questão racial e questão social.

MARX, K.; ENGELS, F. **Manifesto do Partido Comunista**. Porto Alegre: L&PM, 2001.

Nesse livro-manifesto, os autores expõem a realidade da luta de classes. Publicado originalmente por Marx e Engels em 1848, esse livro teve um grande impacto e trouxe transformações importantes para a história, haja vista suas reverberações na política. Do ponto de vista teórico, é uma obra importante para conhecer o pensamento marxista em relação ao capitalismo e ao comunismo.

OLIVEIRA, M. de; WEISS, R. (Org.). **David Émile Durkheim**: a atualidade de um clássico. Curitiba: Ed. da UFPR, 2011.

Esse livro busca recuperar o pensamento de Durkheim e mostrar como ele ainda traz reflexões importantes para o campo da sociologia. A seleção de artigos organizados por Marcio de Oliveira e Raquel Weiss demonstra a amplitude do pensamento do autor, revelando-se sua atualidade ao se aplicar a teoria durkheimiana a questões teóricas e práticas contemporâneas. O livro visa ainda desmistificar alguns pontos de vista simplificadores em relação à obra de Durkheim, em especial a visão de que o autor seria um conservador.

PAIXÃO, A. E. da. **Sociologia geral**. Curitiba: InterSaberes, 2012.
O que faz com que um conhecimento seja considerado sociológico? Que temas a sociologia aborda? O que é a sociedade? Essas são algumas questões que essa obra pode ajudar a responder. Esse livro apresenta as principais noções de sociologia básica de forma bastante acessível e ajuda a despertar no leitor o pensamento sociológico.

RIBEIRO, C. A. B. C. **Teorias sociológicas modernas e pós-modernas**: uma introdução a temas, conceitos e abordagens. Curitiba: InterSaberes, 2016.
Para quem está começando a estudar ciências sociais, essa é uma obra fundamental, pois apresenta os principais temas, conceitos e abordagens desse campo de forma bastante acessível. O livro também apresenta os principais autores clássicos e contemporâneos da teoria sociológica, fazendo uma tradução deles, ao mesmo tempo que se preocupa em levar ao leitor trechos das obras originais, o que proporciona uma construção sólida do conhecimento na área.

SANTOS, B. de S. **Um discurso sobre as ciências**. 7. ed. São Paulo: Cortez, 2010.
Ainda que esse não seja um livro exclusivamente dedicado às ciências sociais, ele é muito relevante para quem quer conhecer mais sobre essa área, já que traz um importante panorama sobre a ciência. Nessa obra, Boaventura busca apresentar o paradigma da ciência moderna e também fazer uma crítica a ele, para poder desenvolver seu projeto de pós-colonialismo e epistemologias do Sul.

WEBER, M. **Ciência e política**: duas vocações. São Paulo: Cultrix, 2004.

Essa obra, do sociólogo alemão Max Weber, gira em torno de dois conceitos centrais: a ciência e a política. Ao apresentar conceitos como os de *racionalidade, significado e prática da ciência, Estado moderno, poder* e *ética,* o autor reflete sobre temas centrais para quem se interessa pelos fundamentos das ciências sociais.

*respostas*

## Capítulo 1

*Atividades de autoavaliação*

1. d
2. c
3. b
4. a
5. c

## Capítulo 2

*Atividades de autoavaliação*

1. c
2. a
3. b
4. d
5. c

## Capítulo 3

*Atividades de autoavaliação*

1. a
2. b
3. d
4. c
5. d

## Capítulo 4

*Atividades de autoavaliação*

1. c
2. a
3. b
4. d
5. b

# Capítulo 5

*Atividades de autoavaliação*

1. d
2. a
3. b
4. b
5. c

# Capítulo 6

*Atividades de autoavaliação*

1. b
2. d
3. c
4. a
5. d

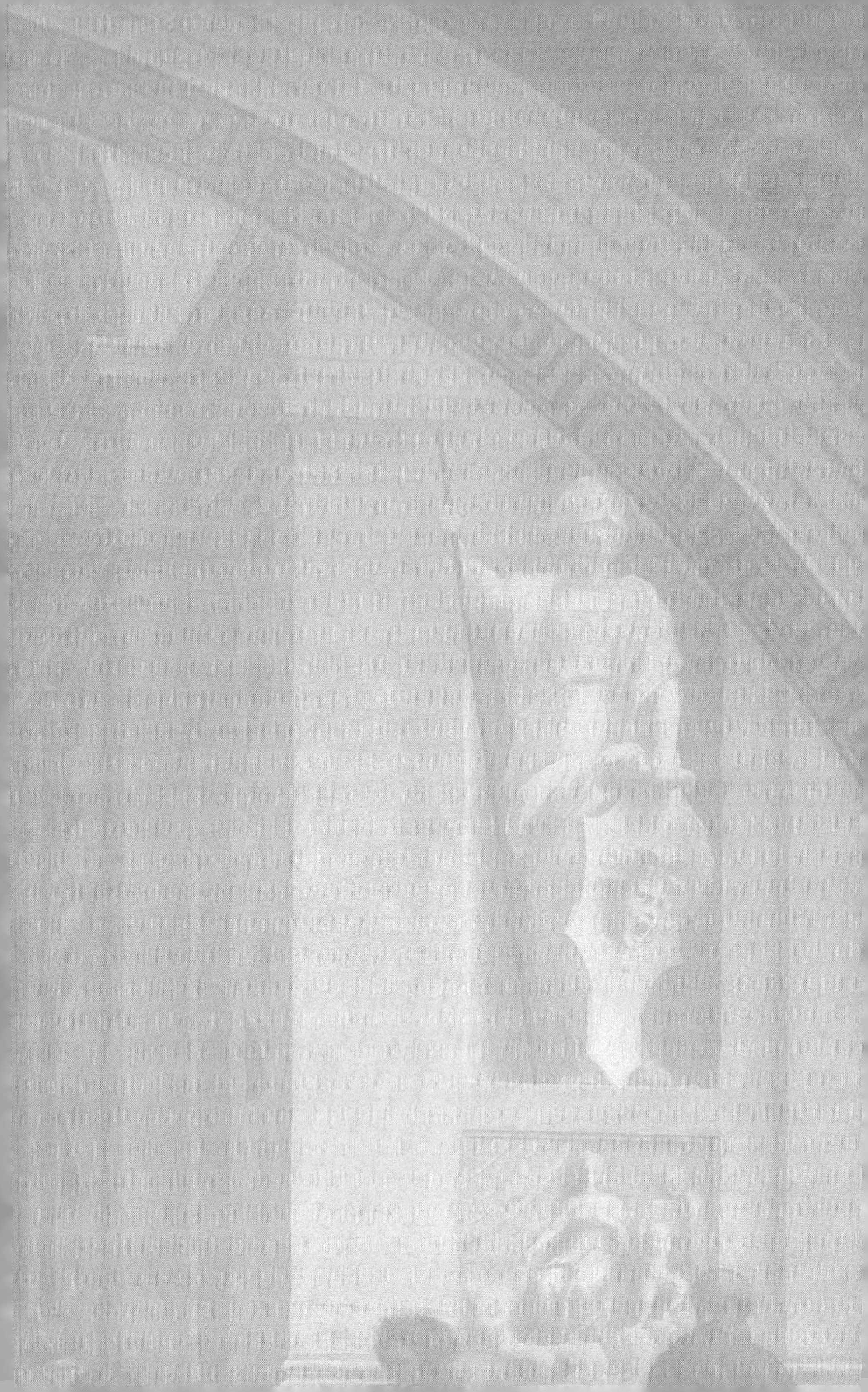

## sobre os autores

*Felipe Bueno Amaral* é doutorando em Sociologia pela Universidade Federal do Paraná (UFPR), mestre em Sociologia pela UFPR e graduado em Gestão Ambiental pela Universidade do Oeste de Santa Catarina (Unoesc). É pesquisador discente do Grupo de Pesquisa Epistemologia e Sociologia Ambiental (UFPR/Casa /latino-Americana – Casla). Trabalha com temas ligados à teoria e epistemologia socioambiental.

*Camila Mühl* é doutoranda em Sociologia pela Universidade Federal do Paraná (UFPR), mestra em Psicologia pela UFPR, especialista em Sociologia Política pela UFPR e graduada em Psicologia pela Universidade do Oeste de Santa Catarina (Unoesc). Tem experiência como pesquisadora cientifica em ciências humanas e sociais. Suas áreas de interesse são teoria sociológica, sociologia fenomenológica e sociologia da saúde.

*A Escola de Atenas (Scuola di Atene)*
Rafael Sanzio, 1509-1510
Afresco, 500 × 770 cm
Stanza della Segnatura, Musei Vaticani
Città del Vaticano

Impressão:
Março/2023